U0511962

百色起义
口述与回忆

百色起义纪念馆　四川师范大学革命文献研究院　编

范国平　何小燕　刘绍卫　主编

人民出版社

序　言

　　百色起义是继南昌起义、秋收起义和广州起义之后，我党在边疆少数民族地区发动和领导的一次具有重要影响的武装起义，是新民主主义革命时期中国共产党人把马克思主义基本原理和广西百色少数民族地区具体实际相结合夺取革命胜利的一次成功范例。红七军转战千里的壮举，彰显了英勇顽强、顾全大局、听党指挥、小我服从大我的崇高精神。这次起义有力地打击了国民党在西南地区的反动统治，也策应和支援了其他地区的革命斗争，谱写了壮、汉、瑶、苗等各族人民团结战斗的新篇章，为党的"武装割据"斗争和民族工作探索了新鲜经验。

　　百色起义的胜利举行，红七军的诞生，右江苏维埃政府的成立，右江革命根据地的创建，使右江地区千千万万受尽军阀和土豪劣绅压迫剥削的各族人民翻身解放作主人，并且深刻地认识到：只有共产党才是穷人的依靠！只有共产党才能拯救中国！由此在百色这片红色土地上演绎出了无数惊天地、泣鬼神的英雄故事，翻开了历史的新篇章。

　　红七军在保卫右江革命根据地的战斗中迅速成长，在北上远征的漫漫征途中百炼成钢。他们突破了国民党反动派的围追堵截，战胜风雪严寒，跨越崇山峻岭和激流险滩，转战于桂黔湘粤赣5省边界，历时9个多月，行程7000多里，历经大小战斗百余次，最后胜利到达中央苏区，被编入红三军团，成为中央红军的一支劲旅，直接在毛泽东、朱德的领导之下，为保卫中央苏区立下了卓著功勋。

铭记历史是为了更好地走向未来，传承红色基因，赓续红色血脉，弘扬红色精神，是我辈的神圣职责。从上世纪五六十年代开始，一代代百色起义纪念馆史料工作者就怀着把红色历史挖掘好、把红色资源守护好的深厚情怀，先后走访参加过百色起义的将领、普通战士及其亲属或知情者，深入红七军曾经战斗过的村寨弄场、遗址旧址、街头巷尾，通过召开座谈会、面对面采访、拉家常、作调研等方式，获得了不少第一手口述史料，形成了大量的原始记录，存放于馆资料室的档案柜里，一直没有整理出版。

2020年11月21日，百色起义纪念园管理中心与范国平教授团队合作，共同发起"百色起义老战士口述历史整理与研究"项目。范国平教授组织了一批毕业于国内名校的高校青年教师，并指导百色起义纪念馆的干部职工进行了大规模的史料整理和校对工作。

这批资料总字数达到了500多万字，内容涵盖百色起义、龙州起义、红七军、红八军等，也包括对邓小平、李明瑞、张云逸、韦拔群、莫文骅、韦拔群等重要领导人的回忆史料。百色起义纪念馆的前辈们在上世纪五六十年代和八九十年代进行的口述史采访以百色起义为重点，同时涉及龙州起义、红七军、红八军、左右江革命根据地、滇黔桂边游击区。这批史料均处于未刊状态，史料价值非常高。

该项目得到了人民出版社的大力支持，最终遴选出数十万字的精华汇成此书，成为"百色起义老战士口述历史整理与研究"项目的阶段性成果。本书收录的资料分为三类：一类是百色起义领导人、红七军老战士对起义经过和战斗历程的回顾；二是红七军老战士对百色起义及红七军重要领导人的深情回忆；三是亲身经历过百色起义的群众对百色起义的回忆。有的史料是首次向公众披露。

本书具有较高的学术价值和社会价值，首先，本书贯彻落实习近平总书记"要把红色资源利用好，把红色传统发扬好，把红色基因传承好"的指示精神，抢救百色起义的口述历史，用扎实的史料来还原百色起义和红七军、左右江革命根据地的历史面貌，从而进一步夯实百色起义、左右江革命根据地等专题的研究基础，并对丰富邓小平等百色起义领导人的人物研究有较大帮助。其次，本书既是馆校良好合作的重要成果，也是西部地区党史学界跨省合作的重要成果，对于推进广西红色历史的研究大有裨益。广西的红色资源相对较少，主要集中在百色起义、左右江革命根据地以及湘江战役等方面。这批新鲜史料的出版，有助于党史学界推出关于百色起义和左右江革命根据地的崭新的研究成果。最后，本书有助于总结中国共产党早期在民族地区工作的宝贵经验，以便为做好广西左右江地区特别是百色的经济、社会工作提供历史的镜鉴。百色起义及左右江革命根据地的建立是中国共产党民族政策成功实践的典范，这批史料的出版，有利于总结中国共产党在民族地区军事斗争、社会经济建设与民族工作的宝贵经验。

翻阅手中的《百色起义：口述与回忆》书稿，可以深深感受它的厚重。这是一本珍贵的历史文献，是开展党史教育、爱国主义教育、革命传统教育和铸牢中华民族共同体意识教育的生动教材，是践行习近平总书记"让收藏在博物馆里的文物、陈列在广阔大地上的遗产、书写在古籍里的文字都活起来，丰富全社会历史文化滋养"重要指示精神的尝试。

研读本书遴选的口述史料，我们可以生动地感受到百色起义波澜壮阔的革命历史，更加深刻地认识到百色起义是如何点燃右江地区革命之火的，更加深刻地了解到右江革命根据地和苏维埃政权是如何建立和发展的，根据地红军是如何创建和壮大的，根据地军民是如何进行革命斗争的，它让我们触摸战争岁月的脉搏，体验风云激荡的社会变革，感受革命先辈百折不挠的奋斗精神、实事求是的科学态度、依靠群众的优良传统、团结奋斗的优秀品质，收获战胜前进阻力的非凡勇气和无穷力量。

本书的整理和出版工作，得到了军事科学院军事历史杂志社主编刘向东研究员等专家的悉心指导和大力帮助。广西壮族自治区党委党史研究室刘绍卫处长，不仅为百色起义纪念馆与四川师范大学革命文献研究院牵线搭桥，缔结了馆校合作的佳话，还提供了部分百色起义老战士的口述史料，让本书更加充实。同时还要感谢四川师范大学革命文献研究院执行院长范国平教授，他不仅投入资金用于史料的整理和校对，还运筹帷幄，从选题的策划，到稿件的形成，再到图书的出版，投入了非常多的心力。

感谢参与本项目的所有百色起义纪念馆的干部职工以及各位高校的学者们，没有他们的辛勤奉献，就没有本书的顺利出版。对于课题组老师们的辛勤工作和无私帮助，我代表百色起义纪念园表示衷心的感谢。

最后需要说明的是，百色起义纪念馆馆藏的口述史料，因年代久远，且很多记录语焉不详，加上某些口述史料记录者字迹较难辨认，书中讹误之处在所难免，还请学者和读者们批评指正！百色起义老战士口述史料整理与研究的课题还将继续进行下去，我们将在后续出版物中予以修订。

李正对（百色起义纪念园管理中心党组书记、主任）

目 录

CONTENTS

序 言 *1*

1. 红七军工作时期的回忆 邓小平 1

2. 回忆广西革命斗争情况（节录） 张云逸 5

3. 回忆红七军的历史 李天佑 26

4. 莫文骅等同志谈红七军和广西革命斗争史 莫文骅等 30

5. 回忆李明瑞同志片断 莫文骅 50

6. 回忆叶季壮 莫文骅 58

7. 亲人送我当红军 韦 杰 67

8. 百色起义前后 欧致富 76

9. 忆百色起义和红七军 欧致富 82

10. 大苗川筹粮 欧致富 86

11. 我参加革命的片段回忆 朱鹤云等 91

12. 参加红七军前后 云广英 95

13. 关于红七军的回忆 陈漫远 101

14. 回忆百色起义 袁任远 123

15. 从童子团到红七军　　　　　　　　　覃应机　134

16. 忆红七军战斗生活片断　　　　　　　陆耀海　143

17. 陈可夫谈百色起义　　　　　　　　　陈可夫　148

18. 百色镇老人座谈百色起义等情况　　蔡志明等　153

19. 我参加红七军的回忆　　　　　　　　王周才　160

20. 忆广西警备第四大队生活片段　　　　黄　凯　163

21. 广西隆安战斗的回忆　　　　　　　　黄　凯　179

22. 忆红七军成立后的第一次战斗　　　　谢新亭　183

23. 红七军伏击滇军记　　　　　　　　姜茂生等　187

24. 红二十一师改编为独立师后的斗争　黄松坚等　193

25. 红七军北上江西的一些情况　　　　李朝康等　211

26. 三十六坡斗争纪实　　　　　　　　　李天心　218

27. 忆在河池整编中的韦拔群同志　　　　覃国翰　231

28. 韦拔群同志二三事　　　　　　　　　覃国翰　237

29. 弄砦洞内会拔群　　　　　　　　　　黄举平　244

30. 保卫秋收　　　　　　　　　　　　　黄道充　252

31. 回忆百色县临时县委　　　　　　　　　　黄唤民　258

32. 粉枪战胜了步枪　　　　　　　　　　　　廖熙英等　263

33. 难忘的早晨　　　　　　　　　　　　　　赵润果　267

34. 覃桂芬回忆录（1921—1950 年）　　　　　覃桂芬　274

35. 韦拔群烈士的革命故事　　　　　　　　　罗显规等　290

36. 李明瑞总指挥二三事　　　　　　　　　　覃国翰　295

37. 回忆首次会见敬爱的张军长　　　　　　　卢永克等　301

38. 李明瑞烈士的片断回忆　　　　　　　　　童陆生　313

39. 忆红七军军医处处长吴清培同志　　　　　李华清　320

40. 田东县革命老人座谈会议记录　　　　　　李君蔚等　331

41. 坚持斗争三十年，幸福美好在今天　　　　韦建安等　339

附录一　纪念韦拔群同志殉难 50 周年　　　覃应机等　347

附录二　纪念红七军、红八军总指挥李明瑞烈士　覃应机等　364

后　记　　　　　　　　　　　　　　　　　　　　　377

1. 红七军工作时期的回忆

邓小平

1929年夏，蒋桂战争之后，俞作伯（柏）任广西省政府主席，李明瑞任广西督办公署主任。俞极力表示进步，要求我党派干部去他的部队工作，党中央即派我作为中央的代表同俞接洽。在南宁过了一个月左右，情况发生了突然变化，我们决定举行南宁起义，报告了中央并得到批准。9月的一天，我们带第四、第五两个大队和教导团的一部分举行了革命兵变。第四大队由张云逸同志率领开往百色，李明瑞是随五大队行动的。后以第四大队为基础成立了红七军，以第五大队为基础成立了红八军。

广西右江地区是一个比较有群众基础的地区，这里有韦拔群那样优秀的、很有威信的农民领袖。东兰、凤山地区是韦拔群同志长期工作的地区，是很好的革命根据地，这给红七军的建立与活动以极大的便利。我们一到百色，准备打红旗，决定于1929年11月7日起义。起义前夕，在10月下旬，突得上海中央电报，要我去报告工作。我在同张云逸等同志做了布置之后，于11月初由百色去龙州。到龙州后，对李明瑞、俞作豫做了一些工作，并开了党员干部会，大家同意打起红旗成立红八军。我在布置之后即由龙州动身，于1930年2月初到了上海，向中央作了报告。中央批准了我们的行动，令我回广西任红七军政委和前委书记兼红八军政委。1930年3月间，我回到龙州红八军，向李明瑞、俞作豫等干部传达了中央的指示。当时左江形势日益困难，我同他们商量，不能立足时可向红七军靠拢。红八军成立后不久，被敌袭击，损失大部。俞作豫去了香港，后被国民党逮捕杀害了。红八军剩下几百人（约半个团）由袁振武等同志带到了右江，合并到七军里面了。红七军回到右江，大约七八月间，我同张云逸等同志会合了。

粤东会馆——中国工农红军第七军军部旧址

大约在1930年10月下旬，突然来了中央代表邓岗（又名邓拔奇），向我们传达了立三路线，大讲全国革命高潮已经到来，指令红七军立即出动，其具体任务是三句口号，即"打到柳州去""打到桂林去""打到广州去"。全军听了都很兴奋，于是在11月初誓师，留韦拔群同志和不多的地方武装坚持右江根据地（韦英勇地坚持了多年，后被叛徒杀害，光荣牺牲），主力约七千人向东出发了。

这时，我的思想情况是，听到全国革命高潮到来的消息，确很兴奋，似是而非，同时感觉依靠这几千人百色都未必打得下。李宗仁、白崇禧已在广西恢复了统治，要想打下柳州、桂林是没有把握的。因是中央命令，只有坚决执行。邓岗还传达了中央的批评，说我们在右江的土地政策（这是我在中央时从红四军报告中学得的平分土地的政策）是执行右倾的富农路线，我对此也感到不快。

对于立三路线，听了中央代表的传达，确实是兴奋的，并未觉得有什么不对。只是从红七军本身力量来执行那样的三个口号的任务，是困难的。但只是从打柳州这样的具体问题上提出了意见，那时根本没有什么路线问题的认识和觉悟。经过一番争论，我终于全部接受了立三路线。结果使红七军脱离了右江根据地，又错误地决定了打武冈，进行梅花战斗，使部队受到很大损失。我作为前委书记，对此要负主要责任，这是无可推卸的。

红七军在立三路线的影响下，连打了几仗，部队损失很大。过乐昌河时，部队被敌人截断了。张云逸等同志率领的军队和一个团同我们失去了联络。我同李明瑞、许卓等同志带领一个先头团摆脱了敌人，继续前进，大约在1930年底到了江西崇义。从当地特委处得悉中央开了四中全会，王明等人上台，我内心有所震动（这点没有向别的同志谈，我对王明向无好感），同时崇义敌情并不严重，我即动了到上海向中央报告工作的念头。当时前委只有许卓、李明瑞和我三个人，我的想法得到了许、李的同意，并商定我离开期间由许卓代理前委书记。随后我同许离开崇义城，去特委布置建立根据地的工作，不料在回崇义途中，得悉有了敌情，听到崇义方向的枪声。那时我因为到上海向中央汇报工作，是前委已经决定了的，敌人来后部队就会转移，特委机关也会转移。就同许卓商议，由他回部队，必要时可向井冈山靠拢。我随即动身并于1931年初到了上海，很快向中央报了到。

关于我离开红七军到中央报告工作的问题，在1933年博古的中央反对江西罗明路线时，曾对此提出正式审查，令我写了书面报告。我在报告中提请向当时在中央军委机关工作的许卓询问，以后再没有要我进一步写报告了。

[摘自邓小平：《我的自述》（1968年6、7月）。
中共百色市委党史办公室编：《右江风雷：邓小平与百色起义》，
广西人民出版社2004年版。]

2.回忆广西革命斗争情况（节录）

张云逸

（1978 年 1 月 7 日）

一、大革命时期前后广西革命斗争的主要情况

（一）广西党团组织的建立及初期的革命活动情况

1925 年，我党趁着国共合作的时机，从广东省委派龙启炎、周济、钟山等同志到广西来，一方面帮助国民党开展工作，另一方面建立我们自己的组织，在梧州成立党支部，由龙启炎同志担任党支部书记。据说这是我党在广西建立组织的开始。

接着，广东省委又陆续派来了林培斌、黄一平、罗瑞贤、谢铁民等许多同志，开展广西地方党的工作。

1926 年，广西党的工作已由梧州伸展到南宁、桂林、玉林、东兰、恩隆、

张云逸（1892—1974）

怀集等许多地区，并于这一年 6 月在梧州正式成立中共广西特委，龙启炎同志担任书记，同时在南宁成立区委，由罗少彦同志担任书记。

这时候，广东省的团委会还派了黄克欧、严敏等同志来广西建立团的组织。当时黄克欧同志在南宁建立了共青团区委，严敏同志则在右江一带建立了团的组织。这时，党还掌握了右江地区农民领袖韦拔群同志领导的约有七八百人的革命武装队伍（这时韦拔群同志尚未入党，他是 1929 年初入党的），领导人民展开了武装斗争，并在这个时期发展了一批党团员，声势非常浩大。

（二）这一时期广西农民运动的兴起

1925 年春天，韦拔群从广州回来后，在东兰举办农民运动讲习所，结业后，学员分配到东兰、凤山、河池、恩隆等县建立农民协会，有的地方还成立了农民自卫军。到 1926 年，广西特委还派了余少杰和严敏同志来右江地区指导和协助工作。从此，右江地区的农民运动在党的领导下得到了更加蓬勃的发展。当时，除了东兰、凤山一带的农民协会和农民自卫军在韦拔群同志的领导下得到进一步发展以外，恩隆、思林等县在黄志峰、黄永达、阮殿煊等同志的领导下，也都成立了农民协会和农民自卫军。这一时期革命的火焰燃遍了右江各县的乡村和部分城镇。

当时，在桂平一带也开展了农民运动，是党派黄一平同志组织领导的。

（三）国民党叛变革命，广西的党团组织遭到破坏

1927 年 4 月，国民党叛变革命，随即在梧州的中共广西特委被

敌人破坏了，特委书记龙启炎同志被捕并遭枪杀。这个时候，虽然我党极力恢复党的组织，由广东省委派来的廖梦樵同志担任广西特委书记，于1928年6月在贵县召开中共广西省委第一次代表大会，选出朱锡昂同志为书记，但他们先后均被捕杀。

在农村，这时反动的地主武装也积极配合军阀部队向农民武装大肆进攻，怀集、桂平的农民武装斗争都失败了，但是在右江地区韦拔群、黄志峰等同志的农民自卫军由于基础较好，打退了国民党的进攻，一直坚持到红七军和右江苏维埃政府的成立。

（四）这一时期的经验教训

根据毛主席关于中国革命的指示以及后来我在实际斗争中的体会，感到广西的党组织在这一时期的工作中有如下几点经验教训：

一是关于建立革命政权问题。大革命时期，国共合作驱逐了旧军阀，那时共产党员当县长不是一件难事。但是，那时我们许多党员对建立革命政权的重要性认识不足，而简单地理解为"政权是反动的"。

二是当时对中国革命必须是"武装的革命来反对武装的反革命"这一特点也缺乏认识。党的工作长期停滞在宣传鼓动上，除少数地区外，没有夺取反动军阀、地主的枪支来武装工人、农民。韦拔群同志领导的右江一带的农民之所以能够一直坚持到红七军成立，就是因为他们掌握了武装，有力量来反抗国民党的进攻。

三是在发动群众问题上，劳动人民长期受着封建统治的奴役和蒙蔽，因此我们在进行工作时，第一步是宣传教育，教他们明晓革命理论；第二步就应该打土豪分田地，给他们一些实际利益，满足他们迫切的要求——土地，使他们坚决跟着共产党走。但是，我们那时对深入发动群众、进行土地革命做得很不够，群众基础在这一时期很不巩固。

二、广西革命形势的发展及红七军、红八军的成立

（一）蒋桂战争爆发及俞作柏、李明瑞掌握了广西政权

由于俞作柏与李宗仁、白崇禧有矛盾，蒋介石即通过俞作柏的关系找到了李明瑞、杨腾辉、吕焕炎（都是李、白部下的师长），蒋介石拿出几百万银元收买了他们，促使李、杨两个师在武汉，吕焕炎在广西倒戈。没有经过多大的激战，就把李宗仁的部队全部消灭了。

俞作柏、李明瑞掌握政权后，表示愿意接近我党，想利用我们作为他争权夺利的"工具"，并且还妄想通过我党的关系取得苏联的帮助，夺取中国的政权，成全他"做皇帝"的美梦。由于俞作柏存在想当"皇帝"的野心而与我党接近，我们也就利用这个机会，将计就计插进许多同志，来建立我们的组织，发展我们的力量。就在这个时候，1929 年 5 月左右，我和邓小平、叶季壮、袁任远、李谦、袁振武（也烈）等同志先后来到广西，由邓小平同志负责领导广西党的工作。

（二）党派张老等同志插进俞、李政权，掌握了军队的指挥权，改造旧军队为革命军队

我是 1929 年 5 月在上海由党中央派来广西工作的，是怎样到广西来的呢？一方面，我由上海到香港，秘密地与党接上了头（接头人是叶季壮同志，那时他在香港办小报，当编辑，实际上这是党的联络

机关），由叶季壮同志写介绍信来广西；另一方面，在那个时候，广东省主席是陈铭枢，总司令是陈济棠，陈济棠过去与我是同学，我来广西，公开的则是由他的部下——广东海军司令陈策（在辛亥革命时我们一块当炸弹队队长，私交较好）写信介绍我见俞作柏找事情做。由于我是通过陈策介绍见俞作柏的，因此那时俞不知道我是共产党员（但也半信半疑），而我们其他有些同志插进来，俞则知道他们是共产党员。那时进行党的秘密工作都是单线联系的，我只与陈豪人（当时俞作柏的机要秘书）来往。听说邓小平同志来南宁已两个多月了，但是我们都没有会面，因为当时怕暴露组织，遭受敌人破坏，军队和地方的党员是不发生关系的，就是相互认识的同志，在街上走路碰见也相互不打招呼，只是一笑而过。

我们打进俞、李政权后是怎样进行工作的呢？主要是从如下几个方面进行的：

第一，掌握领导权（略）。

第二，充分发动士兵群众。为了充分发动群众，做好士兵运动工作，当时设立了士兵委员会。通过这个士兵自己的组织，在广大士兵群众中进行革命的民主教育，提高群众的政治觉悟，发动他们与反动军官进行斗争。一方面，揭发了反动军官的罪恶，灭掉了他们的威风；另一方面，群众的革命觉悟也在实际斗争中进一步得到提升，更加拥护我们党的主张，从而日益密切地团结在我们周围。

为了更好地做好这个"兵运"工作，一方面，我们把党中央和广东省委派来的有能力的同志，有意识地安插在部队当政治教官或士兵，以便和广大群众取得直接联系，进行宣传，扩大政治影响，例如，当时就把大学生何世昌同志（党员，后来任红八军政委）安插在教导队当学兵；另一方面，我们还强调每个共产党员都要以身作则，密切联系群众，处处作榜样。

第三，分化反动分子，迅速果断地撤换旧军官。当时在教导队和第四、第五大队里，虽然我们掌握了大队一级领导权，大队各连、排军官和广东士兵也为我们掌握，但在营一级，大部分是反动军官，这对我们工作的开展是一个很大的障碍。根据不同情况，我们对这批反动军官分别采取了"升迁"和撤换这两个办法，来剥夺他们的实际指挥权。

第四，建立与发展党的组织。我们掌握了教导队及第四、第五大队的领导权之后，随即在各个连队和大队都建立了党的秘密支部，成为党的秘密领导核心。这是我党插进俞、李政权后一项重要措施，也是教导队和第四、第五大队能够得到巩固的重要保证。

教导大队两个月便发展了三百多个新党员，使队里的党员约占全队总数的三分之一，如卢绍武（那时当班长）、李天佑同志就是在这时被发展入党的。后来俞、李要我兼任第四大队队长，那里的情况极坏，营连干队都是贪污腐化的，我们采取了坚决的措施，撤换了他们，以教导队的党员去代替，如果没有教导队发展这么多党员，第四大队是不能巩固的。

第五，改造部队的成分。我们在改造这几支队伍，特别是改造成分极为复杂的第四大队的过程中，大量吸收了工人、农民和进步学生参加，迅速增加了部队中工农成分的比重，这对我们能迅速巩固这支部队，联系和团结群众起了决定性的作用。

（三）俞、李政权失败，党的队伍成功地撤离南宁

1929年9月，俞作柏宣布就任讨蒋军总司令，李明瑞任副总司

令，大举进攻亲蒋的广东军阀陈济棠。我们借口教导大队和第四、第五大队都是新建的，还没有训练好，不能配合作战，建议他们不调去作战，而担任维持后方的任务。我们立即组织了大批的部队和民工，把省军械库里储存的五六千支步枪及山炮、迫击炮、机枪、电台和堆积如山的弹药搬上了汽船，由邓小平同志率领党委、地方秘密工作的同志以及警卫部队，溯右江上驶，我带着教导大队和第四大队，从陆路掩护前进，经过田东来到百色，建立根据地。

（四）红七军、红八军成立前夕，党在右江、左江地区的发展情况

1929 年 10 月大队到达百色后，邓小平同志随即召开了一个党的委员会议（后来称前敌委员会，书记是邓小平），会上决定了几件事：第一，公开在部队和群众中宣传党的主张，发动群众；第二，整顿补充部队，实行官兵平等，建立士兵委员会，发扬民主，反对军阀制度，反对贪污，反对虐待士兵；第三，组织和武装群众，在有工作基础的地方，通过地方党组织，将枪支发给群众，以便进行反霸斗争；第四，继续清洗部队中的反革命分子。

当我们发动群众镇压反革命的工作坚决开展后，引起了地主豪绅的忌恨，他们跑到南宁去勾结反动的广西警备第三大队前来右江驻防，以对付我们革命的群众运动。我们获得这个消息后，决定先下手，坚决干脆地消灭他们。当警备第三大队开进田东时，该大队熊镐派人前来联络，我们佯作欢迎，然后乘其不备，将他们包围缴械。地主豪绅的这一招棋失败后，我们趁着有利形势配合地方武装展开活动，右江的群众便进一步地发动起来了。这时左江地区的革命形势也

有了很大的发展。

（五）百色起义与红七军的成立

1929 年 11 月初，我们派到上海向党中央请示的龚饮冰同志秘密回到百色，向我们传达了中央的指示。中央批准了我们的建议，要我们在左江、右江地区创建根据地，创建红军，颁给的番号是红七军，委任我当军长，邓小平同志为政委，左江地区的部队被编为红八军，同时还委任邓小平同志担任两军总政委。小平同志当即召开了党委会议，传达了中央的指示。会议决定：在 12 月 11 日广州起义两周年纪念日那天宣布起义，成立红七军和右江苏维埃政府。会议结束后，邓小平同志带领一部分干部到左江地区去布置工作。我们即紧张地进行着起义前的准备工作。除了抓紧前述各项工作外，我们还根据党委的决定，将部队编成

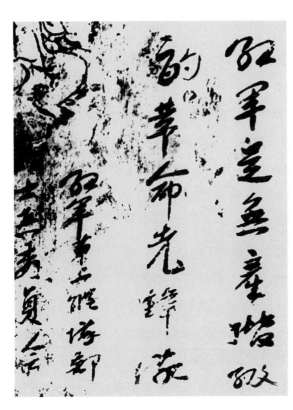

红七军标语：红军是无产阶级的革命先锋队

三个纵队：原四大队编为第一纵队，李谦同志担任纵队司令，沈静斋同志任政委；将机关枪营、特务营以及黄志峰同志和阮殿煊同志所领导的思林、奉议、恩隆等县地方武装合编为第二纵队，胡斌同志任司令（后为冯达飞），袁任远同志任政委；第三纵队是由韦拔群同志领导的东兰、凤山一带地方武装编成的，由韦拔群同志任司令，李林同志任政委。这时部队成分较前有很大变化，在4000多名战士中，从旧军队来的只有千余人，其余的都是右江的农民、工人和进步学生。

各项工作准备就绪后，我们于1929年12月11日在右江地区举行百色起义，在军部门口的广场上集合了我们部队排以上干部和军直属部队共约500人，小平同志在会上公布了红七军的番号、中央任命的干部名单和我们编队的情况，正式宣布红七军成立。同一天，前委派我到田东，参加了当地群众的庆祝大会，这里集合了5万多人，热烈庆祝右江苏维埃政府和红七军的诞生。会上我代表前委宣布右江苏维埃政府和红七军成立，右江苏维埃政府主席雷经天同志也在会上讲了话。

（六）龙州起义与红八军的成立

红七军成立之后，小平同志来到左江，与俞作豫同志共同筹划龙州起义。根据党的决定，1930年2月1日，以警备第五大队为基础，在龙州起义宣布成立红八军，由俞作豫同志任军长，何世昌同志为政委。起义武装3000多人，共编为3个纵队。同时，成立左江特委，由红八军政治队主任严敏同志兼任特委书记。还成立了左江革命军事委员会，作为左江各级地区政府最高领导机关，由何世昌同志兼任军事委员会主席。

三、红七军发展壮大时期的情况，
红七军在黔桂边打游击的情况

红七军到达东兰、凤山后，在凤山县盘阳乡召开了前委会议，决定军部率第一、二纵队到桂黔边打游击。主要目的：一方面是向广大群众宣传革命的道理，扩大红军的政治影响；另一方面则是避开敌人主力部队的锋芒，诱使李、白撤出右江地区去守卫他们的老巢——邕、桂、梧、柳等城市（因那时蒋介石正准备向李、白进攻），然后再回师右江，恢复根据地。同时还准备在打游击时消灭敌人一部分武装和解决我们经费上的一些困难。

1930 年 3 月，我们率领第一、二纵队离开了东兰、凤山，向贵州进军。首先经河池到达怀远，我们在怀远驻扎了 3 天，在这里开了群众大会宣传革命道理，揭露敌人的罪恶行为，并说明我军的纪律和政策，特别是我们不论干部还是士兵，都和蔼地对待群众，不拿群众一针一线的实际行动，深深地感动了当地的群众，使他们对我军倍加爱戴，国民党反动派捏造说"共产党杀人放火"等谣言在事实面前完全破产了，当地群众反映说："红军对老百姓很好，张军长的队伍非常和气，没有官架子，反动派的宣传是假的。"我们走后，"红军纪律严明"的印象，仍然深深地印在怀远人民的心坎里，以至于后来韦拔群同志到怀远时，国民党造谣说韦如何粗暴，群众根本置之不理，并且很热情地欢迎韦拔群同志。

接着，我们向思恩（今环江）进发，部队刚到思恩，突然遭到敌军袭击，把我们的两个纵队隔断了。由于敌人来势很猛，我们不了解究竟有多少敌人，为了不打无把握的仗，加上我们的主要目的是打游击，发动群众，我们就避开了这场战斗。军部率领第二纵队向北、第一纵队向西撤退。我们与第二纵队在宜北休整两天后，向贵州省荔波县的板寨前进。在板寨又与第一纵队会合在一起了。

两个纵队会合后，随即向苗山进军。苗山是苗族同胞聚居的地方。他们是被汉族的封建地主官僚压迫到这里来的，长期过着贫困、落后的生活，很少和汉人来往，而且是与汉人相对立的。我们部队进入苗山时，开始他们不了解，以为我们同国民党军队一样，因此都跑到山上去，严阵以待。虽然我们当中一些懂苗语的同志向他们高呼："我们是红军，是爱护苗胞的军队。"但他们仍然存有戒心，不敢下来。我们要补充军队给养，但找不到主人，怎么办？于是部队决定：在哪里拿的东西，就在哪里留下钱，并写明数量。例如，我们在谁家米缸里拿出了多少米，就按市价把钱放在米缸里；杀了谁家的猪，就把钱留在谁家，并写明猪的重量。有的猪跑在外面没人管，分不清是谁家的，我们就贴出布告，要买了他家的猪，让苗胞前来领钱。他们来了之后，我们不但照价给钱，而且还特意招待吃饭，并趁此机会宣传红军的政策。苗胞们了解到我军纪律严明后都不害怕了，而且还热情地帮助我们，替我们带路，使我们秘密地越过了苗山，攻打榕江（旧古州）的敌人。

这时，贵州军阀王家烈正与湖南军阀何键在湘黔边境鏖战，榕江是贵州军阀的后方，只有敌军一个副师长率领五六百人在后方防守，我们原来是想趁敌不备攻下榕江的，但兵临城下时被敌人发觉，偷袭变成了硬攻。经过一场激烈的战斗，终于攻陷了榕江，消灭敌人两个营的武装，缴获两门大炮、一个电台和许多枪支、子弹。随即我们开展了宣传工作，并收得十多万元的税款。

我们一路上解决红军经费的主要办法是：对城市里实行收税派款政策，在农村则是打土豪，解决粮食问题。那时我们的税收政策也体现了阶级路线，规定资本大的多征收，资本小的少征收，资本特别小、在100元以下的免收。我们对封建地主、土豪劣绅的粮食及其他财产则采取了没收的办法，解决了部队的口粮问题并分给当地贫困农民。

这时已经5月了，红七军3月自东兰、凤山出发，已历时两个月。这个时候，广东军阀陈济棠正奉蒋介石的命令从梧州、桂平攻打桂系军阀，李、白的主力部队已经从右江地区撤退，而且我们在打游击当中还歼灭了敌人一部分武装并取得了税收，解决了部分经费，至此，已经到达了在黔桂边打游击的目的，前委考虑到久驻榕江终非良策，因此，决定回师右江，恢复根据地。

1930年5月，我们自榕江带着大炮、电台等许多战利品凯旋归来，当我们刚回到广西边境福禄镇时，贵州军阀王家烈率队跟踪追来了，他们的主要目是想要回电台和大炮，王家烈写了信，并派代表找我们。我们没有利用他与湖南军阀互相残杀的时机，将这些带不动的大炮还给他们，使他们两败俱伤，而是把它们扔到河里去了。

随即我们回到天峨与第三纵队会师了，我们从韦拔群同志那里了解到李宗仁部队的主力已从右江沿岸撤走对付蒋介石去了，于是我们与第三纵队共同配合，经过一场激战，打垮了敌军岑建英团，收复百色城，由于天色已晚，我们没有跟踪追击。右江沿岸的敌军原来是筑了碉堡准备顽抗的，听到百色被我军攻克、岑建英团被打垮的消息后，就连夜逃走了，第二天我们没有经过战斗，垂手收复了原来失去的右江沿岸恩隆、思林、隆安等县。

大概是6—7月的时候，滇军来了。那时蒋介石要消灭桂系军阀，要广东军阀陈济棠从梧州直打桂平，要云南军阀张冲从西边打南宁，滇军来到百色后，被我们拦住去路，于是他们派了代表气势汹汹地向我们提出了三个条件：第一，让其军队通过；第二，准许其通过接济的粮草、弹药；第三，红军退出右江沿岸的城镇，让其驻兵，否则就要打。那时我们同意他提出的前两个条件，因为第三个条件是要我们让出根据地，这不能接受。他们气势咄咄逼人，我们考虑既让他们通过去打李、白，又要在军事上打击他们一下，给他一点厉害看看，于是决定打一下他的尾巴。当他们队伍开过来时，我们逐步退出了右江沿岸的城镇，把队伍埋伏在思林、果化一带公路两旁的高山上居高临下，待其大部队伍通过后，一声炮响，杀声震天，打了两天两夜，直杀得滇军尸横遍野，血肉横飞，伤亡很大，并俘虏了他们一些人，缴获了许多枪支子弹。经过这一场战斗，滇军对红军的战斗力甚为佩服，再也不敢轻视了。后来，滇军围攻南宁数月，未能打下，一方面是因为云南军阀龙云、张冲之间有矛盾，龙云把张冲送出云南后，不再给他支援粮草弹药；另一方面与途中被我军截击也有很大关系。

现在回想起来，打他一下尾巴，使他正视红军虽然有一定的好处，但从长远利益着想，忍耐一下，不打他，让他们与李、白军阀混战则对我们更加有利，因为这样一来李、白要打赢张冲，需要花出更大代价，而我们那时再截击其溃退的兵马则是轻而易举的事。而如果张冲打下南宁，我们将可以更好地发展我们的力量。扩大红军，发动群众，消灭地主武装，巩固革命根据地。

红七军到贵州打游击时，伤亡了一部分人员，需要补充，而坚持战斗在革命根据地的韦拔群、黄志峰同志以及右江各县苏维埃政府，在这一时期发展了不少地方武装，因此我们决定将这些地方武装编入红七军，加强主力部队的实力。这时，正好邓小平同志从上海回来了，他也主张这样做。于是我们把地方赤卫队扩充为主力，成立第四纵队，任命黄志峰同志为纵队长。

把地方部队发展为主力部队，那个时候应是循序渐进的，而且应该留下一部分，以便继续发展地方武装，同时也不致因地方武装全部被抽光而使得当地土豪又嚣张起来，造成地方苏维埃政府及农会工作上的困难。凡是这样做的地方，问题较少。但是那时我们一般都没有这样做，许多地方集中得过快过猛，甚至有的地方把地方武装连根拔，一个不剩地都编到红军主力里来了。那时我们对训练地方干部也做得不够。

这个时期，我们进行了许多艰巨的工作来消灭地主武装，发动群众，但我们在进行这一工作时，对"分兵以发动群众，集中以应付敌人"这一套游击战争的战略战术还缺乏经验，当时我们去打地主武装时，没有将部队化整为零，同时也没有与地方武装及农会很好地进行分工，而是胡子眉毛一把抓。加上时间太短，我们进行这一工作不到3个月。1930年9月，中央代表邓岗来了，传达立三路线，要我们攻打两广军阀，攻取柳州、桂林、广州等大城市，北上江西与中央红军会合。

当时在建立与巩固根据地上，我们还存在一个问题，就是对如何巩固与发展根据地这一套办法不了解，不知道在根据地外围建立游击区，然后又发展为根据地；在游击区外围建立秘密组织，然后又发展为游击区，这样不断地巩固与扩大根据地．

总体来看，从 1929 年 12 月红七军成立到 1930 年红七军在河池整编北上，短短 10 个月，我党在广西创建了革命根据地、革命政权和革命武装。根据地范围一度发展到拥有两三百万人口的右江地区，包括隆安、果德、思林、恩隆、奉议、那坡、平马、百色、东兰、凤山及左江的龙舟、宁明、明江、崇善、右县等十几个县，在这些根据地都成立了苏维埃政府和农会，还有河池、南丹、万岗、凌云、向都、天保、龙茗、养利一带的游击区，游击区的范围还一度发展到桂黔边境的榕江、荔波、怀远等县。红军的主力部队曾发展到近 2 万人；红七军四个纵队 1 万多人；红八军 3 个纵队几千人，此外还有 1 万多人的赤卫队，在军事上曾经几次给敌人以沉重的打击（如打榕江和攻百色）。在政治上发动了广大群众，镇压了反动地主和豪绅，这是我党、红七军及革命政权在广西蓬勃发展的时期。这一时期，我们所采取的建立和扩大革命武装，发展党组织，发动群众，建立根据地，保护工商业等一系列政策、措施都是非常正确的，保证了党、军队、政权的迅速发展。

四、红七军北上江西时期的情况

（一）红七军离开右江根据地在河池进行整编

1929 年 9 月，党中央派邓岗来传达立三路线，提出"争取一省或数省的首先胜利""全国扩大百万红军"等口号，中央给我们红七军的任务是：消灭两广军阀，建立两广政权，集中力量，北上武汉，与朱、毛汇合。

当时有不少同志感到两广军阀很多，一下子消灭是有困难的。对中央这个指示存有怀疑，记得那时邓小平同志就不大赞成打大城市和北上，雷经天同志也有不愿把地方部队调走的思想，我也认为我们部队只有1万多人，力量还不够，也不大同意。而中央代表邓岗同志及陈豪人、龚鹤村等人则极力主张执行中央指示，并有借这个问题不要邓小平当政委的企图。我们感到如果反对的话势必引起分裂。因此对邓小平同志说：我们暂时还是执行中央的指示吧，待走不通时再说。小平同志同意了这个意见。

随即前委开会讨论，尽管我们在思想上有分歧，但是为了避免分裂，在会上没有展开争论，一致通过执行中央的指示，离开右江根据地北上。但在这时，考虑到红七军大部分士兵和基层干部都是右江地区的农民，乡土观念较重，北上的事情只让少数人知道，暂时还不敢向全体干部和士兵宣布。

1930年9月20日，我们从平马、田州出发，经东兰到河池，红七军和赤卫队都集中到这里，10月10日，我们在河池召开了第一次党代表大会，会议主要内容：

（1）听取邓岗传达中央指示后，一致表示拥护，并采取行动贯彻中央指示，提出"打到柳州、桂林、广州去""争取一省或数省的首先胜利"等口号。

（2）改编红七军为3个师。

（3）改选前委，陈豪人被选为书记，邓小平、张云逸、李谦、黄一平、袁任远等同志及龚鹤村为委员。前委在中央代表邓岗领导下工作。

（4）开除雷经天同志的党籍。

（二）红七军从河池出发，打长安、攻武冈、占领全州

10月中旬从河池出发时全军人数有1万人左右。第二天，没有经过战斗便占领了怀远，原准备经庆远去打柳州，听说庆远有很多敌人防守，我们便绕道长安，从北直下柳州，当走到天河附近的四把时，突遇敌人阻击，我们打了两天将敌人打退了，但也伤亡了二三百人。

接着攻打长安，在长安打了7天7夜，占领了部分街道，消灭敌军精锐五六百人，打垮了敌人两次增援，但未能将敌人赶走占领整个城镇。打不下长安镇，前委决定绕道古宜去打桂林、柳州。现在看来，这个决定是不妥当的。当时应该一方面派人秘密地到中央提意见；另一方面把队伍撤回右江根据地来，趁着广西云南军阀在南宁混战的机会，大力发展右江根据地。

我们由长安来到古宜，得悉去桂林的山路不好走。原来在柳州的敌人已到桂林防守，便离开古宜，进入湖南的边界，经过绥宁去打武冈，准备打下武冈后在湘桂黔边界地区打游击，在这里休息一下。武冈的城墙很高，非常坚固，战斗还没有打响，五十五团团长何莽同志因靠近城墙指挥行军，被流弹击中不幸牺牲了。天刚拂晓，我们发出进攻号令，经过一场激烈战斗，我们付出了不小的代价，敌人又派援兵、飞机来助战，我们不得已撤出战斗，放弃武冈。

但这个时候，我们还没有放弃打大城市的企图，又经过新宁回军广西，准备攻打桂林。我们进军全州，这里敌军不多，没有经过大的战斗便占领了全州城。在全州驻了几天，了解到桂林敌军很多，前委

才召开会议，决定不打桂林了，同时也放弃了打大城市的想法，但是没有认识到立三路线的错误，对根据地问题仍然缺乏认识，因此在打大城市这条路走不通之后，没有转回右江而决定继续去江西与朱毛红军会合。

会后，邓岗、陈豪人回上海向党中央汇报去了（后来邓岗被国民党杀害，陈豪人脱党，抗战时在福建被国民党特务杀害）。

在全州筹了几万元的款，又度过了1931年的元旦，原来打算在这里做衣服的，后因湖南、广西两省军阀向我们压来了，我们决定经道州、江华、乐昌向江西方向前进。

（三）红七军战斗在湘粤桂边境，横渡乐昌河

1931年1月，我们离开全州，首先到达湖南的道州。我们在这里驻了两天。这里的商人很狡猾。他们一面"招待"红军，一面暗中联系湖南军阀来打我们。当晚敌人追来了，我们来不及收款，连夜奔向江华。那时正下着大雪，寒风刺骨，队伍走了一天一夜，先头部队于第二天下午到达江华，由于路途艰苦，后续部队到深夜才陆续到齐。

到江华后，由于老百姓不了解我们，见我们来都关了门，不得已，我们没收了几家坚决不开门的商店以示警告。当时不解决衣服问题就会冻死，而一时又拿不出这么多钱来购买。于是经前委研究，采取了临时措施，除了用现钱购买一部分外，把成衣店和布店的衣服如各种各色的布料都征收了，得了布来不及做，便把五颜六色的布裹在身上。

解决了衣服的问题后，我们离开江华继续前进。踏着崎岖的山

路，来到贺县的桂岭。我们到这里时，家家户户都跟着民团躲到炮楼里去了。经过我们宣传，他们便从炮楼上吊下粮食猪肉来，我们照价给了钱，他们也没有袭击我们。在这里我们驻了三五天，之后我们到达广东省的连州，在连州驻了几天，筹到了几万元款，解决了给养问题，并补充了一部分衣服，接着继续东进。由于我们没有详细的地图（只有邮政图），加之道路迂回曲折，我们在广东的连州、乳源，湖南的临武这三县之间转来转去，转了一个多星期，经过湘粤边界的一个大圩镇——星子镇，来到广东乳源县的梅花村。

当我们在梅花村宿营时，湖南特委（地委）有一个负责同志来传达立三路线的错误问题，同时得知这里有党的地方组织，加上十九师师长龚鹤村是乐昌人，并在这一带地方工作过，提议在这里创立根据地。经前委讨论，决定休息一下，并准备在这个边界地区开辟根据地。

我们在梅花村除了召开会议、传达立三路线的错误问题外，还将红七军缩编为两个团，由龚鹤村当五十五团团长，李明瑞同志当五十八团团长，李谦同志当副团长兼一个营的营长。其余原来担任团长的都降级使用当营长。在这里，由于李明瑞同志的觉悟有所提高，在战斗中表现好，前委批准了他的要求，接收他为中共党员。

我们休息五六天后，广东、湖南两方面的敌人都来了，我们在梅花村与敌人展开了一场激烈的战斗，这一仗损失很大，特别是干部伤亡很大。

之后考虑到当时湖南、广东军阀比较强，选择这里做根据地是不现实的，决定仍然继续到江西去会合朱毛红军。第二天便来到乐昌附近的河边。我们过河的地方河面较宽，船只又少，过河的效率很慢。

当小平同志与李明瑞同志率领着五十五团全部、五十八团的一部分过了河之后，韶关方面的敌人乘坐汽车来了，与过河部队展开了激烈的战斗。这时我带着特务连及五十八团一个不完整的营没有过去，从此全军被截断为两个部分。邓、李率领大部分精锐部队从粤赣边境入江西崇义苏区，我带领一部分队伍经湖南的东南边境进入湘赣苏区——永新。

永新之役以后，我们去打安福未打下。之后我们回到永新，对湘赣省委提议我们要去找五十五团，省委同意了。于是我们从永新南下。这时五十五团在李明瑞、许卓两同志率领下也正找我们（五十五团到达崇义时，小平同志到中央去汇报了，由许卓同志代理政委），在河口，整个红七军又会合在一起了。1931年四五月间，我们在永新召开了红七军第二次党代表大会，主要内容是检查、总结红七军从广西到江西这一路行军、作战的经验教训，宣布到中央苏区汇合朱、毛的任务已经完成，今后的任务是为保卫与扩大中央苏区而斗争。

开完党代会后，我们又去打安福，没有打下。便到北边宜春等县打了一下游击，接着经过井冈山，准备过赣江与中央红军汇合。正在

红七军到达兴国县时受到欢迎的盛况

这个时候，湘赣省委书记王首道同志从中央苏区开会回来，经过我们这里。他向我们传达了中央的意见，说明中央欢迎我们过河，并派了警卫队在赣河东边掩护过河。我们还请中央代表王首道同志在干部大会上讲了话，这样统一了思想决定过河。

经过一天的准备，我们于1931年7月在良口过了河。过河后来到中央苏区的兴口县，部队在这里休息。我和许卓、李明瑞同志带了一个特务连去见毛主席、朱总司令和项英同志。至此，红七军会合朱、毛红军的伟大历史使命光荣地完成了。

（摘自广西壮族自治区博物馆《张云逸同志漫谈广西革命斗争情况》，原件藏于自治区档案馆）

3.回忆红七军的历史

李天佑

一、红七军的产生和组织

李天佑（1914—1970）

1929年夏，俞作柏、李明瑞在广西取得政权之后，为了稳定所获得的政权，暂时使用我们党的许多干部及左派分子。广西党组织趁此时机发展力量，主要发展方向是如何抓住军队。在当时，广西教导大队里面就有不少党员，拥有相当的地位。譬如警备第四大队队长张云逸同志，教官袁任远、佘惠、邓一凡，连长李朴等同志。由于这些党员卓有成效的工作，许多思想优秀的学兵被吸收入党，以后成为红七军中下级干部。以张云逸同志为首，我们党所领导的警备第四大队和教导大队一部分学兵（约400人），缩编成一个教导营，成为广西1929年12月11日武装起义的可靠中心力量，这就是以后红七军的骨干。

1929年夏，广西党组织在右江沿岸布置了地方工作，开展了农民反对地主豪绅的土地革命，与久在东兰活动的韦拔群部农军会合，而组成了整个工农红军第七军，合编为3个（一、二、三）纵队。1930年8月在河池才改编为3个师（十九、二十、二十一师），合计约7000人。

二、从军队中的党来看，红七军是立三路线的根本执行者

从当时中国革命的阶级力量对比来看，革命力量是蓬勃地向前发展的，但就当时的情景来说仍是处于劣势的。从局部的情形来看，广西的反革命与革命力量对比无论哪一方面（政治、军事、经济）都有利于当政的反动势力派。然而红七、红八军成立不久，人数不多的红军竟敢直接攻打广西南宁（省会），记得那时的口号是"打到南宁有饭吃，打到南宁有衣穿，打到南宁有钱用"。这些口号是漂亮的、动人的，可是它们没有任何立足的物质基础。1930年1月初，进到隆安时遭到桂军的反击败北，果化、平马再战再败，不到两个月时间丧失了右江沿岸苏维埃各个中心城市，这样的危险行动具有立三路线在广西形成的条件。

1930年夏，红七军远离苏区长征，口号是"打到柳州去，打到桂林去，配合朱毛红军夺取广州"。远离了自己的根据地，遭受到极大的损失，而红七军出征时又将苏维埃的武装悉数带走，广西地方的苏区很薄弱，不久敌人反攻变成恐怖白区，这是立三路线在广西给党和红军所造成的结果。

执行立三路线使红军远远地脱离了自己一手创造的根据地，东奔西走，单从军事观点来看，下长安，攻武冈，打梅花，都是不必要的，而且是能够避免的，特别在广东的梅花之战，使红军主力遭受到极大的损失。在战术方面，也没有一点的作战战术原则。何种情况下才打，何种情况下放弃打，一般中下级干部没有在思想上形成确实的作战原则，上级领导机关亦未见到关于战术思想上领导的指示。红七军经过将近万里的转战，于1931年春到达湘赣（茶陵）苏区，与独立第一师、二十军会合，参加湘赣苏区的二次反"围剿"后，除整个教导营和留下一部分干部外，其余于6月到兴国与主力红军一、三军团会合，从此在中央和三军团领导下参加第三次反"围剿"。1933年夏季整编时，红七军与二十一军合并成三军团第五师（五十五、五十六、五十八团编成十三团，五十九团编成十五团第一营，军直属队编为师直属队），红七军的历史宣告结束。

三、红七军英勇斗争的历史，它的优点在很长的时间内还保持着，它的缺点也逐渐消除了

红七军基本上是由我们党所领导的旧军队、革命武装起义的部队组成的，部队里面中下级指挥员，甚至一部分工作人员都在旧军队中工作过，因此部队中遗留下来浓厚的军阀主义和一些不好的习惯。

单纯的军事观点是旧军队的恶习惯。开始部队中对于政治工作和群众工作有轻视的缺点，但以后与三军团一起行动，在军团政治部领导下，部队中轻视军队中政治工作的观点逐渐地消除了，轻视群众工作的观点也逐渐改变了，而且学会了如何做群众工作。

　　固然红七军有着上面许多的缺点，但是它有着优良的战斗作风。当进攻战斗时，它有高度的紧张攻击，机巧的精神。第三次反"围剿"，东固方石岭之战，1933 年三军团在东征福建时与十九路军在沙芹县山的遭遇战，都显示着红七军英勇进攻作战的精神。当它担任防御战斗时，它又能英勇防御完成守备任务，第五次反"围剿"高虎脑战斗即是真实的例子。即使它被缩编了，但它的优良作风和优点在很长一个时期还保持着，可惜的是，红七军主要领导人和较负责的干部大部分离开了。

4.莫文骅等同志谈红七军和 广西革命斗争史

莫文骅等

一、陈漫远同志谈红七军

陈漫远口述，熊树和、田炳坤、韦宝昌记录

（1974年3月1日）

张云逸率领第四大队到百色，把原来在百色的第三大队消灭后，于1929年12月5日在百色成立红七军。我在第一纵队第一营第一连当指挥员。红七军成立后不久，就有个计划要打南宁，与红八军会合。但情况不明，敌人已上右江了，我们还不知道。我们的部队开到隆安时，就和敌人遭遇了，在那里和敌人打了一仗，这是红七军成立后打的第一次仗。当时，敌人兵力比较多，我们打了一下就撤回东兰、凤山一带活动。在撤退中，我们连在恩隆一个什么墟（亭泗——笔者）还和敌人打了一仗，我负了伤，被抬到东兰后方医院医治了一个多月。我归队后不久，就准备出发去打贵州。我们去贵州来回都经过天峨、河池，都在河池驻扎过。去贵州时，天气还不十分暖和，可是回来时就很热了。从贵州回来，在河池驻的时间很短，因为要打百色，要出其不意打下百色，打百色城时，张军长亲自指挥，攻一个堡垒，太阳快落山时攻下来了。我们连是主攻，冲在最前面。

记得红七军回到百色后不久，云南滇军就入桂和桂系军阀混战。他们路过右江时，我们和他们打了一仗。后来为执行立三路线，要打桂林，会师武汉，于是红七军决定北上。离开百色时，记得右江正涨大水，已是秋天八九月的时候了。在河池整编后出发，首先打长安镇，打了一天一夜，没有打下。听说当时白崇禧就在城里，兵力较强。我们打长安，主要是想要打桂林，以长安为据点打桂林，我们没有打赢，只好向湖南撤了。

二、莫文骅同志谈红七军

莫文骅口述，田炳坤、韦宝昌记录

（1974年3月4日）

1929年12月11日，红七军在百色成立。红七军成立后不久，1930年元月攻打隆安，打隆安主要是想打到南宁去。现在看来，路线是有问题的。当时主要是恨国民党，又缺乏经验，有点蛮干。隆安失败后，撤出右江沿岸，到东兰、凤山一带活动。大约3月下旬至4月初前往黔桂边活动。4月30日打下古州，就是榕江。缴获不少战利品，有大炮，有蒋介石送给王家烈的电台。5月1日在榕江庆祝"五一"节，开了群众大会，宣传中国共产党和红七军的主张。我们在榕江驻了5天，5月4日离开榕江，扬帆南下。到福禄镇时，因

莫文骅（1910—2000）

为大炮和电台太笨重，我们又不会用，就把它们扔下河去了。我们是 5 月中旬回到百色的。回到百色后不久，滇军就派代表来和我们谈判，要我们让出百色城和右江沿岸给他们。他们要路过这里去打南宁，和桂系军阀混战。当时，我们决定给他们让路，不让也不行，我们力量不如他们。他们大队过后，我们在果化伏击他们的后卫部队，打了 3 天，两败俱伤。当时，我们打滇军是太不应该了。应该利用滇桂军阀的矛盾，让他们混战，我们乘机发展根据地。当时桂系军阀力量并不很强，滇军可能打败他们。若滇军胜，量他们在广西也待不住、待不了多久的，若滇军失败，必经右江逃回云南，那时我们可以趁敌之弱攻击他们。滇桂军阀混战，两败俱伤对我们是有利的。但当时我们就不会利用矛盾，只懂得恨国民党，见国民党军队就要打。

红八军是 1930 年初成立的，但成立后不久就和国民党军队作战遭到失败。袁也烈同志带一部分队伍大约 200 人左右到右江会合红七军，以后就变成红七军的一部分了。红七、红八军成立前，为争取李明瑞参加革命，我们曾同他说，红七、红八军成立后，请他担任总指挥，所以就有个红七、红八军总指挥部，其实这只是个虚名，没有什么办事机构，李明瑞到哪里，哪里就是总指挥部。我记得打隆安前，李明瑞已带一个特务连到右江来了。打隆安时，他也参加指挥。当时，我是红七军参谋处参谋，就在他身边。从贵州回来后，红七、红八军总指挥部就逐渐消失了，但李明瑞还是总指挥。河池整编后，就没有什么总指挥部了。

红七军成立时，我在副官处，不多久就到参谋处当机要参谋。从贵州回到百色的第二天，张军长叫我到第一纵队当少校辎重队队长。从此以后，我就不在军部了。当时，红七军司令部设在粤东会馆里。右边的后厢房楼上是张军长和邓政委住的。邓政委离开百色去上海汇报工作，我从副官处搬到参谋处，就睡在邓政委的那张床上。楼下和前面那个房子是参谋处活动的地方。左边后厢房是经理处，叶季壮是处长，住在楼上。还有个叫云青的，他是经理处会计。左边的前厢房是副官处，右边前厢房是警卫连活动的地方。中间大厅是开饭和开会的地方，但当时开会极少，没有开多少次会。当时官兵一律平等，同吃大锅饭，开饭时间一到，大家集合，首长来了，互相敬礼，然后值日官命令："开动！"即解散吃饭。

我记得1930年中秋节后，红七军奉中央命令调离右江，在河池整编。将原来的3个纵队改为3个师，第一纵队改为十九师，第二纵队改为二十师，第三纵队改为二十一师。二十一师兵力很少，由韦拔群同志带回右江，坚持根据地斗争。红七军北上时，上层领导有什么争论我不知道，因为我在第一纵队，还是下级干部。雷经天同志被开除了党籍，好像到延安后才恢复他的党籍。

三、袁任远同志谈红七军

袁任远口述，韦宝昌记录

（1974年3月15日）

红七军成立后不久，就和红八军联合打南宁。一、二纵队都去了，我带第二纵队一个营和叶季壮同志留守百色总后方。当时，红八军刚成立，还不巩固，国民党把他们打垮后，立即转向右江打红七军。我们部队开到隆安就和他们打起来了。我们没有打赢，撤到平马，由平马又再撤到东兰、凤山一带。当时我们留守百色这个营与军部失掉联系，不知道前方打了胜仗还是打了败仗，也不知道守好还是撤好。如前方打了胜仗，我们撤了，那是犯错误的，是要受处分的。如果打了败仗，我们死守百色，那就有覆灭的危险。我们这个营战斗力又不强，多数是后勤人员和伤病员。后来听到主力部队撤出平马的消息，我们立刻就撤，经过凌乐一带上凤山到东兰与张军长会师，会师时大家都非常高兴。听说我们走后第二天敌人就到百色来了。

红七军有 3 个纵队，实际上 1 个纵队相当于 1 个团。我们到东兰驻了一段时间，因为这里是山区，群众也很苦，军需有困难，必须想个办法来维持生活。于是军部决定上贵州打游击，一方面扩大宣传面，扩大红军的影响，扩大兵源；另一方面解决军需物资。我们大概于 1930 年 4 月渡红河到河池，在河池驻了两三天就上贵州。我们原来想打独山，后来听说那里敌人兵力较强，就没有打，调转头去打榕江。我们在苗山里走了很长一段时间才到榕江。我们突然袭击榕江，敌人虽有一个团，但战斗力不强，又无准备，我们把他们撵过榕江河时，他们被淹死了很多。我们一下子就占领了榕江城。打下榕江，我们发了"洋财"，缴获了很多战利品。因为榕江是贵州军阀王家烈的军部所在地，是他的总后方，有很多军用物资。我们缴获了敌人很多大炮，还有一部电台。我们把这些军用物资装船运回广西。但大炮太笨重了，电台又没有什么用处，当时只有红七军缴获电台，中央根据地也没有电台，无法联系，我们也没有人懂得用这家伙，只好不要了，统统扔下河去了。回广西是乘船顺榕江而下，经过福禄，走到环江、河池。这次在河池驻了几天，然后打回百色，恢复右江沿岸一带的根据地。回到百色时，天气已经很热了。

我们打下百色后不久，滇军就来了，他们派代表和我们谈判，要我们给他们让路，让出百色城来，他们要到南宁打桂系军阀。我们同意让出百色，军部撤到平马。到平马后，我的工作变动了，不在二纵队了，调到军部政治部当总务长，这总务长和现在的总务长不一样，主要是搞政治工作，管理文件机要，好像立三路线的电文我都看过。总务处还搞教导队的工作。我们恢复右江只恢复到果化一带。滇军过路时，我们进山里去，他们过后我们又出来了。但我们在右江时间不长，大概八九月间，中央派邓岗来传达立三路线，邓小平政委也从中央回来了。立三路线给我们的任务是打下桂林、柳州，在广东的小北江建立根据地，阻止两广军阀北上增援武汉，中央红军首先拿下武汉，争取一省数省的胜利，然后，红七军打下广州，实现南方的胜利。我们奉命令北上。到河池驻了几天，召开北上誓师大会，改编红七军。第一纵队改为十九师，第二纵队改为二十师，第三纵队改为二十一师。韦拔群同志留守右江。十九师和二十师北伐，首先打长安，当时白崇禧带1万多人守城，我们打了3天打不下，后撤往湖南。在湖南打武冈又打不下，只好退回广西。我们突然袭击全州，占了全州。在这里休整了几天后向道县、江华、连县进军。在梅花打了一仗，打了好几天，打不赢，只好奔往江西了。打梅花的目的，就是想在小江北一带建立根据地，还是执行立三路线的计划。

红八军失败后，袁也烈带领一个营经过靖西、云南，绕道贵州，最后到河池和我们会合。会合后不久，我们就北上了。袁也烈带这个营到贵州时，不知投了哪个军阀，说是假投降，在那里混了些日子，一面休整，一面打听红七军的消息。后来他们听说红七军快要北上了，立即带队出来，投奔红七军，和红七军一起长征。"文化大革命"期间，袁也烈因为这个问题被说成叛徒，不知道现在这个问题解决了没有。他们投靠贵州军阀是有条件的，是暂时的，没有被他们改编，我已证明他这个问题。李明瑞开始是动摇的，后来看到第四、第五大队有力量，就有依靠的想法，我们尽量争取他过来。他参加革命后，特别是北上途中很坚决，也很艰苦朴素，打仗勇敢，指挥得力。

红七军成立时，纵队设有党代表，由政治部主任兼政委，当时我就是二纵队政治部主任兼政委。

四、重访袁任远同志记

袁任远口述，韦宝昌记录

（1974 年 5 月 22 日）

韦：想请袁老再谈一谈红七军政治部旧址的情况。

袁：就在小学那个楼里。楼的两旁还有一些房子，现在已经拆了。当时开会、办公都在楼上。楼下主要是住人，我和许进、陈豪人（后来脱党），还有叶季壮都在里头住过。红七军成立后，叶季壮当经理处处长，搬到军部去住了。陈豪人原来在楼下和我们一起住，后来我们把他弄到楼上去住。楼下分为几个房间，楼上好像没有分什么房间。但分不分都记不清了。当时办公不像现在这样正规，有上下班时间，那时是有事则忙，无事则松，房间也是办公室，政治部的主要活动都在这里。我任二纵队政治部主任前，在军部的政治部工作，当时也没有公开叫政治部，主要是筹备起义工作。我是行政组组长，用现在的话说，是办公室主任，办公室的日常事务都得管。我在这里住的时间也不很长，任二纵队政治部主任后不久，就到二纵队去了。

韦：红七军成立时有几个纵队，有多少人？有的说还有第四、第五纵队。

袁：红七军成立时，共有八千三四百人，编为 3 个纵队。第三纵队是由韦拔群同志领导的地方农民武装改编而成的，没有第四、第五纵队。后来在河池改编时，第一纵队改为十九师，第二纵队改为二十师，第三纵队改为二十一师，每师下设两个团。当时前委决定拔群同志留守根据地，河池改编时，第三纵队基本上没集中，韦拔群同志只带一部分队伍到河池。宣布改编后，主力部队出发向柳州进军，拔群同志带领很少一部分队伍回东兰、凤山，组织队伍坚持斗争。

韦：听说立三路线的命令下达后，红七军内部斗争很激烈，当时你是不是前委成员，能否给我们谈谈这方面的情况？

袁：红七军北上，出发点主要是执行立三路线，是邓岗来传达的立三路线。立三路线给红七军的任务是打下柳州、桂林，在广东的小北江建立根据地，阻止两广军阀北上增援武汉，保证两湖一省或数省的首先胜利，然后夺取广州，实现南方的胜利。当时我不是前委成员，只知道讨论执行立三路线时有意见分歧，但不知道具体情况。"文化大革命"期间，我去问张老，我说："听说邓小平执行立三路线，到底是怎么回事？"张老说："他执行了，我也执行了，但我们和邓岗、陈豪人不同。"张老和我一样，总感觉陈豪人很虚伪，怕艰苦。当时他和邓岗坚决主张执行立三路线，并且以威胁的口吻说谁不执行谁就是反对中央，以势压人，很多人都不敢说话。他们主要是向往城市，不愿在右江，认为这个地方贫穷落后。张云逸、邓小平和他们是有斗争的，张云逸、邓小平认为中央指示是要执行的，但红七军力量还不够强大，根据地也不够巩固，根据地里的土匪都还来不及清剿，就急于去打柳州、桂林，是没有什么胜利把握的。他们认为必须首先做好根据地的工作，扩大红军的力量，然后再考虑打柳州、桂林的问题。雷经天坚决反对，他主张固守右江，他主要是不愿意到广东小北江搞根据地。雷经天也有对的地方，也有错的地方，他的保守主义看来是不对的。当时认为他反对中央，把他开除出党，后来又给他平反了。

当时，我们的口号是打柳州、桂林，但实际上也并没有打。这两个城市敌人的力量很雄厚，柳州三面环水，桂林城墙很高，是很难打下的。我们首先打长安，是为了打柳州，结果打了 3 天，没有打下，损失不少，我们放弃了打柳州、桂林的计划，撤到湖南去。到湖南武冈打了一仗，这一仗也不该打。武冈城墙很坚固，打不进去，只好撤退。我们退回广西，迅速拿下全州，在这里休整了几天，大约不到一个星期，在这里开军事会议，内容我不太清楚，但我知道陈豪人、邓岗两人化装成商人去上海向中央汇报。他们去后就一直没有回来了。后来听说陈豪人蜕变为第三党，也被国民党杀了。

我记得在全州休整后，即向湖南的道县、连县进发。在梅花打了几天几夜，损失很大，这是非常错误的。梅花失败后才投奔中央苏区。过乐昌河时，我和邓小平指挥的主力部队都过了河，张云逸还没有过河，就被敌人截断分成两部分。后来我们又在永新县会合了。我们到了中央苏区后，才知道立三路线是错误的，要肃清。当然，我们在执行立三路线过程中也感觉到这条路线行不通，但从政治上思想上认识这是一条错误路线，还是到了中央苏区之后。

韦：袁老，请你再谈谈李明瑞问题到底是什么性质的问题。

袁：他和俞作柏反蒋失败后，原想出走香港，但又觉得第四、第五大队力量不小，还可以利用，以便东山再起。当时，张军长和邓小平同志给他做了很多的工作，耐心教育他。他留下来了，参加了红军，到江西后还参加了中国共产党。他参加革命后，思想很坚定，艰苦朴素，打仗很勇敢，指挥很得力。如果他动摇的话，从广西到江西，那么艰难困苦，他随时都可以逃跑，但他没有跑，没有动摇。到江西后，由于王明搞肃反恐怖政策，杀了很多好干部、好党员，把他吓坏了，他顶不住了，产生动摇思想，结果被打死了。我们认为他还是烈士，因为他是受王明路线的迫害。

五、重访陈漫远同志记

陈漫远口述，韦宝昌记录

（1974 年 5 月 25 日）

韦：想请陈老谈谈第一次国内革命战争时期广西的革命斗争情况。

陈：当时我在梧州二中读书，参加了共青团，对梧州市了解一些，整个广西就不清楚了。1925—1926 年，广西没有省委，有个梧州地委，是受广东省委领导的。广西的共青团也是广东派人来发展的，受广东省委领导的。最先到梧州市开展党的工作是罗少彦，他是从广东派来的，开始在梧州市《国民日报》工作，当梧州地委书记，后来到南宁当省委书记。我于1927年1月入党，到梧州市工会工作，当工会主席，从那时起就不读书了。"四一二"反革命政变后，国民党大肆捕杀共产党员，我也被抓去坐了两年牢，1929年李明瑞回广西，释放政治犯，我们才得以出狱。出狱后，我回家一个多月就到南宁参加革命工作。不久又被派到恩隆县工作，公开的职业是教师。张老带领第四大队到右江后，我见了罗少彦，我要求到部队工作，他说，好嘛，我们也正需要人。他把我安排在他那个营当一连指导员。

第一次国内革命战争时期，广西有农民运动、工人运动、学生运动。韦拔群领导的农民运动搞得很好。梧州有工人运动、学生运动，南宁市的学生运动也搞得很好，梧州市工人运动比较好，工会一直是共产党掌握的，搞罢工、反帝反封建，斗争也很激烈。国民党总想掌握工会，但一直没有得逞，我们和国民党的斗争，集中在争夺工会的领导权问题上。至于学生运动，梧州市分两派，一派是共产党掌握的，这一派主要是二中和女师；另一派是国民党掌握的，这一派主要是梧州师范和苍梧中学，他们那一派以土豪劣绅的子女为主。我们和他们在学生联合会中经常斗争、辩论，甚至武斗。有一次，我们打了他们，他们报告警察局，把我们几个学生抓去坐了几天牢。

韦：斗争的焦点是什么？

陈：斗争的焦点也就是争夺学生运动的领导权。我们这一派是共产党领导的，是拥护共产党的，是要搞革命的，是反对封建礼教、反封建主义的，也反对学校的反动当局。他们是拥护国民党的，是要维护封建礼教，所以就有斗争。学生中两派的斗争，实际上是共产党与国民党的斗争。关于农民运动，梧州刚刚开始，还不很明显。当时工人运动、学生运动斗争是多方面的，不是体现在这个问题上，就是体现在那个问题上，具体就记不清了。北伐时期，国共合作也还算是比较好的。广西党受广东省委领导，当时广东省委书记是陈独秀的儿子，这个人很出名，现在一时想不起他的名字。

韦：陈独秀错误路线对广西有什么影响？

陈：没听说有什么影响。他的错误主要在 1927 年汉宁分裂的时候，他主张工人、农民放下武器，与国民党妥协。在广西好像没听说有这种事情发生。"四一二"政变后我被捕坐牢，外面的情况就不知道了。

韦：你们为什么要打隆安？

陈：打隆安我参加了。当时情况是这样的：红八军建立后，我们想和他们联合打南宁，但没想到，敌人已上右江，我们来到隆安，他们也来到隆安，在隆安遭遇。我们先进城，听说敌人来了，马上布置战斗，抢占山头，我们连就和敌人争夺一个山头。我们从正面上，他们从背面上，他们还比我们先到山顶。我们费了很大劲才夺得这个山头。隆安这一仗打了两天，他们力量大，我们只好撤。先撤到恩隆，后撤到东兰、凤山一带活动。我们撤退时，敌人也不敢对我们怎么样。我们上东兰，他们也不敢来攻我们。隆安这一仗实际上是个遭遇战，敌我两军都到了那里，结果打起来了。

韦：你们上贵州的目的是什么？路线怎么走？

陈：当时百色敌情比较严重，打回百色比较困难。同时，我们也想向外扩展，扩大根据地，也想筹些款作军费用，所以决定到贵州打游击。因为贵州的敌人力量比较薄弱，路线怎么走就记不清了。我记得从东兰出发，经过河池、荔波、大瑶山（或苗山），后来到贵州的榕江。我们突然袭击打下榕江城，在那里驻了几天就回来了。回来进军速度很快，好像经过凤山，打百色城时，我们是从山上下来的。当时，我们想出其不意，一下子拿下百色，结果很快就拿下了。

韦：袁老和莫老说的路线不一样，不知道谁说的对。你的讲法和袁老差不多，和莫老说的就不一样了。莫老说部队到河池后，先向宜山方向进军，因在怀远被敌人打散，分成两部分，然后改变方向，转向苗山，去打榕江王家烈的总后方。

陈：两种说法都对，也可能分成两路。在怀远打仗一事我没有什么印象了，好像没有打过什么仗。莫文骅著书，想的比较多，可能记得清楚。我又不写什么东西，平时也没有想过这个问题，记忆不一定清楚。

韦：莫老的书你看了没有？

陈：大体看了，现在也记不清了。

韦：红七军是什么时候放弃执行立三路线，决定到中央苏区会合中央红军的？

陈：红七军离开右江主要是执行立三路线，要打柳州、桂林，与中央红军会师武汉。部队出发打的第一仗是长安战斗，我们连也参加打，打了两三天没有打下来，撤出战斗时我们连是最后撤的。打长安的目的就是想打桂林，经过桂林去武汉。打长安打不下，只好找别的路线走，不过桂林了，我们到了湖南武冈，在当时情况下我们应当走，但我们没有走，还排兵布阵跟他们干，结果损失不小，不得不撤出来。从武冈撤回广西后在全州驻了几天，然后向湖南道县、广东连县方向走。我们还在这一带来回转了几转，想建立根据地，搞个立足之地。我记得我们是在这一带过年的。后来，我们在梅花和敌人打了一仗,这一仗红军损失很大,只好投奔中央苏区。梅花一战部队减员严重,只好把师改为团,编做两个团。过乐昌河时,我们又被敌人拦截,分成两部分。我们五十五团都过了河,张军长和五十八团没有过河。我们这两部分队伍到永新县会合,然后到兴国县与红三军团汇合,编入红三军团。到兴国时,正是第三次反"围剿"前后,我记得到兴国不久就投入第三次反"围剿"的战斗。你们查一查"毛选",第三次反"围剿"是什么时候,就知道红七军和红三军团会合的时间了。红七军什么时候放弃立三路线?武冈失败就放弃了。在广东连县一带建立根据地的计划没有实现,才最后决定到中央苏区会合中央红军。

韦:为什么建立根据地的计划没有实现?

陈:这一带群众基础差,又不知道有没有地下党,群众发动不起来,再加上敌人很快就来了,我们只好走了。

韦:你们在江西见到了主席没有?

陈:没有。听说毛主席从福建回来到了红七军军部,见了领导同志。我们在下面没有见到,因为部队驻得散,我们离军部还有二三十里路。红七军编入第三军团后,张军长调到中央军委去了,由李明瑞当军长。不久,我也不在红七军了,调到独立第四师当政委去了。

韦:你对李明瑞问题怎么看?

陈:李明瑞这个人是很好的。生活艰苦朴素,他虽然是军阀出身,但一点派头也没有,相反地,跟他一起过来的比他小得多的人,派头比他大得多了。他表现是很不错的,打仗勇敢,指挥得力。红七军一路过来,所打的仗,他都参加指挥,虽然他不是党员,但作战计划都告诉了他,他是到了江西后入党的。第三次反"围剿",红七军是他指挥的，红七军在第三次反"围剿"中打得非常出色，名震江西，他是有战功的。到后来来了个政委，好像先是罗少华，后是葛耀山，听说他们两人是从工人中选送到莫斯科学习，然后派回苏区工作的。他们一回来就当政委，没有打过仗，也不懂得打仗，都是些教条主义者。当时王明搞"肃反"，说江西有 AB 团，广西有改组派，在红七军中搞"肃反"，搞得很厉害，搞扩大化，实际上红七军中并没有什么改组派。他们乱捕人、杀人，对李进行威胁、监督，我们听说他在军部已经无法工作了。在这种情况下，他产生了动摇思想，但还没有逃跑。有一天，他来到他原来从红七军中带来的那个特务连里找些老关系，说走不走都是死，我想走了，不知道你们愿不愿意走，结果他们就把他打死了。这个事很少人知道。当时的客观情况是军政委逼得他走投无路，不然的话，他不会走到这般地步的。他参加革命是很坚决的，如果说他要逃跑，从广西到江西，他随时都可以跑，谁也管不了他，但他并没有跑。主席说过，王明搞"肃反"搞扩大化了嘛，许多好人都给肃掉了。李明瑞这个人是有军功的，他死后组织上也没有作过什么结论。他是北流人，可能没有什么亲属了，我在广西那么多年，没有听说有他的亲属提起他的事。

六、访林青同志记录

林青口述，韦宝昌记录

（1974 年 6 月 6 日）

林：韦国清同志好吧？

韦：国清同志身体很好。

林：黄荣你见了没有？他和我很好，他是东兰人，听说他在广西是抓生产的。

韦：听说了，但没有拜访过他。

林：欧致富见了没有？

韦：他不在广西了，他已调到广州军区。

林：你要了解红七军哪方面的问题？我首先说明一下，我当时在军部经理处工作，年纪还小，是一般干部，知道的东西不多，也不全面。红七军是这样搞起来的？1929年俞作柏、李明瑞反蒋，他们是国民党左派，愿意与共产党合作，我们党就利用这一点，派邓小平、张云逸等同志到广西来，张老被安排到广西军校和第四大队工作，后来俞、李反蒋失败，我们就向右江撤退。当时右江有个韦拔群，他是个老党员，大约是1926年入党，进过广州农讲所学习，主席对这个同志评价很高。

韦：主席是怎么说的？

林：好像主席著作里提到。

韦：我好像没有看到过。

林：记得好像主席对哪个国家外宾说了，可能在我们干部中也说了，但都记不清是怎么说了。

韦：听说有人问主席是否还记得韦拔群这个同志时，主席说记得，这个同志很好，他是广州农讲所学员。

林：是这样的，他去过广州农讲所，后来他被敌人杀害了，他的革命精神很好。

韦：韦拔群同志是被叛徒杀害的，他死得很惨，叛徒杀害他以后，还把他的头部割下来，拿去向国民党献功，还把他的尸体焚毁了。

林：后来他的尸体还能找到吗？

韦：敌人一把火烧了以后就走了，附近群众立刻抢救，并秘密埋葬，所以能保存到解放后，听说1963年又在梧州市找到了他的头骨。

林：韦拔群同志的家属还有谁？

韦：除了出嫁的妹妹之外，全都牺牲了。拔群同志干革命，全家都参加革命，后来全家都牺牲了。

林：韦拔群同志真是个好同志，他在右江有很高的威信。我们到右江后，驻在恩隆、奉议、百色一带，发动群众，打土豪劣绅。记得1929年11月7日苏联十月革命纪念日那天宣布成立红七军。起义前，我在奉议县田州镇，我们在那里消灭了熊镐的第三大队。起义后不久，我调到军部经理处工作。当时经理处有叶季壮，他是处长，还有张军长的弟弟张逸秋，还有会计股长云广英，我是给他跑腿的。

韦：云广英是不是云青？

林：就是云青。他现在在广州，没有什么工作。他历史上倒没有什么问题，主要是"文化大革命"期间参加了派性活动。

林：红七军成立时有4个纵队，第一纵队是李谦，第二纵队是胡斌，第三纵队是韦拔群，第四纵队是黄志峰。听说黄志峰到了中央苏区后，中央又派他回右江，后来在途中被捕遇害。也有人说他后来叛变了，是不是有这回事？

韦：我们没有听说他叛变过，我们只知道他从中央苏区回广西途中被捕遇害了。

林：我看就是被敌人杀害牺牲的。他也是个老党员，可能也是1926年入党的。欧致富、冼恒汉就是他的部下，他当时年纪很轻，大概十五六岁。可能比我还小些，我现在63岁了，他可能六十一二岁。

林：红七军受立三路线影响很深，总想打城市，不想深入农村发动群众，打土豪分田地，巩固根据地。当时那一带用的钱是法国在越南发行的货币光洋，红七军总想打城市，占领城镇，弄几个光洋，这是很大的缺点。红军成立后不久，就提出打到南宁、柳州、广州去的口号。我们去打隆安，就是要打到南宁去。打隆安，开始我们打赢了，后来黄绍竑的部队来多了，我们输了，撤到东兰、凤山一带。不久，我们又出发去贵州打榕江，那是王家烈的后方。

韦：上贵州的路线是怎么走的？

林：我们到河池后，向宜山方向走，但还没有到宜山就被敌人阻击了。我们只到宜山过来的一个小镇，现在记不清是什么镇了。

韦：是不是怀远镇？

林：对，对，就是怀远镇。我们到那里就不往宜山走了，改变方向向北走，经过少数民族居住的大山大岭里，在那一带走很长一段时间，一出山就到榕江，我们一下子打下榕江城，缴获了很多战利品。我们在那里住了几天就回来了，我看当时是有点流寇主义的。大约五六月间我们又回到百色，第二次解放百色时，把钟夫翔从狱中放出。他原来是红八军的，红八军失败后，剩下一小部分转到右江和红七军汇合。听钟夫翔说，他们经过天保到右江来，后来在凤山又被敌人打散了。他们有几个人与部队失掉联系，闯到百色来找红七军。有一天，他们上街理发，在理发店里被敌人抓去。

韦：敌人怎么知道他们是红八军的？

林：他们当中有个人暗中投降了，向敌人告密说红八军里有几个人在理发店理发，国民党马上就来抓他们。

韦：红八军到右江与红七军会合，路线是怎么走的？

林：我记得红八军是在天峨一带与红七军汇合的，至于上贵州前汇合还是从贵州回来时会合，已经记不清了。这个问题你们问一问钟夫翔同志就知道了。

林：我们回百色后不久，云南滇军就来了，他们要打桂系军阀，不打我们，叫我们给他们让路，让百色城给他们。我们让出了百色，军部搬到恩隆县。滇军大队过后，我们袭击他们的后面部队，打了3天，打得很激烈。大约9月间我们就北上了。到广东的乐昌河，主力部队五十五团过了河，五十八团还没有过河，我和张老、莫文骅都没有过河。我们被敌人阻击，被迫分成两部分。我们没有过河的走了整整一夜，第二天到坪石这个地方找几条小船渡乐昌河。后来我们这两部分队伍在永新县会合了。五十五团到崇义县时，邓小平就离开部队去上海汇报，从此以后他就不在红七军了。

韦：你们是什么时候与红三军团会合的？

林：我们在永新县会师后不久，就渡过赣江到兴国县与红三军团会合，编入第三军团，接着就参加第三次反"围剿"。在反"围剿"斗争中，红七军是第三军团的主力，仗打得非常漂亮，广西兵打仗很勇敢，苦仗硬仗都是广西兵去打。李天佑就在这次反"围剿"中出名的。他一个团打蔡廷锴一个团，一下子就把他们打得落花流水。这次反"围剿"结束后，他被提升为师长。

林：我们到兴国后，中央奖了我们一面红旗，旗子上写着"转战千里"几个大字，听说这四个大字是毛主席写的。

林：现在我讲讲红七军军部的组织。当时红七军军部有参谋处，处长是陈叔度，他的弟弟陈可夫也在参谋处，他们是百色人，他们还有个妹妹也参加红七军，是红七军中最漂亮的一个女兵。后来红七军北上时不见他们了，听说到香港去了。经理处的情况刚才已经说了，莫文骅是辎重队队长，是我们给他发钱的，有时候他也来向我们领钱。军部还有副官处、卫生队、警卫连。

（注：林青同志原名叫林合，后在国务院四机部教育局工作。）

5.回忆李明瑞同志片断

莫文骅

（一）

1929 年 5 月，国民党左派俞作柏、李明瑞占领广西，俞任省主席，李任第四编遣区主任兼军事特派员。他们和我党有关系，我党可以半公开活动。那时经过党员罗少彦等同志的介绍。我和黄奇彦同志于 6 月考入广西军官学校。校长是李明瑞兼任的。对于他，我曾经听说过，他们回广西后，听的更多了，说他能征善战。在北伐战争中，广西军队是很能打的，而他这个师打得更好，现在是他的学生了，可以从他那里学到打仗的本事，心里是很高兴的。3 个多月的军事训练极为艰苦，但是，校长还没有到过学校。到 10 月的一天下午，集合了全体人员在操场上，他来讲话。看上去，他是中等身材，30 岁年纪，结实而健壮，是个相当标准的旧军人。讲起话来，一口广西官话，声音洪亮，大伙儿鸦雀无声地听着。他讲话的内容是反蒋介石的，号召我们好好团结起来。如果每个人都能当个连长，那就可以打平中国了。当时觉得他这句话是夸大了。我心里想，他的话怎样搞的，为什么不勉励我们学习？难道就散伙了？自从前几天开了讨蒋大会，风声便吃紧，他来是最后的告别吧！果然，几天后我们就撤出南宁了。

（二）

当红七军成立时，土匪打入百色城，快到军部门口，我们军部的人员各自为战，把土匪打跑了。我算第一次参加打仗，但这是胡乱打的，还不算正式的打仗呢。我所学习的走慢步、过浪桥、跳平台、木马、走天桥等，不过是操场动作、基础训练，还没有学射击，更没有学战术呢，而且打仗的知识还没有。

1930 年初，红七军去攻打南宁，在隆安和李宗仁、白崇禧亲自指挥的队伍展开激战。李明瑞同志是红军第七、第八军的总指挥，总政治委员是邓小平同志。那时，由李明瑞总指挥和张云逸军长率领红七军作战。当战事紧张的时候，李总指挥率领少数卫队越过军指挥阵地向最前线走去，张云逸军长派我们几个参谋跟着他。因为他的总指挥部是没有机关的。

火线上的枪声"砰啪"，大炮"轰隆"。只见鸟儿四处纷飞，野兔窜来窜去，树枝被打断，落叶缤纷。李总指挥率领二十多人到了最前线，他在枪林弹雨之中穿来插去，泰然自若。一边观察火线上的情况，一边注意周围的弹着点。我们要到前边山脚去，须通过约十多米的田坝，这个田坝是敌人火力射击到的，也是封锁的地区。如果不通过这个地区，对前线的指挥就有困难。李总指挥稍停了一会儿，说："你们等一等。先隐蔽一下，我先过去，叫你们来就来。"那时，子弹从周围飞过，震耳欲聋，尤其是开花子弹，真是有些吓人。只见他走在前头，迈开大步，几个特务员（警卫员）离他约一米跟着前进。不急不忙地通过田坝了。到了可以隐蔽的地方，他望着天空，听着枪声，招手叫我们分两批通过田坝。第一批过去了，第二批正要走的时候，他又摇手叫停下来。过了两分钟他又招手，这才过去。我们在枪林弹雨中顺利通过了，毫无损失。还有，李总指挥看清敌情之后，叫我传达命令，要第三纵队长韦拔群同志从左侧通过田坝向高山仰攻，虽有些伤亡，但打得很英勇。初次参加正规作战的我，作为一个共产党员，一个初级军官，由于革命意志的驱使，对于打仗，好像干革命一样，开始只知道要革命，但不知道如何干；现在只知道要打仗，但不知道如何打。因此，在战斗中注意观察领导者的一言一行，服从命令，以完成自己的任务，并从战争中学习战争，边打边学。隆安战斗，由于敌众我寡，敌先占领高山，我军仰攻不成，最后退却了。但是，李总指挥在战斗中的机智灵活却给我留下了深刻的印象。过了几天，我们军部几个人员随便闲谈时，我问及李总指挥在火力下通过田坝的动作那么顺利是怎么一回事？有参加过北伐战争的人告诉我，当通过田坝时，枪声虽然剧烈，但是，多是从头上或周围飞过，听起来有点吓人，但打不中人的。所以他安然通过了。通过后，看到枪声没什么变化，便招呼我们分两批过去。当第二批要走时，他见到有些子弹落在田坝里，尘土飞扬，所以叫第二批停下来。后来听到枪声有变化，才叫走的。不然不是送死吗？大凡敌人打枪，一阵一阵的，不光是打一个地方，那么我们就得钻空子。李总指挥是行伍出身，后来到军官学校学习，打了十多年仗，战场的脾气摸透了。我们听了恍然大悟，真是得益不少呢。

后来，我们转到恩隆县的亭泗地区时，一天下午4时，忽然敌人追来，战斗序幕揭开了。那时天气阴沉，有些细雨。这是不期而遇的遭遇战，我军立即疏散，与敌人展开周旋。敌人的队伍不断增加，我军处于劣势。李总指挥用望远镜观察敌情，说："告诉前面部队，后面来的敌人是老队伍，要注意。"一会儿，左侧来报告，敌人约一个营，从我左侧而来，似是迂回。那时，我军预备队已没有了，只有身边的一个特务队（警卫队）、一个连。当时我很着急，不知道李总指挥如何处理。他沉吟片刻，向政治部黄一平科长说："你带几个兵去左侧高山上，向敌人打几枪，他们就不敢来了。"我当时很奇怪，怎么搞的？但又不好说出。黄去了约十多分钟，派人来报告说："向敌打几枪后，敌人缩进村子里，不出来了。"我听后心里正在想：猜得那么准？这时听到李总指挥向左右的领导同志说："敌人主攻在正面，他们藐视我们，急求胜利，想从中央突破，左边的只不过是佯攻，企图分散我们的兵力。当知道我们有人防守之后，就不敢来攻了。告诉前方，不要死打，以免被敌人突破溃散，应逐步掩护退却。"正在这时，一个开花子弹从头上飞过，"啪喇"的声音把大家都惊着了。李总指挥脑袋向右侧歪了一下，本能地想躲这粒子弹。但他很快人急智生，右手随着脑袋向右边一指说，那里是什么呀？当我看过去时，没有什么特别情况，这才悟出他表示这个动作不是惊，而是看敌情。我真是佩服他火线上的镇静和处置得宜。指挥员如果在战场上惊慌失措，会动摇军心的！由于李总指挥毫不慌张，部队沉着战斗，迅速顶住了敌人的进攻，顺利地掩护撤退了。

从贵州占领榕江后回师到东兰，那里是老根据地，没有敌情。6月的一天晚饭后，李总指挥和我们坐在石山脚下，随便闲谈起来。这是我和总指挥第一次随便闲谈，也是唯一的一次。谈话很轻松随便，后来谈到打仗，我请教他："亭泗战斗你怎知增援来的敌人是老部队，怎知敌人主攻是在正面？"他说："当时你们没有看到吗？天下着细雨，敌人的部队分成两路纵队前进，都在扛着枪，快步向前，队伍很整齐，没有掉队的，也不因下雨而队伍松懈，不是久经训练的老队伍很难做到。部队打仗困难，走路也不容易的；不会走路，哪里谈得上打仗。"至于说他的主攻方面，是从双方兵力、地形和战斗部署等判断出来的。敌兵力看来比我大一倍，他们占领有利地形之后，居高临下，而队伍又源源不断地加强正面，我正面则抵抗力量薄弱，所以他们要中央突破，我们看来是顶不住的。与其让他们突破，不如主动掩护撤退，在这样的情况下，切勿恋战，否则吃亏，紧要的是保存有生力量。我们侧耳倾听，记在心里，钦佩之至。谈得高兴时，他讲了一个故事。他说："我当排长的时候，有一次夏天放排哨。前边放了一复哨，其余在山坡上露营。树梢上挂着初出的一弯眉月，大地上朦朦地看不见人，只能看出一些影子。到晚上9时，敌人突然绕过复哨位置，边打枪边冲到排的露营地了。黑压压的一群人冲入露营地，队伍惊醒起来，有些慌张，怎样办呢？和他对打，打不过；跑，一定被歼灭。我急中生智，立刻下令：'卧下，不许动。'接着又下口令：'看到黑影就打！'战士们于是卧着向黑影打。不到几分钟，敌人一个个倒了下去，剩下的跑了。我们只伤亡了几个人，争取了一场惊险的胜利。后来才知道敌人是一个连。"好家伙！听到这里，我们一群小军官真是叹服之至。他接着说，要在一瞬间处理像刚才那么一件紧急危难的事，真是不容易啊！首先要自己勇敢、沉着，而且有应付紧急情况的智慧。其次，平时要训练部队服从你，战时命令叫怎么办，他们就怎么动作。这是很不容易做到的。当然，这首先在于政治，上下一致，仇恨敌人，但还要平时养成遵守纪律、服从命令的习惯。还有，要战士相信你这个指挥员是能干的，只有有威信的指挥员下的命令才有效果。我这个排平时我们相处很好，但要求大家打起仗来听我的口令动作。过去打了好几仗养成了习惯，所以这一回很听话，动作一致，歼灭了敌人，变被动为主动。他最后强调说，没有高度的对敌仇恨、视死如归的决心、歼灭敌人的意志，特别是在战况极度紧张，千变万化，又面临死亡威胁的情况下，是拿不出勇敢精神的。即使能勇敢作战，也不易应付紧急的敌情。当然，要做到这一点，还要有战场上高度的锐敏机灵的智慧才行。我深深地感到，在领导者的身边，可以学到许多有益的知识。只要善于观察、善于学习，并从实际工作中加以实践，就一定能不断提高。从此，我更加注意听他的指挥了。

（三）

现在，我来谈他对战术的灵活运用。只举一个典型的例子：1931年夏，红七军到了湘赣苏区，中心区是江西的永新县。为了开辟新局面，临时组成一个总指挥部，由李明瑞同志任总指挥，统辖二十军、湘赣独立师和红七军，去打北面不远的安福城。第二天，我们的部队到了城下，佯攻了一会儿便后撤30里。我军的部署是右翼为二十军，1000多人，装备差，官兵年轻，小的才15岁。中间为红七军五十八团4个连，400多人，战斗力强。左侧为独立团两个小团，约1000人，装备还好，有战斗力。总预备队为红七军五十五团，600多人，战斗力强。上午8时许，敌人出城了，是韩德勤五十二师的一个旅。他选我右侧较弱的二十军进攻，同时以一小股部队向中央攻击前进。二十军顶不住，向后溃退。中央最前线的是我任连长兼政治指导员的第六连防守，当敌人突破二十军阵地扩张战果的时候，迂回到我右侧。我连也不支，子弹也打光，向后撤退。在这种紧张的情况下，敌人快打到我们后方了。因此，我连占领新阵地后拼命顶。五十八团由团长黄子荣指挥，向敌人反攻，将敌人击退，稳住中线。那时，李总指挥弄清了敌人的部署和企图之后，立即下定决心，亲率主力部队从左侧沿着山边打去，那里是敌人的薄弱部位，但战斗力不弱。五十五团首先冲锋，经过几次的攻击，终于突破了敌人右翼野战阵地，一直打到安福城边，敌人进不了城，向东撤。我又沿着城边离城一两千米处向东打，这样打到他们进攻部队的后头，前线敌军就陆续溃散了。敌人这个队伍到底是老部队，经过多次的攻击才把他们打败。从上午一直打到黄昏，敌人才纷纷向东溃退。这次作战，形成了一个太极图。战术运用灵巧，战斗胜利了，缴获了许多物资，俘虏许多敌人。

战斗胜利结束后，湘赣党、政、军同志以及人民群众对红七军的英勇善战、李明瑞同志的坚决而灵活的指挥艺术，无不啧啧称赞。有人说，这是太极图战术。李明瑞同志的指挥更表现在他对敌人的狠和动作坚决、迅速上面。到中央苏区后，李明瑞同志任红七军军长，坚决执行毛主席的军事路线。他参加过反对国民党军队的三次"围剿"，方石岭的最后一仗，红七军追歼敌人，只用一个多钟头的时间，就坚决、迅速地全歼了韩德勤的一个师。

我上面所说的，是我当下级干部时的亲身体会，是极少的一部分。至于他的一生中关于作战指挥的许多宝贵经验，没有成文留传下来。1930年4月底，他和张云逸军长指挥红七军攻陷贵州榕江这一有名战斗，因我当时不在他身边而在左翼执行任务，无法回忆。他在战场上的勇敢、坚决、沉着、灵活和指挥得宜，不仅是由于有军事素养，而且是以政治素质为基础的。他从一个旧军队的将军变为共产党员、红军的优秀指挥员，为共产主义事业而奋斗，这当然得益于邓小平同志对他政治上的争取、团结和帮助。有了这样的政治素质，就更能发挥他的军事才能。可惜的是，1931年秋第三次反"围剿"胜利后，由于王明"左"倾错误路线，他含冤而死。但1945年，在中国共产党第七次全国代表大会上，党中央为他平反昭雪，使他的功绩重为人们所歌颂。而半个多世纪以来，李明瑞同志的英雄形象和出色的军事表现，经常萦绕在我的脑海里，这些表现又是我学习的典范。

6. 回忆叶季壮

莫文骅

　　1929年6月，俞作柏、李明瑞主政广西后，表示愿意和共产党合作，提出要求中共派人到广西协助他们工作。叶季壮（广东省新兴县人，时年36岁）与邓小平、张云逸、陈豪人等共产党员受组织上派遣，先后到达广西南宁市工作。当时张云逸担任广西警备第四大队大队长，叶季壮就在警备第四大队担任经理处处长兼中共党支部书记。1929年9月，汪精卫派亲信拉拢俞作柏、李明瑞联合军阀张发奎反蒋。9月底，俞、李联名通电反蒋。他们刚到桂平督战，下属的3个师便全体叛变，反蒋之事宣告失败。失败的消息传回南宁后，当时担任第四大队大队长兼南宁卫戍司令的张云逸，利用手中的权力，立即把南宁仓库里的现洋、枪炮、辎重等东西搬上船，通过邕江水路向百色运输。叶季壮当时是经理处处长，负责水路运输。我和黄奇彦是从军官学校出来刚刚参加警备第四大队的，张云逸马上分配我们为中尉副官，派我和黄奇彦押送现洋在陆地上跟部队走。到了平马以后，我们把现洋交给组织上。我就是在那时认识了叶季壮。从那以后，在漫长的革命道路上，我们逐步结下了深厚的友谊。百色是云南、贵州与广西之间货物交流的必经之路。货物中主要是布匹、土产和贩运的鸦片。张云逸兼任禁烟的督办，筹到了许多钱。这样一来，第四大队财政充足了，叶季壮这个经理处处长的事情也就好办得多了。1929年12月11日百色起义后成立了红七军，我被调去当红七军军部的参谋。红七军讲究官兵平等，从军长、政委到战士，官、兵每月每人发20元现洋，大家都很高兴。这一段时间，叶季壮情绪饱满，终日忙忙碌碌，干了不少工作。

百色起义后不到一个星期，有一天拂晓，新生的红七军主力出兵果德、平马、那坡，去消灭那一带的反革命武装残余力量。这时，一股隐蔽在百色西部地区的反动地主及土匪武装约一两千人突然来偷袭百色的红七军驻地。那时候百色城里没有战斗部队，张云逸军长、邓小平政委都不在，只有军直属队（包括教导队、机关枪连、半个特务连、司令部、政治部、经理处的人），总共不到500人。在这敌众我寡的危急关头，全城军民齐动员，英勇迎击敌人。叶季壮也参加了这场战斗。他是一个文人，既不是当兵出身，又不是讲武学堂毕业，只是一个管理经济的人。但在紧急情况下，他挺身而出和参谋处处长陈可福，参谋陈可夫，副官李治、李荣，经理人员云广英，国术张师傅，司号员小李等，在司号员吹起的冲锋号声中，拿着驳壳枪勇猛冲锋，一鼓作气把从主要街道冲到军部附近想占领军部的一股土匪打退了，为保卫军部立下了汗马功劳。

粉碎土匪扰乱后，我写了个报告给张云逸，谈了自己的历史及要求转党的目的。当时发展党员是非常慎重的，组织上专门组织了一个小组，由军长张云逸、政治部主任陈豪人、经理处长兼支部书记叶季壮3个人组成，负责审查我的历史。1930年1月，经过同监蹲过狱的罗少彦等人提供证明，并根据我的现实表现由张云逸介绍我转党，并把我从副官处调到参谋处当参谋，管全军作战，打仗时更是不离张云逸左右。红七军军部当时一共有 6 名党员，党员数量少质量高。叶季壮在红七军的建党工作中，慎重发展，认真审查，为建党工作作出了贡献。后来叶季壮又发展了一些人，此时我已调离了军部。

1930 年初，红七军在隆安战斗中失利了，撤出了百色，一直游击到贵州。这段时间，还要经过苗族地区，部队的生活很艰苦。由于经理处筹粮很困难，政治部决定用现钱买粮食。1930 年 4 月 30 日，红七军打进贵州榕江县，通过打土豪、向商人募捐，共筹得好几万现洋。加上榕江是贵州军阀的后方仓库，我们没收了他们仓库中的全部物品，包括大炮、枪弹、被服、鸦片等，这下红七军又有钱了。1930 年夏，我们从贵州回师收复了百色，才驻了几天，云南滇军的师长张冲率部来打李宗仁、白崇禧，他们想要攻占南宁必须取道百色，我们知道较量不过，就放弃了百色。后在果化与滇军交战，胜负难分，双方撤退，部队开到平马、果化整训。在整训期间，红七军在榕江所筹的钱粮都已用完了，生活又变得很艰苦，每人每天 3 分钱伙食费都难以维持。当时我在叶季壮的直接领导下担任第一纵队的少校辎重队长，司令员李谦看到部队生活这么困难，慷慨解囊，把从白区带来的仅有的一张沾上自己负伤鲜血的 50 元港币拿出来，让我换成现洋作为部队的伙食费。我实在无奈，就去与叶季壮商量。叶处长考虑了半天，最后顾全大局，把经理处仅有的 100 元钱拿了出来，用以解决部队的困难。当时筹粮困难重重，叶季壮和右江苏维埃主席雷经天联系筹粮的事情，他花了两个月的时间亲自到农村去，不辞辛苦，东奔西跑，想方设法筹粮来维持部队的生活。

1930 年秋天，由于执行"左"倾冒险错误路线，红七军离开了右江革命根据地。这样一来，部队面临的困难就更大了。打长安打不下来，解决不了问题；在白区作战，敌众我寡，节节失利；打武冈又久攻不下，损失严重。到了12月份，天气冷了，部队边行军边作战，风餐露宿，千辛万苦，北风吹、苦雨淋，而战士们却缺少御寒的衣服。红七军首长决定奔袭广西全州城，以解决部队的给养。攻下全州后，部队总数已不足原来的三分之二。在严酷的事实面前，红七军前委召开会议，决定放弃立三路线，让部队在全州休整后向广东小北江一带进军，希望能建立革命根据地，开展游击战，以便在适当的时机会合朱德、毛泽东领导的中央红军。在全州休整4天后，1931年1月上旬，红七军向湖南道州进军。到道州时已是严冬季节，天寒地冻，缺衣少食，战士们穿的是单衣短裤，许多人赤足露体，连续不断地行军作战，部队无法补充衣物、粮食。道州商会的人主动慰劳红七军，并经过商谈，约定当晚10点由商会代表将所筹的现洋送到军部经理处。而到了晚上约定的时间，经理处长叶季壮早早就在经理处等待，送款人的影子也未见到。叶季壮就亲自带人到商会去了解情况。商会的人左右推托，不一会儿个个溜之大吉，叶季壮知道上了当。原来这些奸商已向敌人通风报信，企图用延迟交款来拖延时间，等待敌军赶到。军首长得到情报，敌人已兵分三路向红七军包围过来了，因此部队决定拂晓立即向江华疾速前进。天公不作美，北风夹着无情的雪花，白茫茫地向战士们袭来。单衣、短裤、赤脚，雪地里行军90华里路程。这是红七军北上以来最艰难困苦的一次严峻考验！在奔向江华的漫漫风雪之路上，有80多名红军指战员牺牲于饥寒交迫之中！到达江华后，在江华城没收了军阀、土豪劣绅的财产，贵重的东西不好处理就拿去卖了。二十师师长李谦让我去卖贵重的物品，我带了个会计去卖了 100 块现洋，解决了二十师的困难，我把这些情况向叶季壮进行了汇报。从江华一出城，我军就陷入敌人的三面包围，红七军奋勇拼杀，冲出重围后，来到广东准备攻打连县。前锋部队进抵连县城南后，邓小平、李明瑞、张云逸、叶季壮等向商会的商人做工作，筹到了一些军粮、肉食和一两万现洋。

1931 年 2 月，红七军在广东梅花村与敌人激战之后，撤离梅花村，准备渡过乐昌河与江西的中央红军会合。邓小平、李明瑞率领红七军主力五十五团和五十八团大部分武装部队渡过了河，只剩下张云逸军长、黄子荣团长、叶季壮处长带着一个特务连（即警卫连）、两个步兵连、卫生队、休养连、供给处等非战斗人员共五六百人没过河。这时，敌人的强大火力封锁了河面，仅剩下的这批队伍无法过河。当时我也未过河，受叶季壮直接领导。黄子荣团长是行伍出身，打仗很勇敢，出谋划策却并不在行，在这种危急的情况下，叶季壮出主意想办法，起到了张云逸的参谋长的作用。在他的建议下，部队决定轻装前进，立即扔掉辎重，把经理处保存的 200 多支枪发给非战斗人员，把他们编成 3 个连，我当时下连担任四连的政委。队伍一直绕经湖南坪石县走到永新，在沿途寻找地方党组织，叶季壮做了大量艰苦的工作，是张云逸的得力助手。沿途打了几仗以后，与红七军主力于遂川县会合了。在强渡乐昌河的战斗中，特务连政委吴西的腿被迫击炮弹炸伤，军首长指示他留在老乡家养伤，张云逸、叶季壮都很关心他，特地让我送了十几元现洋给吴西养伤时用。

红七军两部会合之后，于 1931 年 7 月 11 日到达中央苏区于都县和中央红军会师了。在 1932 年参加第三次反"围剿"的战斗中，我担任中央红军红七军第五十八团六连连长兼指导员。1933 年初，在攻打赣州城时腿负了重伤。当时叶季壮已改任红七军政治部主任，他亲自给了我 30 多元现洋。派人把我送到后方医院所辖的老乡家去养伤，对我很关心。不久，红七军过赣江时，我的腿伤稍好一些，但不能走路。叶季壮专门写信给我，告诉我队伍一出发可能不会再回来了，让我为了不脱离部队，无论如何要跟队伍在一起，并打算让人把我抬过江去跟着队伍。我考虑再三，同意了他的意见，我被抬着跟队伍一起到达了崇义县。部队休息了一个星期，我带着腿伤行走困难，心中非常着急，就到处找医生看。后来一个中医开了一个土方，让我把一斤多米酒和中药熬到剩一茶杯那么多，每天喝一杯，过了五六天，竟然见效，能勉强拄着棍子走几步路了！腿伤见好后，军部让我担任了红七军直属队政治处主任，跟队伍打仗。打了一仗以后，部队休整了一下就出发，准备到广东南雄。走的是山路，不能骑牲口，队伍又是急行军，我一个劲儿紧跟，还是老掉队，只得对叶季壮说明情况。他说让我干脆留下来，并亲笔写了一封介绍信给地方党和地方政府，讲了我的情况，请地方上照顾我。后来我在崇义地方医院养了一个多月的伤，基本痊愈了。这时广东的敌人打来了，由于崇义没有队伍，只有一个 200 多人的独立营和两三个 100 多人的游击队、赤卫队，当地党组织就决定组成临时总指挥部由我担任总指挥，去打击敌人。打完这仗后，由于腿伤刚好，不便于打游击战，我就跟着红三军团的教导团到了永新。组织上看我上过中学有点文化，腿伤刚好不能上前线，就派我担任了湘赣军区政治部宣传部部长（政委是甘泗淇，政治部主任是于兆龙）。

有一天，我遇到湘赣军区总指挥张启龙和独立师师长李天柱，他俩极力动员我去作战部队，我同意了，就担任了湘赣军区遂、万、泰

（遂川、万安、泰和）指挥部的指挥员兼政委（相当于分区司令员）。打了一两仗以后，接到了叶季壮从中央苏区写来的信，说红七军需要我马上回去。我谢绝了当时的军区政委蔡会文（甘泗淇已调离）的再三挽留，回到了中央苏区，找总政治部叶季壮报到（1933年红七军撤销，编入红一方面军三军团，叶季壮调总政治部）。他让我在总直属队担任政治处主任兼总支部书记，我在他的直接领导下工作了一个时期。1934年初，我调到红一方面军五军团担任宣传部部长，离开了叶季壮。一直到1935年，红军到陕北瓦窑堡我才重新见到了他。老上下级、老战友相见，心情格外高兴激动！当时他是中央供给部长，我是红军学校政治部主任（后改为西北红军大学政治部主任）。1936年我到陕西保安县中国工农红军大学学习并兼任党总支书记，又与他分别了。1937年我到延安担任抗大政治部主任，后来又任留守兵团政治部主任，才又见到叶季壮。当时他是陕甘宁边区财政部部长，我们在工作上并没有什么直接关系，但是在战争年代建立起来的深厚友谊使我们一直保持着来往。

1945年七大以后，中央调我南下广东打游击，担任南下支队的副政委，我即将离开延安。因我当时已有了在延安生的大儿子安来，爱人杨枫又身无分文，生活上无着落，临走前我去找叶季壮，我拿出自己的一个旧皮箱请他帮我卖掉，他给了我27元现洋，我全交给了杨枫。我走了以后不久，日本就投降了，延安的干部纷纷被分配到东北去，我也一样。杨枫经组织上批准，带着孩子准备去东北找我。由于当时调出去的干部很多，牲口都被他们带走了，杨枫带着个孩子不便上路，就找到当时担任总后勤部部长的叶季壮，请求组织帮助。叶季壮专门派人到延安南门外的新市场买了一头骡子，并让总后勤部的人帮着准备了一个马袋装行李，还拿来一个军用水壶，并给了孩子十来斤大米，还给了些现洋，这真是帮了个大忙呀！这样杨枫母子俩就能够顺利上路了。这些现洋，杨枫多年来一直不舍得多用，至今还保存了十来块作为纪念品。直到叶季壮去世后，我送还了一块给叶季壮的爱人马录贞留作纪念。那个马袋，直到现在我们还完好地保存着，成了永久的纪念品。

全国解放后，1954年我到北京解放军政治学院担任副院长，后又担任院长。叶季壮是外贸部部长，我们一直保持着战争年代时建立起来的友情。

1967年6月27日，叶季壮被林彪、"四人帮"迫害致死！噩耗传来，我悲痛万分！

我从1929年认识叶季壮，直到1967年他含恨辞世！在这近40年的岁月中，我们曾在枪林弹雨中并肩战斗，同甘共苦。在政治上，他在红七军负责建党时，亲自考验、考察并接受我加入共产党。在工作上，他多次担任我的直接领导；在红七军他是经理处处长，我是纵队辎重队长；在中央苏区他是红七军政治部主任，我是直属队政治处主任。在工作中遇到困难时，他尽力支持帮助我；我负伤时，他联系了医院安排我到老乡家养伤，给我钱作为生活费；负伤后红七军离开赣江时，他及时写信嘱我咬牙跟着队伍走；我在崇义养好伤参加遂万泰临时指挥部工作时，他写信让我回到红七军所在地——中央苏区；我离开延安时，又是他帮助我照顾了我的爱人和孩子。在革命岁月的长河中，患难中的友谊日见深厚！

叶季壮在政治上坚定不移，作战勇敢，临危不惧。在财政工作上，他的工作能力很强，从1929年担任红七军经理处处长到解放后担任外贸部部长，几十年如一日地为军队为国家理财，积累了丰富的工作经验，是财政工作的行家里手。他在外贸部门工作多年，做了大量工作，政策观念很强，从未犯过错误。身在外贸部门担任领导，他保持了艰苦朴素的生活作风，廉洁清白，从来不干"近水楼台先得月"的事情。不拉关系，不走后门，不搞吃吃喝喝拉拉扯扯那一套，也从来不送别人东西。拿我们之间的友谊来说，在战争年代他还请我吃过狗肉，但从1954年起我们同在北京工作，从来不互请吃饭，也不互相馈赠物品。叶季壮有丰富的政治工作经验，在红七军建党时就担任支部书记，后又担任过红七军的政治部主任，在工作中兢兢业业，埋头苦干，坚持原则，作风正派，从不乘人之危而落井下石，能团结同志，平易近人。

叶季壮在革命征途上为党艰苦奋斗了一生，他的长处很多但更长于理财，他不愧为我党我军的"红色好管家"，党和人民忠诚的战士。

1967年叶季壮74岁时去世，我特地写了一首诗怀念他：

悼叶季壮

战时筹军粮，立国主外贸。

秉公耀日月，理财称前辈。

艰苦计锱铢，四海积财资。

清白不徇私，德行众所师。

7. 亲人送我当红军

韦　杰

（一）

东兰县山区的贫苦农民，长期以来，一直受着豪绅地主的残酷压榨，重利盘剥。居住在这里的壮、汉、苗、瑶各族农民，终年肩挑背驮，辛勤劳动，仍衣不遮体，食不饱腹，过着牛马不如的生活。人民群众的反抗情绪有一触即发之势。1925年韦拔群同志从广州农民运动讲习所学习归来，把革命道理一讲，广大贫苦农民很快就发动起来了。

韦杰（1914—1987）

我有个远房堂兄叫韦仕忠，家境贫寒，经常帮有钱人家挑桐油到平马去卖，然后挑盐回来，挣点脚钱，平时则靠编斗笠、打草鞋卖过活。由于他经常来往于东兰、平马之间，社会上的新鲜事听得多一些，诸如韦拔群同志领导群众打土豪、分田地，某某军阀之间又打起来了，等等。韦拔群同志革命的事迹给他很大的鼓舞。每次外出回来，他都要向附近群众讲述拔哥的故事。我当时十二三岁，经常利用上山砍柴割草的机会到他家去玩，听他讲拔群同志领导群众闹革命的故事。这些故事使我听得入了迷。有一次，仕忠从平马回来，显得特别高兴。一进屋，见我在同他的小孩玩，就笑嘻嘻地对我说："仕良（我幼年的学名），今天我可遇到大好人啦！"

"哪个？"我急忙问。"拔哥！"

我一听说拔哥，忙问他："拔哥在哪里？"

仕忠一边擦汗一边把我拉到他身边坐下，说："从平马回来的路上，我和几个伙伴正在一棵大榕树下休息，忽然，发现有十几个人向我们走来，我们以为遇到了土匪，拔腿就跑。有几个人马上追了上来，叫我们不要怕，说他们是拔哥领导的自卫队。我们一听是拔哥，松了口气，才放下担子站住了。拔哥亲切地招呼我们，问我们住在什么地方、家庭情况怎样、乡里成立农会没有。他见我拉着衣服擦汗，忙把他的一条毛巾递给我。"仕忠说着，从衣服里拿出那条毛巾给我看，又说："拔哥还讲，他以后要派人到山上了解情况，组织农会，叫我们不要怕。他说，土豪劣绅人少，我们穷人组织起来，他们就不敢欺压我们作威作福了。"

当我还没有见到韦拔群同志以前，通过仕忠一次次绘声绘色的描述，拔群同志的形象已经深深地印在我的脑海里。我盼望着有一天亲眼见到拔哥，跟他一道闹革命！

在拔群同志的影响下，我们乡也成立了农会，仕忠就是农会的义务交通员。后来，农会派我和几个青年去拔哥主办的农民运动讲习所学习。我们不知道农民运动讲习所在什么地方，仕忠就叫嫂子给我们带路。她把我们送到北帝岩（后改为列宁岩）下，临别的时候，拉着我的手对我说："仕良，见了拔哥，替我问个好。"她还再三嘱咐我到农讲所要好好学习，听拔哥的话，为我们穷人争气。

当时，我们家乡组织了农民自卫队，打土豪、斗劣绅，搞得热火朝天。有一次，自卫队决定消灭住在三石圩附近的地主豪绅黄奉三，但对黄家情况不熟悉。仕忠就自告奋勇，亲自去黄奉三家附近侦察地形，了解敌情，回来向自卫队作了详细汇报。黄奉三是东兰、凤山、都安3县交界处民团总团的一个营长，家里经常住着十几个武装人员保护他。他凭借自己手里有武装，欺压群众，无恶不作，附近的群众对他无不恨之入骨。那次我们自卫队刚同他家里的武装人员接上火，黄奉三就从后门跑掉了。自卫队把黄奉三赶跑了，抄了他的家，给群众出了一口气。

我们乡有个村长叫黄卜堂，是一个民愤极大的地头蛇，群众都叫他"黄鼠狼"。乡农会一成立，他为了逃避群众的斗争，就跑到外地躲起来了。自卫队到处打听，都未找到下落。有一天夜里，我刚从自卫队开完会回到家，正准备上床睡觉，突然听到房外有人跑来，我猛一惊，以为出了什么事，忙拔出腰刀，站在门后，只听有人边敲门边喊："二叔，快开门，阿爸有事要我告诉你。"

我一听是仕忠大女儿的声音，忙打开门让她进屋。

她一进门就小声对我说："二叔，阿爸说，黄卜堂刚才回家来了。""是真的吗?"我忙问。

"是真的。阿爸要我告诉你，他明早在后山玉米地里等你，商量看怎么办。"

我听到这个消息高兴极了，整夜未睡着觉。第二天吃罢早饭，我就去后山玉米地里找到了仕忠。我们商量以后，两人分头去找自卫队长。我在一个榨桐油的榨房找到了队长，向他报告了黄卜堂回来了的消息。当天下午，队长召集自卫队员在玉米地里开会，决定次日早上趁黄卜堂出来的时候干掉他，并且分配我到山口放哨。第二天天刚曚曚亮，我就隐蔽在山口观察，队长带着七八个身强体壮的队员藏在玉米地里。当黄卜堂走出家门，我就向山下扔了块石头，给队长报消息，告诉他们做好准备。等黄卜堂刚走到玉米地边，队长他们就拿着刀从玉米地里冲了出来，黄卜堂还未来得及还手，就被一个队员一刀砍倒在地。

赶走黄奉三，除掉黄卜堂，大长了革命人民的志气，大灭了地主土豪的威风，广大群众扬眉吐气，欣喜若狂。从此，我们家乡的农民运动更加蓬勃地开展起来。

（二）

1927年蒋介石叛变革命后，右江地区的革命力量也遇到了反动派的打击。土豪黄奉三从外地回来，到处捕杀革命群众，凡是参加过农会的都要遭到逮捕或杀害。一时之间，白色恐怖笼罩着右江上空。

但是，革命人民是捕不尽杀不完的，革命的烈火是浇不熄扑不灭的！我们自卫队依靠群众，与敌人展开了顽强的斗争。为了防止敌人审犯，我们在通往山上的险要隘口，筑起2丈多高的石墙，使敌人无法逾越。还在隘口或险道旁，准备了大量石块作武器。由于斗争越来越艰苦，我们自卫队只好化整为零，三三两两隐蔽到深山老林里，利用早晚天色朦胧之际，下山干点农活。为了防止敌人发现，我们经常转移住地，有时利用山洞住宿，有时在山上搭棚。在情况紧张时只好采野菜、野果充饥。大约有1年左右的时间，我们自卫队就这样风餐露宿坚持斗争。

在环境极端艰苦的岁月里，拔哥领导着农民自卫军到处打击敌人。广大人民群众以对革命的饱满热情，冒着生命危险，传递消息，送粮送饭。仕忠为了保护我的安全，把我隐蔽起来，对送粮送饭也作了精心的安排。他做了几个竹筒，把煮好的玉米粥放在里面，让他女儿利用挑水或打柴的机会，放在山上预先约定的地方藏起来，然后我再去取。我们隐蔽在山上消息闭塞，很想了解拔哥领导革命斗争的情况，也惦念着自卫队员们的安全。仕忠很了解我们的心情，他经常沟通我们自卫队员之间的联系，不断传来胜利喜讯，鼓舞我们坚持斗争的信心。

有一天清晨，仕忠利用打柴的机会，向我隐蔽的山上走来。我就想：本来仕忠早就对我说过，一般情况下，他不会来找我，可今天他亲自上山来，一定是有重要的事。于是，我忙跑上前去问道："哥尼（壮语，二哥），有事吗?"

仕忠一把拉着我的手就往茂密的丛林里跑，说道："快走，找个地方躲起来再说。"

我隐蔽的地方就在仕忠家背后的山上，大声呼唤都可以听见。但是，为了安全起见，几个月来我们从未见过面。这下看到仕忠，我心里真有说不出的喜悦。他上下打量着我，看着我骨瘦如柴的身体，摸着我长得很长的头发，半晌才对我说，昨天他从平马回来，了解到东兰、凤山一带山区仍有拔群同志领导的游击队坚持斗争。他们同一个民团打了一仗，民团伤亡几十人，敌人的一个连长也被打死了，现在民团不敢随便出来了。这真是一个可喜的消息啊！它使我在黑暗中看到了胜利的火花，看到了坚持斗争的前景。

临走时，仕忠告诉我，他还要把胜利的消息告诉隐蔽在山上的其他自卫队员，以后有好消息他还要来告诉我。

仕忠给自卫队传递消息、送粮送饭的事很快就被敌人知道了，敌人便向他下毒手了。

有一天，仕忠到乐礼去了，两个乡丁来到他家里，见他不在，以为是我嫂子把他藏起来了，四处查抄，对嫂子进行审问。正在这时，仕忠回来了，他一见此情景，马上镇定下来，很客气地接待了这两个乡丁，又是请坐，又是请抽烟。两个乡丁不容分说，上前就要抓他。他不慌不忙地告诉乡丁："老总，你们不要捆我，我跟你们去。你们要问我什么，我一定一五一十地告诉你们。我从乐礼回来，连饭也没有吃，她去挑水做饭，我们一块吃完饭就走。"

两个乡丁信以为真，依了仕忠的主意。于是，仕忠忙着煮饭，嫂子就趁去挑水的机会，通知了两个自卫队员隐蔽在通往山下的隘口。吃完饭，仕忠带着两个乡丁上了路，走到隘口，仕忠突然跑步向前，离开乡丁十几步远。两个乡丁见仕忠逃跑，边喊边追。正在这时，早已隐蔽好的两个自卫队员，从山上掀下预先设置的一堆石块，石块滚滚而下，把两个乡丁吓得目瞪口呆，不知所措，只好把身子紧靠岩边安全地带，一动也不敢动。趁此机会，仕忠早已钻进丛林中隐藏起来，两个乡丁也只顾逃命，狼狈地逃了回去。以后，我们自卫队还进一步总结了这个对敌斗争经验，加强了山上各要道隘口的防卫设施，有效地打击敌人。

（三）

1929 年夏秋之间，党先后派邓小平、张云逸等同志来广西，加强对革命运动的领导。东兰地区的革命群众运动，在党的领导下，更加轰轰烈烈地开展起来。我们自卫队走出丛林，从隐蔽转入公开活动。这时，我们才听说，我们党领导了震惊中外的南昌起义、秋收起义和广州起义，建立了自己的革命武装。我们当时并不完全理解起义是怎么一回事，但听说起义后建立正式革命队伍就非常高兴。斗争的实践告诉我们，面对强大的敌人，光靠农民自卫队是不够的，只有扩大武装、建立红军才能战胜敌人。

1929 年 12 月 11 日百色起义以后，胜利消息传到了我们东兰山区。接着，上级就通知我们自卫队员到平马、奉议等地集中，成立自己的队伍。这个喜讯振奋着我们每个自卫队员的心，大家纷纷要求到平马去，参加自己的革命队伍。

我把去参军的事告诉了父母，两位老人不愿放我去。仕忠亲自给我父母做说服工作，又积极帮我筹备干粮，做好出发准备。嫂子还连夜给我赶做了一双布鞋，我把鞋捆在包袱里，一直舍不得穿，留在身边作纪念。以后红七军到了中央苏区，有一次，半夜紧急集合，我来不及拿包袱，结果把那双鞋丢掉了。

经过几天准备后，我和附近六七个自卫队员告别了家人，由化装成挑桐油的仕忠带路，来到预先约定的地方，然后向平马出发，去找自己的队伍。

百色起义以后，敌人非常恐慌，警戒森严。为了防止被敌人发现，我们避开大路走小路，每天晚上行走，白天找隐蔽的地方休息。

每遇意外情况，仕忠总是挺身而出，千方百计地保护我们。我们几个年纪都比较小，没有出过远门，很多事情都不懂，每到休息的时候，仕忠就给我们讲到外面工作要注意的事情。他说，出门做工作不要吵架闹纠纷，天下穷人是一家，要爱护穷人，处处为穷苦人着想。财主老爷是少数，穷人是多数，只要天下穷人团结起来，财主老爷就害怕。他还说，拔哥就是处处为穷人着想，能团结周围的人，所以得到群众的拥护，要我们好好向他学习。他的话使我们受到很大的教育。

有一天天黑前，我们来到了凤凰圩，路上打听到，圩里驻有民团。

仕忠怕出问题，就让我们几个在外面躲起来，他先到圩上看看情况，并且约定，如果出了事，他就以敲油桶为信号，如果平安无事，可以通过，他再回来叫我们。仕忠走后，我们几个都提心吊胆地听着圩里的动静。仕忠走进圩里，发现民团的士兵们都在一个房子里吃喝玩乐，只有一个哨兵在门前站着，正是通过的好机会。天色一黑下来，仕忠就回来找到我们几个，然后从圩场后面的小路迅速通过，避开了民团的盘查。

我们在路上整整迂回曲折地走了5天5夜才到了平马。

解放了的平马，革命红色政权已经诞生，人民群众已经当家作主，到处是庆祝胜利的标语、迎风招展的红旗，人们笑逐颜开，喜气洋溢。到平马的当天，我们正发愁找不到报名的地方，恰巧仕忠碰见一个先从东兰来的同志，他连忙带着我们去找报名的地方。在平马城里的一个不大的院子里，各地来的自卫队员都在踊跃地争着报名。负责登记的只有一两个人，忙不过来，我们等了好久才报了名。负责登记的同志问清了我们的详细情况后，就叫我们先住下来，以后再编到班排。在亲人仕忠的护送下，从此我们就参加了红军，成为人民军队光荣的战士。

8. 百色起义前后

欧致富

欧致富（1915—1999）

1929年10月（农历九月）下旬的一夜，南宁方向开来一支军队。这支军队穿着国民党灰色的军衣，番号叫作广西警备第四大队，分别驻在百色县城，田阳县的田州镇、那坡镇一带。这支军队一来，引起了附近男女老少的议论。有的在问：这支军队是来做什么的呢？是不是来镇压右江农民运动的呢？不像，他们对农民群众可亲热啦！到底是来做什么的呢？更多的人在悄悄传说：不要怕，他们是来支持农民运动的，是来同老百姓一起闹革命的。

我那时只有14岁，出于孩子那种好奇心想到：这支与别的军队不一样的军队，到底是什么军队呢？一定要问问陆叔叔。

陆叔叔是我的引路人。他是一个货郎打扮的人，40岁左右，中等身材，穿着我们壮家人的衣服，挑着货郎担，摇着手鼓，卖一点针头线脑之类的东西。听说，他是坡洪山里人，出生在一个贫苦的农民家里。他每天东跑西奔，处处为穷人办事，跟穷人讲拔哥在东兰、凤山组织农民闹革命的事情，暗中还领导群众抗捐抗粮抗租。村里的人都说他有种，有胆量，很信服他。老一辈人都叫他"陆兄""陆弟"。我们年轻一辈的就叫他"陆叔叔"。我的身世也跟陆叔叔一样。我是田阳县那坡镇那驮村一个壮族穷苦孩子。父亲欧阳宝是个穷泥水工，母亲给地主种田，农闲时上山砍柴，拾牛粪，换点钱过日子，全家只有5分贫瘠的土地和一间破草房。我从7岁开始就给地主放牛放鸭，拾牛粪，双脚冻烂了还得干活。在我14岁那年，父亲生病后因无钱治病去世，家里仅有的5分地也卖了。我只好跟叔叔欧阳高去做水泥工，每天得15个铜钱，维持一家的生活。那个担货郎担的陆叔叔跟我谈得来。我经常听他说什么"打土豪"，什么"武装起义闹革命"，什么"只有打倒土豪劣绅，才有出头之日"，在他的影响下，我经常跟孩子们一起，练武功，学打拳，玩棍弄棒，盼望穷人有个出头的日子。

在警备第四大队进驻那坡镇的一个傍晚，在那驮村村头古老的芒果树下，往日聚会和歇凉的地方仍然聚满了人。他们表面上和往常一样，老人们抽着烟摇着大蒲扇谈天说地。孩子们在嬉戏追逐吵闹不休。但是，从大人们兴奋的谈话中，使人有一种异样的感觉，仿佛暴风雨的前夕，表面上平静暗地里却酝酿着巨大的风暴！这场风暴将要席卷右江两岸了！我寻找陆叔叔，陆叔叔到哪里去了啊？

第二天当我结束了一天的劳动，像往常一样，收拾好泥刀、泥桶，担起土筐准备回家时，却见陆叔叔脸色兴奋，担着货郎担，急匆匆地向我走来了。

我立刻高兴地喊："陆叔叔！陆叔叔！"陆叔叔来到我跟前，贴着我的耳朵说："早点回家，今晚有事。"只说了半截话，他就急忙走了。凡是见到他的人，都向他点头示意。他也照样对他们说了什么，听的人脸上立刻显露出惊喜的样子。一路上我边走边琢磨：陆叔叔为什么这样匆匆忙忙，晚上将有什么重大的事情呢？回到家里，我随便吃了一些残羹残饭，拔腿就走出大门，想打听打听风声。

天渐渐黑下来了，老人们照旧在大树下乘凉。我正在寻找陆叔叔，突然背后有人轻轻地捏了我一下。回头一看，正是我要找的陆叔叔。我高兴极了，陆叔叔把我拉到一旁去，左手有力地拍打我的肩膀，郑重而又愉快地问我："今晚的事，你敢不敢干？""干什么事？"我急着追问。"那不用你管！"陆叔叔神秘地说，"要干就来，一来就知道了。"说完，他紧握拳头，在我脸前虚晃一下。从他的眼神和动作里，我看的出这个"干"字的分量，我想：这一定是一件大事，怎么能不干呢？于是我干脆地回答说："我干！陆叔叔！跟你一起干！""那好！你不愧是一个有骨气的穷孩子！"他赞许地笑笑。停了停，他又凑近我的耳朵，低声嘱咐，要我在半夜拿梭标到指定的野地里集合。说完，他转身就走了。

按照我们壮家的风俗习惯，青少年很少在自己家里睡觉。男孩子跟男孩子一起，女孩子跟女孩子一起，结伴结伙在别人家住。这一夜，我也瞒着妈妈，偷偷拿出那根3尺长的练武功用的连环棍，到隔壁小伙伴家里过夜。我们3个少年躺在床上，翻来覆去睡不着，想着陆叔叔和大人们说的那些话，恨不得马上动手干。半夜我抓起连环棍悄悄开门，我们3个都溜了出去。

天色很黑，我们匆匆忙忙赶到野地里，一看，嘿！这里已经聚集了很多人。有拿梭标的，有拿猎枪的，有拿大刀的，也有拿木棍、锄头、镰刀的。我在大人中间挤过去，只听到山坡上传来陆叔叔低沉而清晰的声音。他宣布说："同志们，我们暴动了！""暴动！""暴动！"这个新鲜的名词，以风驰电掣般的速度传到每个人的耳朵里，像海浪冲击着每个人的心灵。我清醒地意识到，革命风暴来临了！陆叔叔还说了些什么，由于我过分激动，没有听清楚。最后，他说："上村长家去！"说完，他带着我们一群人，打起火把，拿着鸟枪、棍棒，直奔村长家。

这个村长姓卢，是田阳县的大土豪之一。他仗着财多势大，欺压穷人，无恶不作，是村里吃人的豺狼。大家一听说"上村长家去"，个个情绪激昂，直逼"虎狼窝"，把村长家包围了。

这时大人们分3人一组，沿村长家的墙脚，每3步放一个组，拉开包围圈，大人们在撞门，我们这些孩子站在墙脚下，一个肩上顶一个。我踩在一个大孩子的肩上，翻过墙去。大门也撞开了，大家蜂拥而入，活捉了村长。

他浑身上下筛糠似的打哆嗦，嘴里不停地叨咕："我没做亏心事呀！饶命呀……"

陆叔叔指着村长，一一揭示他犯下的滔天罪行，然后说："你欺压人民，犯了死罪，不能饶恕！"于是，人们推的推，拉的拉，把他弄进村去了。回来的路上，人声沸腾，惊动了山岳，惊动了平川，打破了黑夜的沉寂。村里，传出了一片鸡鸣打晓声。

天亮了，全村男女老少都到村公所开会。镇压了村长，宣布成立村苏维埃，选举了村苏维埃主席。陆叔叔在会上也讲了话，他说："我们盼望已久的日子来临了。大家组织起来，打土豪闹革命！"村苏维埃主席也讲了话。他号召我们组织农民赤卫队，保卫家乡。

不久，我也戴上了红领带和红袖套，领到一支单响的步枪，成了一个赤卫队队员，我们田阳县就有100多名青年响应号召，成立了赤卫队。

赤卫队队长是黄志峰同志，统一领导附近几个县的赤卫队。

在那坡镇那驮村成立苏维埃后，警备第四大队的一部分部队，在那坡镇住了一个月左右，组织军民联欢，宣传革命道理。另外，还组织了宣传队，由成年的战士当宣传队队长，由我们这些十多岁的赤卫队员当宣传员。一个队长带三五个队员，组成许多宣传小组。成年战士们只会讲广东白话，不会讲壮话，我们这些孩子会讲壮话。他们教我们几句革命道理，我们分头用壮话向群众宣传。每逢圩日，赶圩的人山人海，一边唱一边讲，十分活跃。

后来，我们知道了，这支军队是在党领导下准备参加百色起义的军队。早在10月中旬，他们就从南宁出发，在邓小平同志和张云逸同志率领下，水陆兼程，来到右江地区。他们对农民运动是有力的支持。

不久，百色传来了好消息。

这是1929年12月11日，邓小平、张云逸同志领导了百色起义，成立了中国工农红军第七军，邓小平同志任政委，张云逸同志任军长。百色起义的前天，我们赤卫队一个连，奉命从田阳开赴百色。我扛着单响步枪，向百色走去。三四十里路程，不久即到达。当天在百色县城住了一夜，第二天上午参加百色起义和红七军成立大会。在今百色县城武装部所在地的广场上，宣布举行起义并宣告成立红七军。

12月11日，在这有纪念意义的日子，我们参加了大会又回到田阳那坡镇。原警备第四大队改称为红七军第一纵队，第一纵队第一营的党代表是黄一平同志。我在营部当通信员，正式成为一名红军战士并当选士兵委员会委员。

不久以后，部队就要出发了。

我妈妈只有我一个儿子，不放心我走，哭起来了。陆叔叔和姑父都劝她，我也给他讲要保卫革命根据地。她的心动了，赶圩时看见我还笑着。我们每月有3元大洋的伙食费，1元大洋值10吊，1吊值10个铜板。我把10个铜板的伙食尾子交给妈妈。

我当时年纪小，不知道陆叔叔叫什么名字，也不清楚他是不是党员。在红七军北上时，我还见过他一面。以后，他留在右江革命根据地。听说，敌人派一个民团抓他，没抓住。以后他在战斗中牺牲了。我一辈子也忘不了他。

1930年2月，我随红七军第一纵队外出作战，离开了家乡。

在白色恐怖下，敌人把我家的房子烧了，还要抓我妈妈。我妈妈带着8岁和4岁的妹妹逃了出去。妈妈懂得草医，替人治病，到处流浪。半年以后，回到家乡，村里的穷人替她用竹子、牛粪搭了个草棚度日。在解放前夕，她因操劳过度，贫病交加，吐血死了。

1949年，在毛主席向全国进军的命令下，人民解放军向西北、西南、华南进军。12月红旗插遍了广西，我的家乡也得到解放。

几十年的革命斗争实践使我深深懂得：没有党领导下的革命武装斗争，没有毛主席革命路线的指引，没有先烈们的前仆后继，就没有光明的新中国的诞生，就没有今天的胜利。

胜利来之不易。我们要永远珍惜！

9. 忆百色起义和红七军

欧致富

1929 年，我的家乡广西右江地区掀起了一次红色风暴，在邓小平和张云逸同志的领导下，举行了百色起义，诞生了红七军。

党为什么选择在右江地区举行武装起义？其一，右江地区是广西土地革命和武装斗争开展得比较早的地区，广大群众在斗争中受到了锻炼，阶级觉悟比较高。其二，右江地区敌人的力量比较弱，没有正规军，只有一些民团和土匪队伍。其三，右江地区处滇、黔、桂边界，群山环抱，山高林密，上山能藏，下山能打，回旋进退，大有余地，对开展游击战争十分有利。

1929 年 9 月，党派雷经天等一批同志来到右江地区后，农民运动得以蓬勃发展。同年 10 月，邓小平和张云逸同志率领的警备第四大队和教导总队也来到右江地区，分别驻在百色县城、田阳县、田州镇和那坡镇一带。这支军队一来，便分散到各个乡村去发动群众，打击土豪劣绅，收缴他们的枪支，武装农民群众。我的家乡田阳县那坡镇那驮村一个姓陆的中年干部领导全村举行了暴动，镇压了血债累累的反动村长，成立了村农民协会，组织了农民赤卫队。

警备第四大队来到右江地区一个多月，各县的工会、农会纷纷建立，农民武装力量不断发展壮大。经过周密的计划和准备，1929年12月11日，百色起义胜利举行。刚诞生的红七军军长是张云逸同志，政委是邓小平同志，李明瑞同志任红七军的总指挥。我们赤卫队编入第一纵队第一营，党代表是黄一平。那时，我在营部当通信员。

红七军成立后不久，离开右江根据地，到黔、桂边界开展游击战争。4月下旬，前委决定部队秘密进入苗山，奇袭榕江县城。

榕江，是贵州军阀王家烈的后方，许多军需品都囤积在这里。

守城的黔军对红七军的情况一无所知。当红七军发起进攻时，他们还以为是土匪。后来见红军攻势猛烈，战斗力强，才仓惶应战。一场激烈的攻防战开始了。当时红军没有攻城器材，弹药又缺，而且部队陆续到达，随到随参战，所以开始时攻击力量不足。军首长来到前沿阵地仔细观察后，以为敌人兵力不足，战斗力不强，凭借工事顽抗，而我军斗志旺盛，个个有攻下榕江城的决心，只要有攻城工具，一定能攻下。于是，军首长决定一定要攻下榕江，并提出"攻下榕江城，纪念'五一'节"的口号，指战员们利用战斗间隙赶制云梯、竹钉，并将迫击炮配置在离攻击目标几百米远的地方，攻击部队也重新作了调整。

下午5时，第二次攻城开始。红军战士们奋不顾身，前赴后继，终于攻克了榕江城。这一战，共歼灭敌500多人，缴获几门大炮，600多支步枪，10多万发子弹。

榕江战斗的胜利，使红七军指战员大为振奋。5月1日，指战员和当地群众一起举行庆祝大会。贵州军阀王家烈得知他的后勤仓库——榕江城被我军攻下，立即派兵增援。但等他们赶到榕江时，我们的伤员和辎重早已乘船顺流而下，大部队沿江南岸行进。敌人可望不可即，只好隔河鸣枪为我们"送行"。

1930年8月，李立三同志主持的党中央派代表来到右江，给红七军的任务是：离开右江根据地，北上攻打柳州、桂林，在广东的小北江建立根据地，阻止两广军阀北上增援，保证红军主力夺取武汉，然后红七军夺取广州，以实现"一省或数省首先胜利"。消息传开后，议论纷纷，不少人想不通。经过做工作，统一了认识，执行中央指示，行不通时再说。于是，部队投入了紧张的行军准备。

10月初，部队到达河池集中，进行了整编，红七军的3个纵队改编为十九、二十、二十一3个师，留下二十一师由师长韦拔群同志和右江特委书记陈洪涛同志带领，坚持右江地区的斗争，主力挥师东进。

我们离开右江地区以后，由河池、怀远向柳州前进。一路上攻打四把和长安镇，战斗十分激烈，后得知白崇禧亲率一个师由柳州增援，因此不打柳州，从长安镇向湘桂边界前进。经湖南武冈一场激战之后，部队又进入广西，占领全州县城。因获悉桂林有重兵把守，便直取湖南道州，下江华，准备取道湘粤边界进入江西，同毛泽东同志领导的中央红军会合。

从道州到江华共90里地，这一带山高岭峻，道路崎岖，非常难走。行军途中，北风呼啸，大雪纷飞。我们红七军战士们还穿着从广西带来的单衣，草鞋，有的甚至还穿着短裤。一些体弱的战士实在走不动了，就坐下休息，一坐下去就再也起不来了。有的同志滑落悬崖，被深谷所吞没；还有的同志被严寒夺去了生命。但是，红七军战士并没有被困难所吓倒。大家凭着坚强的信念，顶风冒雪，忍饥挨饿，前进在冰雪覆盖的山路上。

部队到江华，已疲惫至极，即以备战姿态休息两天。第三天，敌人又打来了，部队边打边撤，翻越湘、桂、粤三省老苗山时，遭沿途地主武装的无数次袭击，又回到贺县的桂岭。部队在桂岭休整时，根据战斗减员情况，将部队缩编为五十五、五十八两个团，缩编后，即于 1931 年 1 月中旬，出鹰杨关，绕道东陂，攻下广东连县县城。在连县驻了 7 天。广东军阀纠集 8 个团来袭击，我们因寡不敌众，撤出战斗。2 月初，经过乳源县来到乐昌河边。乐昌河河水很深，河上只有两只船，一次只能渡几十人。邓小平同志、李明瑞同志指挥五十五团强渡成功，向江西崇义前进。张云逸同志指挥五十八团，在坪石以北渡过小北江，进入湘赣根据地，4 月两个团在永新会合。指战员们像久别重逢的亲人，互相问候，格外亲切，大家高兴得流下了热泪。会合后，在安福打了一个胜仗，又连克茶陵、仁安、侯县等城，继而挥师东进，进入兴国，与中央红军会合。从此，红七军编入中央红军，成为中央红军的组成部分，在毛泽东、朱德同志的领导下参加了第三次反"围剿"。

10. 大苗川筹粮

欧致富

1930 年春，红七军在隆安、亭泗等地重创进犯右江根据地的敌人之后，第一、第二纵队转入黔桂边界开展游击战争。

4 月下旬，部队到达黔桂交界的大苗川。上级通知，要在这一带宿营，各单位统一征集住户的粮、菜、肉作给养，秘密通过大苗山，突然袭击贵州军阀的后勤基地——榕江镇。

大苗川，是苗族同胞聚居的地方。这一带，山高林密，荆棘丛生，气候变化异常。长期以来，汉族商人见苗族同胞朴实诚恳，经常对他们进行欺诈和剥削；国民党贵州军阀也经常对他们进行搜刮和抢掠。这一切，使苗胞们对汉人结下了仇恨，难怪我们一进苗川，苗胞们都跑光了。在这种情况下，红军要秘密而顺利的通过大苗川绝不是一件容易的事，要在这里筹粮补充给养更是难上加难了。

可是，连日行军，给养得不到补充，一个个饥肠辘辘，部队迫切需要的是粮食，到哪里找呢？营党代表黄一平同志双手捧着纵队发来的通知，非常着急。他正要去找营长商量，突然，宣传员小覃跑来报告，说他们住那家有个老大爷。党代表听得很高兴，忙叫："通信员，快去看看！"我跑过去一看，果真有个孤独的老头子，头发花白，满脸皱纹，看上去年纪约有 60 来岁。我们问他叫什么名字，家里的人都到哪里去了。他一声不吭，总是坐卧不安地望着我们。我和小覃商量，决定用行动来感动他。于是小覃去挑水，我打扫房子，党代表进来也拿起菜刀劈柴。不一会儿，水缸满了，房子打扫干净了，柴也劈了一大堆，屋里屋外焕然一新。可是老人家看到这些，不但没有高兴，相反眉头皱得更紧了，这就令人不解了，难道我们犯了苗家的规矩？党代表实在忍耐不住，就走上去问老大爷："你有什么心事，这么愁眉苦脸的?"不知道是听不懂话还是什么原因，他只是木呆呆的，什么也没说。

小覃也施展他那宣传员的本领，滔滔不绝地向他解释红军的政策。那老人还是木然地坐着，没有任何表示，最后他才低声问："你们不走了吗?""谁说的，我们还要行军打仗哩!""那你们打扫房子干什么?"原来他懂得汉话，党代表笑着说："那是替你干的，你年纪大了，干活不方便。"

他半信半疑地摇摇头，又沉默了。已是正午，我们没有做饭，他也没有生火。后来他可能实在忍不住了，才从破缸里舀出一碗包谷细粒想做饭。但当他拿出瓢舀水的时候又把瓢放下了。他觉得很奇怪，为什么水缸里的水忽然满了？党代表见他不解，走过去对他说："快做饭吧，那水是给你挑的。""你们不做饭吗?""我们？我们早就没有饭食了。"党代表低声对他说。

他发愣了，凹的很深的两眼呆呆地望着党代表，嘴角抽动两下，亮晶晶的泪珠，顺着两颊深深的皱纹淌下来。他拉着党代表的手摇了老半天，说："你们饿着肚子，还帮我干活，世上哪有这样的军队呀！来，我这里有玉米细粒，你们煮吃了吧!"

党代表说："你的粮食不多，眼下快到青黄不接了，你还是留着吧！"

一个要给，一个硬不要，正在争执不下的时候，忽然从门外跑过来两个青年小伙子，一个手执着枪，一个手握马刀。见了我们，开始他们有点害怕，经老大爷嘀咕几句之后，便和我们亲热起来了。老大爷招呼那两个青年一起走进房子里去，好像在商量什么事，不一会儿他们又高高兴兴的从房里出来了，老大爷又开朗又坚定地说："你们是好队伍，没有饭吃，空着肚子还替我们干活，我们从来没有见过这样好的军队。刚才我们商量一下，决定把苗寨后山那仓库的粮食送给你们吃吧。"

"你们在山上还有粮食？"

"有为了防备灾荒，各家省下部分粮食集中存放，怕烈军（贵州军阀王家烈的部队）来抢，我们把粮食放在山上。"

"粮食给我们，万一有个天灾人祸，你们怎么办？"

"我们有办法，实在不行，山上有的是野菜。"

"那可不行。"党代表仍然谢绝，老大爷好像不屑和我们说下去，转身从房门背后取下一只摸的油亮的牛角，"嘟嘟"地吹起来。接着，四周的牛角也"嘟嘟"响了几声，像是互相对答，使这个偏僻的山寨充满了生机。不久，山坡上的树丛里走出许多男男女女，老老少少，有的背着竹筐，有的顶竹篓，三五成群，向苗寨后山拥去，看样子是要去背粮食。

党代表立即将情况向纵队报告，得到的答复是：按照苗族同胞的规矩办事，群众自愿给就收下，按汉族市价付给大洋。

这僻静的山寨顿时变得热闹繁忙起来，人们络绎不绝地把粮食送到我们的驻地。党代表告诉我们，送来的粮食一定要过秤，按价付款，不能让苗胞兄弟吃亏。炊事员老黄从寨东头找到西头，跑了这家跑那家，就是找不到一杆秤。原来，这里没有用秤的习惯，我们只好用箕筐记数。我和宣传员小覃、炊事员老黄3人忙得满头大汗，才算清楚，全营筹粮535斤。

粮食是足够了，但付款时又遇到麻烦。粮食是大家的，钱交给谁呢？我忽然想起那第一个吹起牛角号的老大爷。我觉得他能代表大家管事，就建议把钱交给他。谁知，给养员磨破了嘴皮，他说啥也不肯收。党代表只好说："大爷，你们不要钱，我们就不要粮食，这是红军的规矩。"这话果然很管用，他沉思半晌说："真叫你们说得没办法，收下你们的钱，帮你们把包谷磨成细粒，把糯米做成糍粑！"

于是这个小小的山寨家家户户升起了袅袅炊烟。

第二天，部队又继续出发。苗族同胞都站在道口，路旁向我们招手，好像在说："红军呵，苗家的亲人，开头对你们不了解，可别见怪呀！"

在苗族同胞的帮助下，经过一个星期的艰苦行军，红军终于走出苗区，出现在榕江城下。

4月30日中午，我们向榕江城发起攻击，守城敌军仓促应战，依托工事负隅顽抗。下午5时，攻击部队第二次攻城，个个如同猛虎，冒着敌人的枪林弹雨勇猛扑向城墙缺口，利用云梯和竹竿强行登城。终于在下午6时10分，胜利地攻占了榕江镇，歼敌500多人，缴获了几门大炮和一批枪支弹药。

第二天，正是"五一"节。部队在榕江镇广场召开军民联欢大会，庆祝胜利，庆祝穷人的翻身解放，军首长在会上宣传红军的宗旨，宣传共产党的主张。会后，又把没收地主官僚的衣服、粮食分给贫苦群众。榕江人民领到胜利果实，个个伸出拇指赞扬红军是穷人自己的队伍。

11. 我参加革命的片段回忆

朱鹤云口述，朱小弟、朱仙鸾整理

（1982 年 3 月 23 日）

我的家乡是恩隆县百谷村（今田东百谷大队），地处广西西南。这里气候温暖，山清水秀，是个鱼米之乡。在旧社会，由于贪官污吏、土豪劣绅的压迫剥削，人民终日辛苦，却不得温饱。这些悲惨的遭遇，在我幼小的心灵里深深埋下了革命的种子。早在大革命时期，党组织就在这里进行深入工作，发动穷人组织农会，建立农民自卫队。大革命失败后，党组织受到严重破坏，但斗争却始终没有停止过。广大穷苦人民要求革命的阶级觉悟不断提高，我就是在党的教育下走上了革命之路。

朱鹤云（1912—1992）

拔哥教我参加农会

1928 年，拔哥和韦义山、韦日光来到我们家乡，他们在白色恐怖中，深入群众，宣传革命思想，组织农民夜校，培养革命骨干。那时，我刚 17 岁，经常和几个穷朋友去听他们讲革命道理。拔哥在宣传中深入浅出、通俗风趣地说："为什么做田人终年累到头，反而吃不饱，穿不暖，而地主老财四体不勤、五谷不分，却穿着绸布，吃着鱼肉？这是反动的社会制度造成的。这个世道不合理，非从根本上改过来不可。"有人问拔哥："就凭我们两手空空，要钱没钱，要枪没枪，能斗得过那些地主老财吗？"拔哥说："我们农民只要组织起来，就一定能斗过他们。"拔哥还作了一个通俗的比喻说："一根筷子轻轻一折就断了，而一把筷子，就不会被折断。只要穷人抱成团，再厉害的地主老财也能斗倒的。"拔哥讲的这些道理，正符合我们穷人的心愿。因此，我和几个穷兄弟很喜欢接近他，有什么事都找他商量。后来，他们又在各乡秘密组织农民协会，建立革命组织。我和几个穷朋友一合计，不参加农会到老都要受人欺压，参加农会才可能有翻身之日。因此，我们瞒着家里的老人参加了农会。这以后，我们更相信拔哥了，也更自觉地接近他们，跟着他们积极参加革命活动。

智歼熊镐部队

1929 年秋，家乡的革命斗争逐步开展起来。为做好革命工作，我们农会成员几乎每天都走家串户，联系群众。当时，我们知道即将组织暴动，要建立穷人的政权了，大家都很高兴。一天晚上，韦日光等同志来找我，说："明天中午，你不要出去，到时候我们来找你，有重要事情办。"我听后，猜想估计要行动了，心里既高兴又紧张，当晚都没睡好。第二天（即 10 月 28 日）上午，韦日光等同志又来找我，通知我们赶到集中地点。到那里后，可热闹了，人来人往，大家都十分高兴，每个人都在脖子上扎了条红领带，全副武装起来。看样子是马上要攻打平马镇了。我碰到几个熟人，他们问我怎么还空着手，我急忙去找韦日光。韦日光说："你不要急，马上派你去完成一项特殊任务。"我说："没有枪，怎么干?"他说："用到枪的时候，就会发给你的。"等了一会儿，来了一个姓邓的同志。他告诉我："你地形比较熟，马上派你去给部队带路，去消灭熊镐的反动部队，你看怎么样?"我立即答应下来。这时，我们的部队开始行动，宣布命令，要把平马镇包围起来。

不久，邓同志把我带到部队所在地，见到了大队长。大队长告诉我："我们的任务是到白帝庙。那里有熊镐反动军队的一个营部，300多人，我们要缴他们的械。"说着，他递给我一条红领带，叫我扎在脖子上，并叮嘱我跟着他，不要走开。中午时分，我带着部队急速前进，很快就来到白帝庙。大队长指挥部队迅速摆开，将白帝庙包围起来。这时，熊镐的部队毫无戒备，有些人还在喝酒、赌钱。我们的部队枪一打响，他们才忙乱起来，仓促应战。我们的战士冒着密集的枪弹，勇敢地冲进白帝庙。我第一次参加这样的战斗，刚开始不知道怎么办，只知道紧紧地跟着大队长。他冲我也冲，子弹在头顶"嗖嗖"地响，听惯了也不怕了。经过快速作战，我们就结束了战斗。我当时缴到 1 支枪和 100 多发子弹，十分高兴。后来我才知道，这次战斗是邓小平和张云逸等同志领导的，为百色起义扫清了一个大障碍。同年

12月11日，举行了百色起义，宣布成立红七军。

保卫新生的人民政权

百色起义的第二天，平马镇召开了右江第一届工农兵代表大会，成立了右江苏维埃政权，我们广大穷人终于扬眉吐气了，那些地主老财被斗倒了。右江苏维埃政府决定，把土地分给贫苦农民。人们都说，穷人有了政权，就能翻身做主人，纷纷要求参军。当时，我们村有50多人参加了红七军，我当时被分配到右江苏维埃政府的警卫营，担负保卫新生的人民政权的光荣任务，为巩固和发展右江革命根据地贡献力量。后来，红七军北上会合朱毛红军，我们留下的同志在右江党的领导下，开展了艰苦的游击战争。1932年1月，右江独立师党委召开特别常委会，决定缩小队伍，除巴暮红军外，其余部队化整为零，骨干组成杀奸团，与敌人斗争。当时，滕国栋、黄书祥派韦纪、韦天恒和我（我当时叫朱国英）到滇桂边去开辟工作。赵群超是滇桂边区党委员会书记兼滇桂边区劳农游击队第十一支队代政治委员，李修学任支队司令部秘书，黄德胜任第十一支队第一大队队长（后为革命献出生命），岑忠业任第十一支队第一大队第一中队队长。1938年，赵群超、李修学由八路军驻汉办事处指派开展抗日救亡工作。当时是国共合作时期，我也参加了右江抗日义勇军，后转去延安，在党和毛主席领导下，继续坚持革命斗争，直到全国解放。

12. 参加红七军前后

云广英

1924年夏，我离开家乡——海南文昌县朝奎村到广州。不久考入广雅中学（当时叫书院），在那里过了3年多的学生生活。那几年，正是大革命高潮时期，我读了《社会进化史》、《中国青年》、《向导》、《中国革命简史》和孙中山先生著的《三民主义》、《建国大纲》，同时也看了创造社出版的刊物，从而受到革命思想的启蒙教育。当时广雅中学教职员和学生分成两大派：一派是共产党领导的新学生社；另一派是国民党右派把持的孙文主义学会。前者主张国共合作，广泛开展反帝反封建的革命斗争；后者反对国共合作，反对工农运动。两派斗争不断，有时甚至很激烈。当时我参加新学生社的革命活动，一方面在城里的工人和市民中进行宣传；另一方面利用暑假和寒假到农村开办男女夜校，通过文化教育宣传革命道理，提倡婚姻自由和破除封建迷信等。

1927年，正当北伐战争胜利进军的

云广英（1905—1990）

时候，以蒋介石为代表的国民党右派叛变革命，发动"四一二"反革命政变。共产党员和工人、农民、青年学生、革命知识分子以及其他革命群众都遭到镇压，被捕被杀害的达数十万人。在白色恐怖笼罩下，广雅中学凡是参加新学生社的师生员工均在被逮捕迫害之列。因此，我于1927年冬由广州逃到上海。在上海得到进步同学的帮助住了半年多，因找不到职业谋生，又在他们的帮助下离开上海来到新加坡。

我到新加坡后，先在我叔公开办的小咖啡店暂住，后又到金宝一位堂兄处寄居，我原想找关系介绍到当地的工人夜校当教师。这样既可进行革命活动，又可解决生活问题。但是，不久英国殖民者说工人夜校是共产党人开办的，下令停办。接着我又向同乡要求到商店当店员，但老板怀疑我是共产党人，多方找借口拒绝了。我在新加坡流浪了一年多，一直没找到工作，深感在殖民地生活更困难，决心回国找出路。

1929年夏，我回到广东汕头。不久，经同村兄弟介绍到汕头盐务处当文书，每月薪金30元。除个人生活费用外，可以积存一半准备作别的用途。我一面暂时在那里任职，一面多方打听熟识的革命同乡、同学的情况。有一天，偶尔遇到久不见面的一位同乡好友，他对我说："张胜之（即张云逸）已到广西南宁进行革命活动。他现在在俞作柏的部队中工作，你最好赶快去南宁找他介绍适当工作。"我听他这一说，高兴极了。我在广州念书时就认识张云逸，当即表示一定到南宁去。他鼓励我说："你一定会找到张胜之，他也一定会引导你走上革命的光明大道的。"1929年夏秋之交，我到南宁后，开始住在小旅店，由于带的旅费不多，不能久住旅店。过了几天，便租了一间市民的小房子居住，自己做饭吃，这样花钱不多。我的邻居是一位海南同乡，名叫陈铣（原名陈泽农），我和他过去不相识，当时我还不知道他已是共产党员。在多次谈话中，他讲了许多革命道理，我对他有了信赖，便问他说："你认识不认识张胜之先生？"他笑着回答说："我认识，他现在在俞作柏的部队中工作，有时也到我这里来谈谈。如果你想见他，他来时我就告诉你好了。"过了两天，张云逸到陈铣住处，陈就邀我去同他见面。大约是陈铣事先已把我的情况告诉了他，所以他见到我就很热情地畅谈起来。张云逸先问我："你近两年到哪里去了？为什么现在到南宁来？"我坦率地把自己两年逃亡生活的情景说了出来，他深表同情，并鼓励我要继续干革命。他明确指出："青年人只有参加革命才有出路。"他接着说："大革命的失败，除客观原因外，主要是陈独秀的右倾投降主义错误所致。目前革命处于低潮，但是，应该认识到，只要有了共产党的正确领导，革命最终一定会胜利的。现在毛泽东、朱德正在湖南、江西领导广大农民开展土地革命运动，成立了红军，建立革命根据地。看来新的革命高潮就会到来，革命一定能够取得胜利，这是不能丝毫怀疑的。青年人必须有坚强的革命意志和勇气，要有革命的乐观主义，遇到任何艰苦困难，都不能动摇。"听他说了这番话，我就表示自己参加革命的决心。我说："我过了两年的逃亡生活，深刻认识到只有革命才是唯一的出路，这次到南宁就是来请你引导我参加革命工作的。我决心革命到底，任何艰苦困难我都不怕。"

张云逸同我交谈之后，又同陈铣交谈，要他设法安排我的工作。大抵过了一个星期，陈铣就介绍我到李明瑞部十五师政治部去当文书。我当时虽然还不是共产党员，但是我决心要跟共产党走。在那里工作一段时间后，我才知道当时俞作柏和李明瑞同我们党有合作关系。

1929年10月，俞作柏、李明瑞仓促出兵反蒋遭到失败后，我党掌握的武装部队按原定计划撤离南宁。邓小平、张云逸率领警备第四大队和教导总队到右江，俞作豫率领警备第五大队到左江。同年12月，我同陈铣一起租了一条小木艇前往百色。我们到达百色时，百色起义已经举行，红七军已经宣布成立。张云逸见到我时，同我紧紧握手，随即安排我的工作。他说："你的志愿实现了，分配你在军部经理处工作。这任务很繁重，要很好地工作，保证全军的给养。"我很高兴，笑着对他说："我现在已成为红军战士了，感到非常光荣，我一定在党的领导下革命到底。不管组织上分配我干什么工作，我一定积极干，并不断向大家学习，请你放心！"我原名云昌旭。参加红军后，改名为云清。

1930年夏，我光荣地加入了中国共产党。入党后，张云逸多次找我谈话，给我鼓励，战友们也热情帮助我，使我进步较快，至今记忆犹新。

1930年10月，红七军奉命北上，这对我们来说是一场严峻的考验。

1931年2月初，在广东省边境乐昌县抢渡武水河的战斗中，邓小平和李明瑞带领先头部队五十五团过河以后，敌人以密集的迫击炮、机关枪火力封锁渡口，截断张云逸指挥的后续部队五十八团和军直属队。这时如果我军冒险继续抢渡，必然遭到惨痛失败。在这关键时刻，张云逸骑马疾奔到渡口，拿出望远镜观察敌情。他当机立断，一面命令我带上部分弹药和经费，同少量战斗人员乘最后一艘木帆船抢渡过河，以保证先头部队的给养；一面命令后续部队停止渡河并迅速后撤。后来才知道，张云逸率领五十八团和军直属队绕道坪石渡河，向湘赣苏区胜利前进。

我们抢渡过河后，赶上了先头部队，随即向赣南崇义胜利前进，终于在永新与五十八团和军直属部队会合。会合后，红七军在湘赣苏区配合中央红军粉碎敌人第二次"围剿"后又向中央苏区前进，在兴国与中央红军会师。从此，我们在毛主席、朱总司令的直接领导下战斗了。当时，部队过着非常艰苦的战争生活，但是心情很愉快。特别是在中央苏区，经常看到毛泽东、周恩来和朱德等领导，他们都同大家一样过着极其艰苦的生活，使我们深受教育，更增强了对革命胜利的信心。在第二、第三、第四次反"围剿"中，我军取得辉煌的胜利。可是，在第五次反"围剿"中，我军受到严重挫折，根据地大大缩小了。当时我并不了解这是什么原因。1934 年夏，有一天我遇到张云逸，便请他解释。张云逸对我说："现在有人反对毛主席的领导，没有按照毛主席的战略和战术打仗，军事指挥权在李德（共产国际派来的军事顾问）手上，朱德总司令的话他们也不听，这是我军在第五次反'围剿'中受挫折的根本原因。但是，目前的困难是暂时的，是一定会被克服的。"

1934 年 10 月，中央红军主力开始长征。1935 年 1 月，我随军到达贵州遵义。经过遵义会议，结束了王明"左"倾教条主义在中央的统治，在以毛泽东同志为代表的新的党中央正确领导下。中央红军继续长征，战胜了一切艰难困苦，胜利到达陕北。在过雪山草地时，我遇到张云逸。他在极为艰苦的长征中消瘦了，但很乐观，他对我说："我们要是不参加红军，哪里能看到这些地方呢？干革命是不能怕艰苦的，坚强的革命意志是在艰苦的斗争中锻炼出来的，正如钢铁是在几千度高温的洪炉中炼出来一样，我们一定能完成北上抗日的使命，一定能战胜日本帝国主义及国民党反动派。我们解放全国之后，还要进行社会主义革命和建设。最后实现共产主义，这是共产党人伟大光荣的任务。我们经常唱的《国际歌》中不是写得很清楚吗？我们的伟大理想是一定会实现的。"我听了他这番话，受到很大鼓舞，革命意志更坚定了。

1937年全民族抗战即将爆发之际，党中央派我先到香港进行抗日民族统一战线工作。不久，中央又派张云逸到香港，这时我又在他直接领导下工作，得到他的很多帮助。1938年春，中央调张云逸到新四军任参谋长，我们又分手了。

13.关于红七军的回忆

陈漫远

（1979 年）

1927 年 4 月 12 日，国民党蒋介石在上海反共反人民，叛变革命，对共产党人和革命的工人、农民、学生等进行大逮捕、大屠杀，妄图扑灭中国革命，以实现其反革命的统治。湖南、江西、广东、广西等省的共产党组织和人民群众的革命组织，先后受到破坏和摧残。但蒋介石的倒行逆施，并没有把中国共产党领导下的革命烈火扑灭，反而激起中国人民的极大义愤，掀起了强烈的反抗浪潮。从此，中国共产党认识到中国革命必须进行武装斗争，没有中国共产党领导的武装斗争就没有人民的一切。这条真理就成为中国人民战胜阶级敌人反动统治和反革命武装的极其重要的法宝。

陈漫远（1915—1992）

不久，在中国共产党领导下举行了"八一"南昌起义，随之而来的秋收起义和广州起义，沉重地打击了蒋介石国民党的反动气焰，震动了国内外，大大鼓舞了全国人民的革命斗志，全国人民反对国民党反动统治的武装斗争，就在中国共产党的领导下不断地发展起来。这星星之火，在许多地方燃烧，逐步形成了不可抑制的燎原之势。同时，国民党内部军阀混战不断发生，此伏彼起，使得人民遭殃，搞得全国各地怨声载道，民怨沸腾。这正是开展革命斗争的大好时机。这就是当时总的革命形势。

一、右江起义和红七军的诞生

1929 年秋，粤桂军阀在广东三水鏖战，李宗仁、黄绍竑、白崇禧的桂军打败了亲蒋的陈济棠的粤军。蒋介石收买、利用原桂军十五师师长李明瑞连同杨腾辉师，并将其从武汉调来，袭占梧州，攻打李、黄、白桂军的侧后，于是桂军大败，李、黄、白出走，俞作柏、李明瑞遂收编桂军残部统治了广西。俞作柏任省主席，李明瑞任军事特派员和广西督办。因为我党在广西已有了很好的群众基础，力量逐渐壮大，俞、李原同我党有统战关系，所以他们要求我党派干部到他们的部队中和广西地方来工作，想借助我党的力量来巩固他们的地位。而我党也想利用这样半公开的地位，以便发动群众、组织群众，发展我党的武装力量。这样，双方便有了暂时互相利用的基础。党中央派邓小平同志和张云逸同志率领一部分党的干部去南宁和俞、李协商共事，随后又陆续派去一些干部到广西开展工作，并特别注意抓兵运工作。当时，张云逸同志担任了李明瑞的广西省警备第四大队大队长兼教导队队长，俞作豫同志（俞作柏之弟）担任了警备第五大队大队长，从而逐步开展了南宁地区部队的工作，并且掌握了相当一部分军事力量，为进一步开展各方面的工作创造了有利条件。

当时，梧州、南宁地区共产党的组织虽遭到国民党的摧残，但还有相当一部分干部继续留下来坚持斗争。在此革命发展的大好时机，他们又都积极地参加了党的工作。这两股力量汇合起来，在党的统一领导下，促成了红七军前身的革命队伍得到迅速的发展。

可是不久，在 10 月初，俞作柏、李明瑞认为自己的力量壮大了，可以摆脱蒋介石的控制独霸一方了，于是就想通令反蒋。当时我党认为，他们的部队并未巩固和扩大，工农群众也没有很好地发动起来，贸然反蒋很难取胜，而且对我党力量的发展也很不利，就劝他们暂时不要行动。可是他们不听劝告，反而决然通令反蒋，并在南宁召开万人军民大会，宣布讨蒋。俞作柏任讨蒋南路总司令，李明瑞任副总司令，这样在广西又出现军阀混战的局面。但是，李明瑞嫡系旅长王权见风使舵，首先叛变，投靠蒋介石。随后旅长吕焕炎、师长杨腾辉（原都是李宗仁旧部），又倒回李宗仁方面去了。狡诈阴险的蒋介石又起用李、黄、白出来收拾广西局面。俞、李讨蒋归于失败，俞作柏被迫出走去香港，李明瑞暂留南宁。

我党估计到俞、李反蒋一定会失败，因此早做了准备，即以广西西部左右江地区为根据地，开展工作。重点放在右江，因为当时右江的党组织和农民游击队基础较强，领导人是韦拔群、雷经天、黄志峰等同志。那个地区的东兰、凤山、田州、果化等县一带，在 1926 年以后就建立了党的组织和农民游击队，并进行了打土豪、分田地的斗争。那里是壮、瑶、苗、汉等族聚居的地区，群众觉悟较高，基础较好。虽然在 1927 年大革命失败后受到一些损失，但仍然坚持斗争。在俞、李率兵平定了广西和推翻桂系李、黄、白统治之后，这个地区的工作开展得更快了。那时右江和左江十多个县的农民在我党的领导和影响下，打土豪、分田地的斗争蓬勃地开展起来了，这个地区虽多山贫瘠，但各族人民的反帝反封建和反对国民党反动派的斗争热情非常高涨，所以这里可以成为我党很好的一个革命根据地。

1929 年 10 月初，当南宁政局混乱之时，邓小平和张云逸等同志当机立断，用最大力量把南宁军械局的武器弹药和所能搜集到的军用物资，统统搜罗起来，装满了好几船向右江撤退，并拿到一大批款子，以备建立革命根据地之用。还有我党掌握的各种辎重等均装船溯右江而上，撤退到百色、平马一带。广西省警备第四大队和教导队全部来到百色、平马一带以后，右江就成为革命活动的中心。广西省警备第五大队则由俞作豫同志率领向左江龙州撤退。从此之后，南宁就成为桂系李、黄、白所统治的地方了。

为了迅速建立右江革命根据地，由邓小平同志率领一部分同志先期到达右江，和韦拔群、雷经天、黄志峰等同志研究布置工作。不久，大批党员干部和部队到达右江。1929 年 10 月中旬，在百色组成了党的前敌委员会，由邓小平同志任书记。当时前敌委员会讨论决定了以下几项工作：

（一）从政治上、组织上巩固部队，扩大部队。部队实行官兵平等，反对军阀主义、不准虐待士兵，薪金每人每月 20 元，伙食都一样。在连队建立党支部和士兵委员会，团结教育全体官兵，进行革命军队是劳动人民的军队、为劳动人民服务、推翻国民党的统治而奋斗的教育，提高官兵的阶级觉悟、加强军政训练，提高战斗力。补充工农士兵，扩大部队。同时加强部队的纪律教育，如：对群众要和气，公平买卖，作战缴获财物要归公，听指挥，不虐待俘虏。兵痞、流氓和思想不好的军官经教育无效而自愿离队回家的，一律发路费礼送出境。这样，经过整顿、扩大部队，加强了党的领导，巩固了部队，提高了战斗力。

（二）积极发动群众和武装群众。提出"打土豪、分田地"的口号，没收地主恶霸的田地、财产，分发给贫苦农民，收缴地主枪支，武装工农群众，扩大农民游击队，培养干部，加强游击队的领导，进行党的政策教育和游击战的训练。改造旧政权，建立革命政权，加强政权工作，抓紧和抓好土改、锄奸防敌、生产和文化教育等项工作，关心和解决群众困难。中心是要抓好武装群众和配合武装起义的工作。

（三）地方党组织的工作主要是发展党的组织，加强各级党委和党支部的领导，健全党的民主生活，培养党的各级领导骨干，深入群众，解决问题，发挥党在各方面工作的组织领导作用。

（四）做好充分准备，消灭广西省警备第三大队的反动力量。第三大队驻在平马一带，它是地主、豪绅、恶霸、土匪的代表，是镇压工农群众的反动武装，必须迅速全部加以歼灭，只有这样才能巩固右江的局势。我党为此决定，做好充分的准备工作，采取突然袭击的办法，迅速全部把它消灭掉，这是整个斗争中的重要环节。

我党的这些部署，中心思想是在右江地区举行起义，建立一支工农红军，建立革命根据地，把整个右江的面貌彻底改变过来。

经过周密的准备和侦察，我方把警备第三大队的内外情况都查清了。于是在1929年10月下旬的一个拂晓，在警备第四大队长张云逸同志的亲自指挥下，把驻平马一带的第三大队几个驻地全部包围起来，采取突然袭击的行动，首先突破第三大队队部，经过两天的激烈战斗，全部歼灭了第三大队，缴获其全部武器。第三大队大队长熊镐被击毙。经过教育后自愿参加红军部队的俘虏，分别编到各连去。不愿参加红军的官兵一律发给路费遣散。消灭了这支反动武装后，右江全区就安定了，呈现出一片欣欣向荣的景象。

按照前述部署，经过一段时间的紧张工作，前委认为起义条件已经成熟，决定在1929年12月11日，即广州起义两周年的时候，宣布右江革命起义，成立中国工农红军第七军，把原来第四大队和教导队共约1500人，扩编为两个纵队共4200人，成立了一个军部。另把韦拔群同志领导的游击队约800人编为第三纵队，这样红七军一共有了7000人。张云逸同志为军长，邓小平同志为政委，陈豪人同志为政治部主任，并同时宣布成立右江苏维埃政府，由雷经天同志任主席。为了庆祝这个革命的节日，在百色、平马、东兰、凤山、田州、果化一带广大地区，都举行了隆重的庆祝大会。军队中竖起了斧头镰刀的中国工农红军第七军的红色军旗，各地政府也竖起了锤子镰刀的苏维埃的红旗。工人、农民、学生和军队成群结队游行庆祝，到处都是爆竹声、锣鼓声，红旗招展，喜气洋洋，欢乐的人群涌向街头，互相庆贺，有的跳起了狮子舞，到处是一派欢乐的节日景象。

右江起义胜利和红七军成立以后，党前委就派何世昌同志去龙州，准备发动龙州起义。经过一段准备以后，于1930年2月1日举行龙州起义，成立了中国工农红军第八军，俞作豫同志为军长，邓小平同志兼政委，何世昌同志为政治部主任。红八军成立时虽然也把部队编为3个纵队，但由于部队成分复杂，又没有经过整顿、改造和训练，所以部队很不巩固。另外，地方工作也很薄弱，又无群众基础，实际上是孤军无援。当时桂系军阀李、黄、白已经重新统治了广西，他们知道红八军部队力量比较薄弱，又不巩固，于是立即兴兵进攻龙州红八军，在敌强我弱的情况下，当桂系军阀部队向红八军袭击猛攻之际，原来由土匪部队改编的部队，纷纷叛变和投敌。俞作豫和何世昌同志只能领导指挥原有的坚强可靠的部队，坚决抗击敌人，与敌周旋，后转战退到吴圩附近被敌围堵，军长俞作豫被迫出走香港，政治部主任何世昌带队奋战，最后英勇牺牲。红八军的失败，证明了部队没有巩固和充分的作战准备，又无坚强的地方群众基础，在敌强我弱的情况下，遇强敌的袭击和猛烈进攻易遭失败，教训是极其深刻的。

二、红七军在广西的斗争

右江起义的胜利和红七军的成立，对广西全省影响很大。一方面使我党在广西的斗争有了一个重要的立足点，以此为基础，党政军民都为巩固和发展这个根据地而紧张地工作，形势很好；另一方面也极大地震动了国民党反动派，特别是桂系军阀，他们感到非常恐慌和恼怒，在打败了红八军之后，很快就把战火引向右江方面来了，这完全是意料之中的事。1930年2月6日，桂系军阀的主力以4个团的兵力为先头部队，进犯我右江根据地，与我驻隆安县一带的前线部队开始接触，敌人被迫撤退。随后我红七军3个纵队的主力共6个团集结起来，分两路迂回敌人侧后，猛烈攻击，敌人立即败退。但敌人的增援部队恰恰赶上，打成对峙。这样又经过5昼夜的激烈战斗，互有进退，双方伤亡均较大。但由于我红七军缺少后备力量，敌占优势，不能达到消灭敌人的目的。于是前委决定立即撤退，部队转入东兰内地山区集结休整，然后再寻找战机。敌人在红七军撤退之后，随即占领恩隆、平马一带，但不敢深入山区，怕遭我伏击。

当时红七军的后勤保障工作的情况是：除依靠部队后勤人员外，主要依靠地方游击队、担架队和民工等力量，把伤病员全部送到东兰后方医院。粮秣给养全是地方筹措，经费开支由部队军需处支付。因为我们从南宁撤退时已筹备了足够一年用的经费，所以部队所需，一切都是公平买卖。群众没有感到什么负担。

虽然这次较大战役是失利了，但部队经受了战斗的锻炼。随后我们又抓紧进行了半个多月的休整和补充，这时部队的情绪是很高的，战斗力随之增强。当时前委考虑，不宜在右江地区再和桂系军阀部队打较大的硬拼战，消耗自己的兵力，同时又考虑到还要筹措部队今后的给养、经费。前委决定，红七军的主力（第一、二纵队）在3月初暂时离开东兰地区，到桂黔边境活动，避开桂系军阀的主力。那个地方是两省交界处，敌人兵力薄弱，容易取胜和开展工作，既可向当地商会筹措粮款，又可扩大红军的政治影响，帮助当地的贫苦农民，打土豪分财物，宣传红军的政策，还可扩大队伍。同时决定三纵队继续留在右江根据地坚持斗争，组织地方游击队开展对敌游击战争，保卫右江根据地农民的既得果实，等待红七军主力部队胜利归来，再组织力量消灭敌军，收复、巩固和扩大我右江革命根据地。这个任务是繁重的，然而又是完全可以做到的。

1930年春天，红七军军部率领第一、第二两个纵队共3000多人由广西河池县出发，途经怀远镇，当时守备怀远镇的敌人是地方民团，他们没有想到红军会来。红七军迅速查明敌人不多且又毫无准备，当即发起突然袭击，守敌一触即溃，我军遂占领怀远镇。该镇是个有六七千居民的商业重镇，市面繁华。红七军在那里驻了3天，召开了几千人的群众大会，宣传了红军的政策，揭穿了桂系军阀的欺骗宣传。广大群众一致认为，红七军比国民党军队纪律严明，公平买卖，和蔼可亲，是他们从未见过的好军队，使我军的政治影响扩大了，同时还在商会筹措了几万元现洋，补充了部队的经费。这是出征后第一次取得的胜利，全军上下都很高兴。3 天之后，红七军即向周恩县方向前进。沿途虽有一些战斗，但都是地方民团，一触即溃，我军顺利地向桂黔边境地区挺进。

1930 年 4 月下旬路经苗山，进入贵州边境，那里山高路窄林密，又要妥善地做好苗族人民的工作，所以这段行军是很艰苦的。由于部队严格遵守苗族的风俗习惯，纪律严明，又做了充分的宣传工作，并送了一些衣物给苗族人民，取得了苗族人民的帮助，这样就顺利地渡过了这个难关，进入贵州省境内。

1930 年 4 月 30 日，红七军出了苗山，在抵达榕江县城时了解到一个重要情况，就是贵州军阀王家烈正在湘黔边界与湖南军阀的部队酣战。

榕江是贵州军阀的后方，许多军需品都囤积在那里，有个副师长率领 600 多人的部队和警察部队在那里守备，他们想不到红军会到这个地方来，所以警戒是疏忽的，没有坚固的工事，只有个城墙作依托。在这种情况下，红七军采取突然奔袭的战法是很有利的。于是红七军在当天下午以隐蔽行动突然勇猛地攻击城外守军的山头阵地，敌人纷纷向城内溃退，红七军跟踪追到城边，立即发起攻城，但由于攻城梯子、器材不足，所以没有奏效。翌日继续攻城，事先布置好攻城部队，选好突破口，把掩护部队登城的火力及登城的梯子都准备布置好，并进行政治动员，加强指挥，提出了"攻下榕江，纪念'五一'节"

的战斗口号，部队的战斗情绪高昂，决心要攻下榕江，取得各种物资的补充。31日下午3时发起攻击，在山炮和机枪火力的直接支援下，一举攻上了城楼，打开了城门，主力部队随即冲进城内，敌人一片混乱，纷纷缴械投降，红七军全部占领了榕江。共消灭敌人600余人，缴获步枪600余支，大炮2门，子弹10万余发，无线电台1部，还有许多其他军用物资。这次胜利，大大鼓舞了部队的斗志，也大大提高了部队的战斗力，并解决了物资不足的困难，部队在榕江休整了3天。俘虏的士兵经过宣传教育后，有400多人自愿参加红军，立即编到各连队，愿意回家的遣散回家。同时向商会筹粮筹款共筹得几万元军饷，至此，胜利完成了这次出征的任务。

红七军这次游击贵州边境，取得了重大的胜利后，决定回师广西右江，去完成巩固和扩大右江革命根据地的任务。贵州榕江有一条福禄河，由西向东直流广西境内，可通船只，是通商的河道。红七军就利用这条河道，把伤病员和辎重物资等载上50艘大小帆船，由西向东，顺流而下。部队在沿河两岸行军，浩浩荡荡向东开进。经过5天的行程，部队、船只先后到达广西边境的福禄镇，随即部队向广西宜北、河池开进，贵州军阀王家烈得悉榕江失守，立即派兵来援，但其援兵到达榕江时，红七军早已走了多时，黔敌只好望河兴叹。

1930年5月上旬，红七军再次进入河池县城，休息两天，开始进入革命根据地的范围，军民都感到非常振奋。为了收复百色重镇，消灭国民党在右江据点的敌人，立即做好战斗准备，摸清敌人的兵力、驻地情况，决定采取隐蔽的行动，突然袭击，以达到全部歼灭敌人的目的。6月初，红七军攻打百色的部队突然向百色敌人的外围阵地进攻，经过一天的战斗，就把百色敌人外围的据点大部攻克。当时城内守敌只有岑剑英指挥的一个团，孤立无援，附近的敌人，有的已被消灭，有的闻风而逃，岑想不到红七军的主力来得这样快，真是晴天霹雳，惊惶失措。第二天，红七军部队继续向百色城北高山顶上的敌军碉堡攻击了一天，直到黄昏前，红七军用山炮对碉堡突然连续打了3炮，3发均命中，碉堡被毁，敌人随即全部退入城内，红七军立即跟踪向城内攻击，攻占了敌人的指挥部，城内敌人大部突围逃跑，其余被歼，共俘敌300多人，缴枪300多支，其他军用物资缴获也很多。当时市民知道是红七军回来了，到处都挂出了红旗，热烈欢迎。第二天，百色的工人、学生、市民和郊外农民又欢欣鼓舞地庆祝红七军的胜利归来。这个胜利消息很快就传遍了右江地区，原被敌人所占的地方，陆续收复，右江地区又重新回到了我党的控制之下，各方面的工作随即顺利开展，右江革命根据地得到了巩固和扩大。

红七军回师右江，消灭了敌人，恢复和巩固右江根据地之后，1930年夏天，粤桂军阀又在珠江一带混战。蒋介石为了帮助粤军打败桂军，就利用云南军队进入广西打桂军的后方，夹攻桂军，乃命令滇军师长张冲率万余人经贵州的兴仁，又经广西的田西县向百色前进，以便袭占南宁，打桂军的后方，以配合粤军作战。当时滇军即派代表与红七军谈判，要求红七军退出百色、平马、果化直至南宁沿右江一线，让滇军借道去打南宁的桂军。我军当时分析了敌我态势，决定同意让滇军借道去打南宁桂军。后来，滇军进占南宁，打败了桂军。

自从滇军于6月初退走后，右江已无敌人，红七军即在平马一带进行整训和扩大补充红军，以壮大力量，发展新的局面。当时，地方群众土改、生产运动正在深入开展，右江根据地亦日益巩固起来，红七军经过3个月的整训，军政素质有了很大提高，部队有了很大的发展，又补充了数千名新战士，成立了新的第四纵队，由黄志峰同志任纵队司令，罗少彦同志为政治部主任。这个时期红七军不断壮大，根据地也不断巩固和扩大，这是右江根据地最为兴旺的时期。

三、红七军北进作战

1930年8月间，红七军已发展到上万人，根据地也得到巩固和发展。那时国民党军阀还在争权夺利，互相攻打，连年征战，群众遭殃，所以各地的人民反抗国民党反动派的革命运动都在迅速发展。本来这很有利于共产党领导下的人民武装斗争，可以深入发动群众，建立和发展农村革命根据地，扩大工农红军，最后战胜国民党军队，逐步夺取政权，争取更大的胜利。但是当时的党中央却要红七军去攻打桂林、柳州，夺取桂、柳后再向粤桂湘边发展根据地。

1930年9月20日，红七军从平马出发，经过几天的行军，于10月初部队在河池县集中，进行了3天的政治动员，同时把红七军改编成1个军部、3个师，即十九、二十、二十一3个师，并成立右江特别委员会，由陈洪涛同志任书记。留二十一师由韦拔群、李朴同志率领在右江根据地坚持斗争，其余部队共约一万人，由红七军军部率领北进桂柳地区作战。10月中旬部队从河池出发，直下怀远镇。这是红七军到过的地方，群众表示欢迎，敌人则闻风而逃。我军向当地商会筹了一些粮款，补充部队所需。随后红七军经过天河向罗城县前进。不料在天河与罗城间的山区与敌遭遇，因为我军侦察不够，没有预先发现敌人，而敌人却早已预先准备狙击我军，地形对敌人有利而对我军则很不利，我军是由山下向山上攻，敌人是固守高山，居高临下进行狙击，且敌人的兵力比较强大，打了两天，战斗打得十分艰苦，不易很快夺取敌之阵地。于是在第二天晚上撤出战斗，部队改变路线向融县长安镇方向前进。

1930年11月20日，红七军到达长安镇附近，据侦察部队报告，说是长安城内有桂系部队一个师守备，并说白崇禧也刚到这里，我军为了打下柳州、桂林，必须先夺取长安镇，如果打下长安镇又捉到白崇禧，那就对下一步攻取柳州更为有利。于是决定布置攻城，山炮火器和登城器材等均已做好了准备，开始攻击时很猛，敌人全部退入城内，固守待援，部队攻击了4天，由于敌人工事比较坚固，不能突破城围，虽然两次登城，但均未成功，双方伤亡较大。同时，获悉柳州来援之敌一个师已离长安镇不远，如果抽兵打援，城内敌人必定出击配合，就将遭敌内外夹击，我军更难取胜，于是决定撤兵，另图他去。部队经过这两次作战比较疲劳，消耗较大又无补充，伤员增多又不好安置。原来计划攻打柳州、桂林之计已不可能实现。因此改变计划而不再冒险攻城，便向湘桂边的农村发展，开辟新的根据地，寻机消灭小股敌人，以便取得补充，再相机行事。于是，部队就经过苗山转向湘桂边地区发展，这个苗山地区是红七军曾经路过的地方，苗山群众对红七军是有好感且拥护的，还有少数苗瑶青年自愿参加红军。经过苗山、龙胜瑶苗侗民族地区，然后转到湖南绥宁县一带。当时部队的军饷和被服已出现困难，因此想袭占武冈县，谋求解决这些困难，随即查明武冈县是由当地民团固守，城墙高而坚固，如采取攻城困难较多。12月中旬，红七军采取急袭的办法，当部队逼近城墙时因伪装不好，被敌人发觉，于是立即强攻，打了3天，部队虽然英勇顽强，但终因城高而坚固，几次登城战斗均未成功。本想竭力把城攻下，不料湘军何键以 10 个团的兵力分两路齐头猛进，增援武冈，并有一架飞机助战。正在守敌混乱之时，敌之增援部队已到武冈周围，在敌我兵力悬殊，敌强我弱，我军又被迫两面作战的情况下，各部队立即撤出。在突围中，浮桥又断，被敌围攻，伤亡较大，几经奋战，终于绝大部分突围脱险了。随即部队 3 天急行军，取道新宁和东安方向迅速摆脱了敌人的追击，这是一次损失严重的战斗，部队伤亡较大，也很疲劳，但是部队的斗志仍没有减退。

经过 3 天的急行军，虽然摆脱了湘军追击，但部队经过苦战和连续急行军，已经十分疲劳，急需休整。但是到什么地方去休整呢？当时前委根据各方面的情况判断，认为湘军何键已经派出追兵，返回湘境已不可能，而广西边界敌人比较薄弱，据调查全州守敌很少又是民团。于是决定回师广西，奔袭全州，如果占领全州，部队既可休整几天，又可筹点粮饷。为了争取时间，就要克服困难，不怕疲劳。随即又进行了连续两天的急行军，于 1931 年 1 月 2 日奔袭全州，守敌毫无防备，一击即溃，我军很快攻占了全州，之后红七军主力鱼贯入城。开始城内群众弄不清我们是什么军队，关门闭户，观看动静。经过部队的宣传之后，群众知道我们是广西人，又是广西的红军，纪律严明，秋毫无犯，买卖公平，商店开始营业，人心趋于安定。商会也派人出来接头，帮助筹措粮菜，部队决定在此地休息 4 天，全军上下一片欢腾。由于连续作战和急行军，部队减员约 2000 余人，这是最大的一次减员。部队急需调整补充，所以在这 4 天休息期间，部队进行了政治动员和整顿，精简机关，充实连队，同时总结经验，讲清革命形势，以提高士气，准备再战。又同全州商会协商筹粮筹款，筹得了几万元经费，抓紧赶制了一些被服，补充了部队，还准备了一些干粮。部队几天来吃得好睡得好，疲劳消除了，斗志更加高昂。前委在此又进行调查研究，收集许多报纸，加以分析，认为各地军阀混战，时起时伏，虽然有利于革命的发展，但是红七军的力量还较薄弱，必须有个革命根据地才能逐步发展壮大起来。从国民党的反动报纸宣传中得知：江西红军的力量最强，经常打胜仗，并且有一块很大的革命根据地，那里的农民和劳动群众都拥护红军，这是国民党部队最难以对付的地方。另外，从当时湘赣桂粤军阀的力量对比来看，江西军阀的力量比较弱，这是发展革命根据地比较好的条件。从全州到江西，路经湘粤交界的地方，敌人力量比较薄弱，又是山林地带，便于部队活动和通过。因此以邓小平同志为首的前委决定，红七军向江西前进，去与毛泽东、朱德同志率领的红军会合，发展全国的革命运动。这个决定在红七军传达之后，群情振奋，胜利的信心倍增，这是一个英明的战略决定。

红七军于1931年1月5日离开全州开始北进，经灌阳再向东到湖南的道州，1月7日到道州，敌人已闻风而逃。因为湖南群众知道红军是穷人自己的军队，道州许多群众都到门外观看并表示欢迎，商店照常营业，商会立即送来粮米肉菜表示慰问。虽然当时是寒冬季节，北风凛冽，部队衣单鞋破，但纪律严明，群众深为钦佩。在此地也向商会筹了一点款。由于敌情紧急，部队于当夜就离开了道州，迅速向江华前进。当时大雪纷飞，北风呼啸，周围一片白色，寒风刺骨，许多同志还是穿着单衣、短裤、草鞋，有的同志冻病了，也有的同志冻死了。这一天部队走了90里路，沿途没有遇着敌人，当部队接近江华县时，敌人早已逃窜，我部队即顺利地占领了江华城。为了解决部队的困难，前委决定在此休息两天，没收地主官僚的财物分发给贫苦群众。受国民党欺骗跑走的群众都陆续回来了。同时把没收来的衣物和购买的衣物都分发给部队的战士，因此战士所穿的衣服都是不同的颜色和不同的样式。在江华同样向商会进行筹粮筹款的工作，这是当时部队经费和给养的一个重要来源。由于部队不断减员，同时也为了行动方便，就把军部山炮连的两门山炮和炮弹都掩埋了，减轻了部队行动的负担。

第三天清早，红七军正在集合准备出发，忽然地主民团的部队在城西北面山头开枪，经过担任警戒和掩护任务部队的出击，敌人再也不敢前进了。于是部队决定翻过湘粤桂三省交界的老苗山，转到广东连县星子镇一带，一方面再休整几天；另一方面继续筹粮筹款，以备进军江西之用。那时这一带地区都是地方民团，没有国民党正规军，虽然沿途遇到一些敌人，可是一经我军的冲击就退走了，有时打上几枪，然后一哄而散；有时只在远处山头观看。因而红七军在这个地区没有什么大的战斗，小的战斗则是天天不断，已成了家常便饭。

在1931年2月初，部队到广东连县地区的星子镇，接着奔袭连县。连县守敌来不及准备，就被我军攻克，所有人枪全部被俘获，缴获的物资也比较多，使部队得到弹药和物资的补充。但是部队在这一段行军作战中减员也不少，此时红七军只有4000人，因此前委决定把部队改编为两个团，即五十五团和五十八团加一个军部。部队整编之后就在连县驻了7天，经过宣传动员又补充了少量的新战士，向县商会筹粮筹款，共筹到4万现洋；同时用最大的努力在连县和星子镇一带收集布匹赶做新衣服，每人都发了一套新衣服和鞋子等，全军上下都非常高兴。这一带敌人力量很薄弱，没有什么骚扰和战斗，使得部队吃饱睡好，士气更加旺盛。接着对部队进行了动员，我们离江西不远了，很快就可以和江西主力红军会合了，大家更加高兴，都表示一定要尽快打到江西去。

1931年2月中旬，红七军经过乳源县境到达乐昌县的梅花村，当即同中共乐昌县委的同志取得了联络，部队想在那里休息两天再过乐昌河北上江西。不料国民党粤军早已调兵来到乐昌一带，想围攻堵击我军北上，部队只休息一天就发现敌人向梅花村进攻我军，当时由于侦察的情况不确实，错误估计来犯之敌不多，就决定消灭这股敌人之后再走。中午警戒部队与敌接触，想把敌人引进来后立即围歼之。可是部队展开围攻之后，而敌人的后续部队约4个团却分两路钳击我军，双方展开了激烈的战斗。虽然我军打得很顽强，守住了最后的阵地，毙伤敌人1000多，但我军亦伤亡700人，干部伤亡较大，损失是严重的。前委立即决定连夜撤退，把马匹辎重和伤病员全部交给乐昌县委，由游击队和当地群众负责分散到各地隐蔽治疗，红七军立即轻装北进抢渡乐昌河，以摆脱敌人的围堵。经过一夜的急行军，天亮时部队到达杨溪口渡口，我们掌握了两个渡船，同时赶造竹排立即渡过乐昌河，到中午，五十五团全部过完，在五十八团开始渡河时，粤军4个团已追赶到杨溪口，立即向我五十八团截击，因为部队已一天一晚没有吃饭了，所以很疲劳，于是下令撤退，五十五团向江西崇义县前进。五十八团和军部过不了河，于是绕道，经过一天一晚的急行军，在坪石附近渡过乐昌河向湖南鄙县前进。不久五十五团在崇义进入湘赣革命根据地，受到群众的欢迎。后经遂川、上犹到达永新，其间经过一些战斗。五十八团和军部则在鄙县进入湘赣革命根据地，同样受到群众的欢迎，后经茶陵、莲花到达永新。1931年5月中旬，红七军这两个团和一个军部终于在永新重新会合。

两支久别重逢的部队回到建制驻扎在一起，每个人都感到无限的喜悦，不断地互相问候祝好。红七军来到湘赣革命根据地之后，就好像革命战士有了自己的家一样。从此革命胜利的花朵，就在各个地方不断地盛开。

四、红七军在湘赣战斗

当时湘赣革命根据地的红军武装力量，有李天柱同志率领的独立第一师和曾炳春同志率领的红军第二十军，约有4000人，加上红七军3000多人，总共7000多人，此外还有许多地方游击队。这样一支部队声势浩大，震动了湘赣周围的敌人，对革命根据地的群众却是个极大的鼓舞。那时湘赣革命根据地已有8个县范围的地区，群众基础较好，革命的积极性较高，大部分地区都进行了土改，并大力发展了生产，所以这个根据地比较巩固。红七军自从进入这个革命根据地之后，到处受到群众的欢迎，特别是在作战胜利以后，地方党政和群众的欢迎和慰劳更是热烈、广泛。红军战士也把群众当作自己的家人一样亲。不久，红七军在这个地方就补充一批新战士，部队扩大了，军民关系如同鱼水般的亲密。

1931年5月29日，蒋介石派20万军队到江西对中央红军主力进行第二次"围剿"，战斗开始时，蒋介石又命令在安福的国民党军队向湘赣革命根据地进犯，以配合蒋介石的主力部队向中央红军进攻作战。于是，红七军和独立第一师、红二十军共同协商布置对敌作战，以粉碎敌人的进攻。对红七军来说，这是在进入湘赣地区后和兄弟红军部队第一次并肩作战，这个机会是多么难得呀，所以红七军的全体同志个个士气高昂。安福县的国民党军队主力一个师来得很快，红二十军和独立第一师刚进入阵地，敌人即发起猛烈攻击，正在危急之际，红七军立即出动，迂回到敌之侧后，坚决猛烈突击，断敌退路。敌人溃退，我军包围敌人半数，打得敌人狼狈不堪。这一仗消灭敌人一个团，俘敌 800 人，缴枪千余支，迫击炮数门还有很多其他战利品。残敌溃不成军地退回安福城。经过这次战斗后，敌人很长时间不敢轻易出来。红七军配合湘赣红军主力打了胜仗之后，这个令人兴奋的喜讯立即传遍湘赣革命根据地。当地党委、政府、群众派出规模很大的慰劳团慰劳红军，敲锣打鼓庆祝胜利，家家户户都挂起红旗，对胜利归来的红军表示极其热烈的慰问和祝贺，军民都沉浸在无比欢乐之中。这次战斗有力地配合了中央主力红军粉碎蒋介石第二次"围剿"的伟大战斗。从此，湘赣革命根据地也更加巩固和扩大。

1931 年 6 月初，红七军前委接到中共苏区中央局毛泽东同志和朱德同志的指示，将开赴赣江以东的兴国地区，配合中央红军主力作战，这个光荣的任务传达到红七军部队时，全体指战员更加高兴，过去盼望着要同毛泽东、朱德同志领导的红军会合，这一愿望就要实现了，真是说不尽的欢喜。红七军同湘赣革命根据地的红军和人民就要分别，大家都怀着一种惜别的心情依依不舍。红七军的伤病员和教导队的全体同志，仍留在革命根据地同湘赣的红军和人民并肩作战，并拨归那里的红军建制。从此湘赣革命根据地和中央革命根据地就都成为红七军的家乡，那里的同志也成为兄弟般的亲密战友。

五、红七军到兴国参加第三次反"围剿"战斗

1931 年 6 月 10 日，红七军从赣县的沙地渡过赣江到达中央革命根据地兴国县城，受到革命根据地群众的热烈欢迎。6 月 15 日，红七军在兴国县的桥头镇和中央红军第三军团会师，又受到红军第三军团的热烈欢迎，并召开了欢迎大会。红七军编入第三军团的建制，准备完成即将到来的战斗任务。红七军的全体指战员在这些日子里都沉浸在喜悦之中。在此期间，红七军的指战员学习了中央红军取得的第一次、第二次反"围剿"战斗胜利的经验，以中央红军为榜样，把红军置于共产党的绝对领导下，对人民军队实行官兵一致、上下一致、军民一致、遵守三大纪律八项注意和瓦解敌军政策的教育，使红七军部队的政治觉悟有了很大的提高，部队的军政素质和战斗力大大加强。红七军受到苏区中央局的亲切关怀，苏区中央局授给红七军一面"转战千里"的锦旗，以示奖励纪念。同时苏区中央局立即给红七军补充大批新战士，补充枪支弹药和服装，将红七军扩编为五十五、五十六、五十八 3 个团和 1 个军部，红七军又发展到 7000 多人。扩编后，部队抓紧进行动员，准备迎接新的战斗。

1931 年 7 月 1 日，蒋介石调集 30 万军队，由蒋介石亲自指挥，对江西中央革命根据地的红军主力发动了第三次"围剿"。红军和当地群众在第一次、第二次反"围剿"胜利的鼓舞下，军民万众一心，斗志昂扬，信心百倍，决心彻底粉碎蒋介石的进攻。当时中央红军主力已有一军团、三军团和许多红军独立师，有十几个县巩固的革命根据地，革命力量是强大的。

在军事指挥方面，有毛泽东、朱德等同志的领导，几经周旋，终

于争得主动，把部队隐蔽地埋伏在革命根据地中作战地形有利的内地，加强封锁警戒，诱敌深入，集中绝对优势兵力，待敌主力进到东固、莲塘、黄皮、小布我军设伏的囊形地带时，红军主力就从四面八方同时突然出击，使敌人无法逃脱，就像赶鸭子一样令其——就歼。第一阶段就歼灭和重创敌军3个师，缴枪万余支。在敌退逃时又被我军连续不停地攻击和追击了5天，歼灭敌人一个旅和一个师，并活捉敌师长韩德勤，俘敌很多，彻底粉碎了蒋介石的第三次"围剿"，外围残敌则闻风而退。我们的中央革命根据地更加巩固扩大了。红七军已成为中央红军英勇善战的部队之一，俘获很多，并且直接参加抓到敌师长韩德勤的战斗，在粉碎国民党军队第三次"围剿"的战斗中立下了不朽的功勋。

现在我想把红七军的整个战斗历史归纳起来，说几点经验：

一、人民群众同武装的阶级敌人作斗争，一定要把自己武装起来，进行武装斗争，而且要建设一个用马列主义毛泽东思想武装起来的坚强的共产党组织，并在共产党的领导下开展斗争；在斗争中要善于运用一切从实际出发、理论联系实际的原则，灵活组织指挥人民的武装斗争，重视利用敌人营垒内部的矛盾，来发展人民的武装力量，不断积累和总结经验，一步一步地争取革命的胜利，这就是红七军胜利的战斗历史。

二、一定要建设一支在共产党绝对领导下的坚强的革命军队。这个军队要加强政治、军事训练，总结各种战斗的经验和教训，要力求把握住军事斗争的客观规律，用无产阶级的战略战术来指导和教育自己的军队，并加强装备和物资的准备，灵活地开展人民战争来战胜敌人，不断地夺取胜利。如果没有雄厚的物质力量，也不总结先进的经验，就不能克敌制胜。

三、一定要有一个巩固的农村革命根据地，搞好根据地党、政、军等各方面的建设，积蓄强大的人力和物力，建立一个坚强的后方。做好一切战争准备，加强同敌人的破坏行为作斗争，发展生产，逐步改善人民的生活，把军队建设、革命根据地建设和人民的斗争密切地结合起来，形成人民战争的铜墙铁壁，这样才能有力地支援共产党的军队和支援各个革命力量和战争。这就是说要重视建立农村革命根据地。红七军的战史说明，在根据地作战和到根据地外去作战就有很大的不同。

四、一定要发扬民主，坚持群众路线，开展群众运动。首先要有群众观点，共产党人不论做什么事都要依靠群众，一刻也不能离开群众。当时发动群众，最主要的就是打土豪、分田地，搞好土地革命。共产党领导的军队必须积极参加这一斗争，军民一家，军队就能得到群众的拥护，才能取得胜利，否则，就会脱离群众，就会失败。红七军之所以能够取胜，不论在革命根据地内或者离开根据地作战，都是依靠群众克服了困难，才取得胜利的。这样的事例是很多很多的。

五、一定要不断提高领导艺术和指挥艺术。必须遵循实事求是、一切从实际出发、理论联系实际的马列主义、毛泽东思想的根本原则办事，不论军事工作或者其他工作，都必须遵循这个原则。在军事上讲就要求做到有周密的侦察，正确的判断和机动灵活的组织指挥艺术。例如红七军有的仗打好了，就是按照这个原则行动的缘故，有的仗就没有打好，就是违背这个原则的结果。

红七军战斗的历史，是成千上万的好同志用自己的鲜血和艰苦卓绝的斗争写成的，我们应该从中汲取经验教训。以上就是我个人的意见。

14. 回忆百色起义

袁任远

（1978 年 12 月）

今天，我们在新的长征途中，在欢庆广西壮族自治区成立 20 周年的大喜日子里，纪念百色起义 49 周年。

49 年前，广西右江地区掀起了一次红色风暴：在邓小平同志和张云逸同志领导下，举行了百色起义。

虽然时间已经快过半个世纪了，可是，当时的情景仿佛就在眼前。

1929 年 12 月 11 日，当曙光初照右江岸上百色城时，在我们新的军部门前，庄严地升起了一面鲜艳的红旗，旗上写着醒目的新番号：中国工农红军第七军。

袁任远（1899—1986）

这面在晨风中高高飘扬的红旗，像初升的太阳照亮了右江两岸，宣告了百色起义的胜利，宣告了红七军的诞生。

大革命失败后，中国共产党战胜了陈独秀的右倾机会主义路线，决定对蒋介石的大屠杀实行武装抵抗，先后组织领导了南昌起义、秋收起义和广州起义，毛泽东同志在井冈山建立了第一支工农红军和第一块革命根据地，开辟了农村包围城市，最后夺取城市和全国政权的革命道路。井冈山"工农武装割据"的星星之火，迅速燃遍全国。在短短两年时间里，全国各地爆发了一百多次武装起义。

百色起义，就是在南昌起义、秋收起义和广州起义鼓舞下举行的一次武装起义，也是我们根据毛泽东同志的光辉思想，在广西西部地区点燃的"工农武装割据"的星星之火。它在我党的历史上闪耀着灿烂的光辉。

一

大革命时期，在中国共产党的领导下，广西的革命运动逐渐发展起来，在城市和农村，工会、农民协会等革命群众组织纷纷建立，党还掌握了一部分武装，领导人民进行武装斗争。1927年大革命失败后，广西的党组织和革命运动受到了严重的摧残，成千成万的共产党员和革命群众被屠杀、被监禁。但是，韦拔群同志领导的右江地区农民运动依然坚持下来，革命的火种没有熄灭。1928年，党派了一批参加过广州起义的党员来到广西，继续开展工作，革命之火又燃烧起来。

1929年春天，蒋桂军阀混战，桂军失败，李宗仁、白崇禧、黄绍竑被迫下野，桂系的势力被逐出广西，广西军人俞作柏当了省主席，李明瑞当了绥靖司令。当时，我党在广西有群众基础，力量也逐渐扩大。俞、李受我党的影响，是靠近我们的。他们上台后，想借助我党的力量巩固自己的地位，主动要求我党派遣干部协助工作。我党也想利用这一时机，发展广西的革命力量。于是，先后派邓小平、张云逸等同志来到广西。我原在湖南工作，1928 年夏天在石门南乡起义失败后转到上海工作，也被派来广西。

我们到了广西以后，在邓小平同志的领导下，利用半合法的地位，积极发动群众，组织群众，各地的工人运动和农民运动逐渐活跃起来了。9 月 1 日，在南宁召开了广西省第二次党代表大会，作出了武装农民、推翻国民党政权、建立工农民主政权、创建工农红军和加强城市工人工作等决议。会后，广西省委一面派大批党员到右江地区去加强农运工作，一面从东兰调来 300 多名农民军，为农民武装训练骨干。同时，积极开展兵运工作，掌握武装。通过党的活动，并通过党员俞作豫同俞作柏的兄弟关系、同李明瑞的亲戚关系，由张云逸同志负责训练初级军官的教导总队，兼任广西警备第四大队大队长，俞作豫同志任警备第五大队大队长。在这些部队里建立党的秘密组织，发展党员，加强政治教育，逐步掌握领导权。

我们来到南宁不到 3 个月的时间，9 月底，俞作柏，李明瑞决定发动反蒋战争，当时我党认为他们力量还未准备好，时机不成熟，贸然行动必然失败，曾加劝阻，但他们急于反蒋，想打下广州，以两广为根据地与蒋介石逐鹿中原，故未接受我们的劝告。我们只好征得他们的同意，把掌握在自己手中的部队留守后方，以便应付他们失败后的不利局面。他们出发后，我们立即分别派警备第四、第五大队各一个营到右江地区和左江地区去做准备工作；同时经过活动，张云逸同志又担任了南宁警备司令，接管了省军械库等机关。军械库里存有五六千支步枪，以及山炮、迫击炮、机枪、电台，还有很多弹药，我们随时准备把这些物资装上停泊在右江岸边的汽船运走。同时，在部队里做好一切应变工作。

俞作柏、李明瑞部队刚出动，就由于部下叛变投蒋很快失败了。俞由我党派人护送去香港，李经我党争取参加了革命。这时，我们把军械和弹药都装上了船。10月初，按预定计划，将留守南宁的部队拉到左右江地区去。到右江地区去的，一路由邓小平同志指挥军械船和警卫部队溯右江而上，一路由张云逸同志率领警备第四大队和教导总队一部从陆路前进，几天后，到平马镇会合，继续前进，来到百色县城。

二

我们党之所以选择在右江地区实行"工农武装割据"，是因为这里的群众基础较好。右江地区是广西土地革命和武装斗争开展较早的地区。广西右江地区农民运动领袖韦拔群同志领导农民在东兰、凤山一带进行了长期的斗争。1925年，韦拔群同志从广州农民运动讲习所回来以后，在群众中广泛宣传马列主义，又在东兰县办了农民运动讲习所，为右江各县培养了大批农运骨干，并且组织农民协会和自卫军，领导农民打击土豪，使右江地区的农民运动蓬勃发展起来。1926年以后，我们党也在右江地区开展了工作。人民群众在斗争中受到了锻炼，阶级觉悟较高。大革命失败后、许多共产党员、共青团员和进步青年纷纷来到这里参加工作。这里也是敌人力量较为薄弱的地区，没有正规军，只有一些民团和土匪队伍，这里又地处桂、云、贵三省交界，山高林密，是个打游击战的好地方，回旋进退，大有余地。百色市是右江地区的政治、经济、文化和交通的中心，控制着三省的交通孔道。我们来到百色以后，这里就成了革命活动的中心。

邓小平同志到达百色以后，立即召集党的会议，加紧布置武装起义工作。可是，敌人并未放松警惕，右江地区的土豪劣绅，勾结反动的广西警备第三大队，想趁我们立足未稳，消灭我们的队伍，镇压革命。我们发觉后，做了周密布置。10月底，张云逸同志亲自指挥警备第四大队，有计划地把第三大队缴了械，智擒其的大队长，俘获1000多敌人，缴获700多支枪。右江地区土豪劣绅的这一招棋全部输光了。接着，我们又缴了右江各县反动民团的武装。敌我力量的消长，更有利于我们的武装起义。

我们来到百色一个月，右江地区革命形势迅速发展，我们的武装力量不断扩大，起义的时机逐渐成熟。11月初，党中央批准了我们在右江地区举行武装起义的计划，决定建立红七军和红八军，任命邓小平同志为前委书记和这两个军的政委，李明瑞同志任这两个军的总指挥，张云逸同志任红七军军长。前委把举行起义的日期定在广州起义两周年那一天（12月11日），以广州起义的革命精神激励大家再接再励，把革命进行到底。

12月11日终于来到了！上午8时，起义部队集合到广场上，庄严宣布：我们在中国共产党领导下举行了武装起义，成立光荣的中国工农红军第七军！朝阳映照着迎风招展的红七军军旗，整个百色沸腾了。衣领上系着红带子的红军战士和干部，迎着朝晖，雄赳赳地走上大街，欢呼起义的胜利；四乡的农民扛着锄头和红缨枪赶到城里来，欢庆自己的解放；码头工人、市民和学生挥舞着彩旗，同农民兄弟一起向红军致敬。整个右江地区沸腾了。在平马，召开了右江第一届工农兵代表会议，选举产生了右江工农民主政府，雷经天同志任主席。

这一天，平马举行了几万人的庆祝大会，右江各县城乡都沉浸在狂欢中，热烈欢庆右江革命政权和红七军的诞生。

红七军，这支朝气蓬勃的红军队伍的诞生，给右江地区的土地革命和武装斗争带来了无限的活力，红七军的布告明确宣告实行土地革命，打倒土豪劣绅；红七军派大批干部到右江各县去帮助开展土地革命。同时，前委大抓建军工作，不断提高红七军的政治质量、组织纪律性和军事技能，并吸收了大批翻身农民参军，显著地改变了部队的阶级成分，使红七军逐渐发展成为一支战无不胜的人民军队。土地革命的蓬勃发展和红七军战斗力的不断提高，为巩固和扩大革命根据地提供了有利条件。

当邓小平同志和张云逸同志率领广西警备第四大队和教导总队开往右江地区的时候，党决定由俞作豫同志率领广西警备第五大队开往左江地区的龙州、宁明一带，开展左江地区的工作。11月，邓小平同志在部署好百色起义的工作之后，去中央汇报工作，并带领一批干部加强左江地区的领导工作，途经龙州时开了党的会议，分析了形势，决定举行龙州起义。1930年2月1日，龙州起义爆发，红八军诞生了，俞作豫同志任军长；同时，建立了左江革命委员会。龙州起义有力地策应了右江地区的革命斗争，并使左右江地区革命根据地连成一片。

我党在百色和龙州相继起义，左右江革命形势迅速发展，使南宁的敌人大为惊恐。他们趁龙州起义不久，红八军刚刚建立，部队尚不巩固，左江地区的群众尚未充分发动之机，从南宁向左江地区猛烈进犯。红八军的同志们虽然进行了英勇的抵抗，但由于敌我力量悬殊，遭到严重损失，最后不得不放弃龙州。1930年9月，红八军的一部分同志从左江地区经云南和贵州边境，转战到右江地区，编入红七军。

<h1 style="text-align:center">三</h1>

当敌人进攻龙州时，红七军为了支援红八军，派两个纵队从右江地区向南宁进军，同敌人在隆安激战数日，我军失利，主动撤出隆安、平马，随后又撤出百色，转向东兰、凤山。

到达东兰、凤山以后，前委在盘阳举行会议，总结经验，研究以后的行动方案，大家一致认为，根据右江地区形势的变化，需要到外线作战，打乱敌人的部署，壮大自己的力量。前委派遣第一、第二纵队前往广西和贵州边境，开展游击战争。

1930 年 4 月，我们红七军军部和两个纵队 3000 多人，从东兰出发，先后占领河池和怀远镇。4 月下旬，前委决定部队进入苗山。4 月 30 日，我们一出苗山，立即奔袭贵州军阀后方基地之一的榕江县城。敌军负隅顽抗，双方激战一个下午，最后，我军战士奋勇爬越城墙，打开城门，占领县城。受尽军阀和地主压迫、缺吃少穿的工农群众，看到红军纪律严明，态度和蔼，又把没收地主的衣服、粮食等分给他们，十分感动。他们说：红军真正是穷人的队伍！

红七军在广西、贵州边境进行了两个多月的战斗，不仅使部队得到了锻炼，增强了战斗力，而且扩大了红军的影响。5 月间，我军回师右江。6 月初，红七军再次解放了百色、田阳、田东等县。红七军带着胜利的喜悦回到了右江地区，紧张地进行整训，时刻准备着迎接新的战斗任务。

1930年4月，邓小平同志从中央回到右江以后，亲自到东兰县的武篆地区，同韦拔群同志一起进行土改试点，深入发动土地革命。6月，红七军重返右江，邓小平同志又领导部队进行整训和巩固根据地的工作，右江革命形势随之大好。

可是，8月间，由立三路线控制的党中央派来了代表，交给红七军任务是：离开右江根据地，攻打柳州、桂林，到广东小北江建立根据地，阻止广东军阀向北增援，保证以武汉为中心的"一省或数省首先胜利"，然后由红七军夺取广州，完成南中国的革命。

中秋节刚过，我们第一、二纵队从平马、田阳出发，第三纵队从东兰、凤山出发，离开右江根据地。10月初，在河池集中，召开了第一次党代表大会。红七军的3个纵队改编为3个师，张云逸同志任军长，邓小平同志任政委，李明瑞同志任总指挥，率领部队东进。留下二十一师，由师长韦拔群同志和右江特委书记陈洪涛同志带领，坚持右江地区的斗争。

我们离开右江根据地以后，由河池、怀远向柳州前进。一路上攻打四把和长安镇，战斗十分激烈，战士们打得英勇顽强，但因侦查得知白崇禧亲率一个师由郴州增援，前委分析了当时的形势，决定不打柳州，从长安镇转向湘桂边前进。经过湖南武冈一场激战之后，我们再入广西，占领全州。这时，因桂林也有敌人重兵把守，我们在全州休整3天后，就直取湖南道州，下江华，准备取道湘粤边进入江西，同毛泽东同志领导的中央红军会合。

从道州到江华的90里行军途中，大雪纷飞，北风呼号。红七军指战员很多还穿着从广西带来的单衣、草鞋，有的甚至穿着短裤，大家凭着坚强的革命意志，顶风冒雪，忍饥挨饿，行进在冰雪覆盖的山路上，很艰苦，很疲劳。到江华后，休息了两天，召开了营以上干部大会，大家认为部队需要休息、整顿和解决冬季装备，以便继续进军。

我们到达广西贺县的桂岭，驻了一个星期，整编部队，赶制冬装。这支队伍离开右江根据地以后，已经转战 4 个多月了。经过几场激烈的战斗后，人员逐渐减少，前委决定按现有人员改编为五十五、五十八两个团，使战斗力更加集中。1931 年 1 月，我们打到连县，接着就进入乳源县境内，在梅花村同有 4 个团兵力的敌人遭遇，战斗激烈展开。邓小平、张云逸、李明瑞同志亲自到前线指挥战斗，打退敌人的几次猛攻，许多干部和战士壮烈牺牲。2 月 5 日，部队到达乐昌的杨溪渡口。乐昌河河水很深，白浪翻滚，河上只有两只船，一次只能渡十几人。邓小平、李明瑞同志指挥五十五团强渡成功，向江西崇义前进。张云逸同志率领五十八团，在坪石以北渡过小北江，进入湘赣根据地。4 月间，我们两个团在永新又会合了。4 月底，红七军在永新召开第二次党代表大会，总结了经验教训，补充了一批新战士。部队士气高涨，斗志昂扬，同红二十军、独一师等兄弟部队协同作战，在安福打了一次胜仗，又连克茶陵、安仁、攸县、酃县、遂川 5 城，并配合中央红军取得了第二次反"围剿"的胜利。

红七军离开右江长征，英勇地冲破敌人层层包围封锁，击溃了国民党反动军队的前堵后追，在 10 个月里，转战 4 省，行程万里，1931 年 7 月，终于在兴国县桥头镇与中央红军会合了。

这次红七军在敌强我弱的情况下远征万里，为什么没有被敌人打散打垮呢？首先，红七军在前委领导下，采取实事求是的方针，及时总结经验教训，认识到攻打中心城市的决定是错误的，反对在力量悬殊的情况下同敌人硬拼，以保存自己的有生力量。红七军以机智英勇的行动抵制立三路线的干扰，没有去打柳州、桂林。其次，红七军领导人邓小平、张云逸、李明瑞等同志每次重要战斗都亲临前线观察地形，了解敌情，指挥作战，机动灵活，当机立断，能攻则攻，当撤则撤。同时，部队的民主作风好，领导干部能够深入群众听取意见，大家也敢于说出自己心里的话。领导干部爱护部队，战士也爱护干部，在艰苦的环境中，能与全体战士同甘共苦，团结全军，共同战胜困难，争取胜利。

红七军不仅没有被敌人打散打垮，而且在远征途中播撒了革命的火种。我们经过的桂、湘、粤、赣4省边区大都是山区，交通不便，风气闭塞，有些还是少数民族地区，群众根本不知道什么是共产党和红军，有的听到国民党的反动宣传，害怕我们。我军纪律严明，正确执行党的政策，以实际行动使广大群众认识到共产党和红军是为人民谋利益的，我们向群众宣传革命的道理，在他们心中燃起革命之火。

结　语

近半个世纪的时间过去了，但百色起义在人们的心中仍然闪耀着灿烂的光辉。这次起义，是在毛主席"工农武装割据"的光辉思想指导下，在邓小平同志亲自指挥下进行的一次伟大的革命实践，这一伟大的革命实践，是中国人民革命壮丽史诗的一页。百色起义、红七军和左右江革命根据地的建立，为中国人民的解放事业作出卓越的贡献，这是毛泽东思想的胜利，是毛主席革命路线的胜利，这一历史的功绩，在我们的党史上永远不会磨灭。林彪、"四人帮"出于篡党夺权的罪恶目的，肆意歪曲和篡改我党的历史，迫害老一辈无产阶级革命家，诬陷邓小平同志，已经得到了历史的应有惩罚。

我虽年逾八旬，但每当回顾百色起义和红七军的光辉战斗历程，仍然心潮起伏，思绪万千。我们无限怀念为人民革命事业献出生命的先烈们，怀念壮族人民优秀的儿子韦拔群同志。他们为创建右江革命根据地，为发展右江人民的武装斗争，流尽了最后一滴血，人民的英雄是永垂不朽的。

15. 从童子团到红七军

覃应机

如今，我已是年逾古稀的老人了。每当我看到一队队系着红领巾的少先队员，在辅导员老师的带领下，打着鲜艳的队旗，唱着少年先锋队队歌，到烈士纪念碑或者其他革命纪念地去开展队日活动的时候，我的心头就会激荡起滚滚热流，情不自禁地想起我那充满血与火的战斗的少年儿童时代，怀念着那些指引我走上革命道路的尊敬的老师。半个多世纪前的革命风云重新在我的眼前翻腾，历历在目。

覃应机（1915—1992）

1915年，我出生在广西东兰县巴纳村一个壮族农民家庭。巴纳村是东兰县最大的村子，当时比东兰县城还大。因为它大，而且在那一带穷乡僻壤的大石山区中相对地显得比较富庶，所以历代县官都很重视这个地方，总要在公务繁忙中抽空前来"视察"一番。当这些县太爷们踌躇满志、得意忘形地欣赏赞叹着他们的领地，暗暗盘算着如何更好地榨取农民的血汗时，他们当然不会想到，就在他们的脚下，炽热的岩浆正在沸腾，一座足以摧毁旧世界的火山即将爆发！

当我还只有七八岁的时候，大革命的风暴就已席卷我们这个偏僻的大石山区，韦拔群在东兰领导开展了轰轰烈烈的农民运动。当时，在我们家乡一带流传着许多关于拔哥领导人民闹革命的故事。这些故事极富传奇色彩，对我们这些"勒芽"（壮语：小孩）特别有吸引力，我常常听得津津有味，甚至废寝忘食。在我幼小的心灵里，早就充满着对这位传奇英雄的深深的敬意，我多么希望能有机会见见这位我心目中顶天立地的大英雄啊！

有一天，我在家里见到了一位中等身材、衣着朴素的陌生大哥，正在和我的一位叔伯哥哥亲切地交谈。叔伯哥哥告诉我，这位就是受人尊敬的拔哥！我一下子傻眼了！我原以为拔哥一定是一个与众不同、身高八尺、面目非凡的大人物，怎么他也和我们普通的壮家人一模一样呢！我的心高兴得怦怦直跳，两眼久久地注视着拔哥那和蔼可亲的面容，仿佛要从他的身上探索出他所创造的那些英雄业绩的全部秘密！后来，我才知道，拔哥和我的这位叔伯哥哥原来是很亲密的战友，他们早就在一起并肩战斗、从事革命活动了。

我的这位叔伯哥哥名叫覃应标，是一位进步的革命知识分子，他是党员，又是农会的土地委员。那时，他在我们家乡附近的凤凰小学当校长，我就跟他去学校做童工，一面干些倒茶、送水、扫地、擦桌之类的杂活，同时也一面学习文化。应标哥和其他进步教师一起，在学校积极宣传革命思想，进行革命活动，对我教育影响很大，使我很早就受到了革命思想的初步熏陶，在稚嫩的心田中种下了健康的革命种子。应标哥不仅是我的启蒙老师，还是指引我走上革命道路的第一个引路人。对于他，我始终怀着深深的敬意。他还是一位当地颇有名气的中医，他在积极从事教育和革命活动的同时，还热心为穷苦农民治病，在地方上深孚众望。后来龚寿仪进犯东兰时，应标哥不幸被捕，费了许多周折才赎了出来。出狱后，他一直在极其艰苦的条件下留在东兰坚持革命斗争。解放后，他当过县政府的卫生科长、县政协委员，直到在十年动乱中逝世。

由于东兰县地处偏僻，经济文化都比较落后，反动统治势力相对比较薄弱。因此，当时有一批在城市站不住脚的革命知识分子，在韦拔群等的带动和影响下，从作为反动统治中心的城市来到这里，以办学为公开职业，传播革命思想，从事革命活动。他们在我们家乡一带普遍办起了夜校，吸引着许多世世代代目不识丁的农民进夜校学习。我们这些被旧社会剥夺了受教育权利的壮家儿童也得到了学文化的机会。这些教师给我们这个落后闭塞的大石山区吹来了和煦的春风。他们虽然大都穿"洋服"、讲"洋话"，也有半土半"洋"的，但他们舍弃原本可以得到的优越的生活条件，来到我们这个穷山沟，把受苦受难的壮族农民当作自己的亲人，和当地群众心贴心，深得人民群众的拥护和爱戴。直到今天，我的脑海中还常常浮现出这些老师们的可敬可亲的形象。

1926年，我刚10岁出头，我们家乡就成立了农民协会和农民自卫军。农民协会成立后，会员们经常扛着粉枪、大刀，到各地去打土豪劣绅。我的哥哥、姐姐也经常在农会里进进出出，神气得很。看着大人们搞得热火朝天，我的心里痒痒的，怎么也憋不住，几次跑到农会吵着要参加农会和农民自卫军，由于年纪太小，总是得不到批准。后来，拔哥为了调动儿童少年参加革命活动的积极性，便在各地普遍组织了劳动童子团，我当即报名参加了，不久便当选为区劳动童子团的团长。拔哥对劳动童子团十分关心，经常来指导我们的工作，看我们操练，有时还给我们讲话，鼓励我们人小立大志，革命革到底！

劳动童子团虽然是一个少年儿童的群众组织，成员们都是一些乳臭未干、不太懂事的毛"勒芽"，但在当时，还真不失为一支很活跃的革命力量。童子团的活动内容是丰富多彩的：一是经常进行军事操练，站岗放哨。凤凰山那里有一个关隘，地形险要，是通往外地的咽喉，我们就经常在那里放哨守卡，尽我们的力量保卫农会的安全。说真的，那时我们可真是下了决心，要将自己幼小的生命献给革命事业的。二是协助大人们进行革命宣传，印传单，刷标语，大人们上台演讲，我们就帮着搬桌椅，搭讲台，喊口号助威，等等。有时，我们还跟着农民自卫军去打土豪，虽然当不上主力军，但跑跑龙套还是可以的。

我们童子团还带头参加了破除迷信的活动，回想起这段活动还真有意思。那时，我们村里有座大庙，里面有不少菩萨，一个个神气活现，面目可憎。过去我们对这些泥巴木头做的偶像是很敬畏的，谁也不敢轻易冒犯它们。在破除迷信活动开始时，我们这帮童子团员怀着胆怯的心情，捡起石头，闭着眼睛，远远地向菩萨身上砸去。砸过后，心脏还"怦怦"直跳，一边抹着汗，一边偷看着菩萨的表情，生怕菩萨发怒，会给我们招来什么大灾大难。过了一段时间，看看这些挨了砸的菩萨们并没有"显灵"来惩罚我们，胆子又大了一点，便一个个试着走上前去，向菩萨身上撒一泡尿。再一看，这些受了如此奇耻大辱的神明们居然还没敢拿我们怎么样，我们的胆子就更大了。于是，一边口吐唾沫，大声骂着，一边用手使劲推它们，拿木棍、扁担狠狠地敲打它们。这些倒霉的家伙被我们打得遍体鳞伤，断头残臂，也对我们无可奈何。最后，我们便干脆放一把大火把它们通通烧毁了。

童子团还常常参加禁大烟的活动。当时抽大烟的人大都是在地方上有点地位和名气的，我们可不管你是什么知名人士或显要人物，见哪个抽大烟就烧，收他们的烟枪。虽说我们年纪小，但这些家伙还真怕我们三分，连说这帮"勒芽"真厉害。当然，我们敢于这样做，主要还是有农会和农民自卫军在背后为我们撑腰。

拔哥他们经常教育我们，要懂得文化对于革命事业的重要性，要童子团积极组织儿童少年们参加夜校学习。当时，孩子们上夜校的积极性都很高，每到傍晚，小伙伴们就争先恐后地拥进课堂，在昏黄的灯光下，听老师们讲课。夜深人静了，在简陋的教室里，还传出孩子们的朗朗读书声。夜校的条件虽然十分艰苦，但却阻挡不了孩子们求知的强烈欲望，严寒的冬天，千疮百孔的教室里冷风阵阵，有的穷孩子穿着单衣单裤，冻得浑身发抖，双手都冻僵了，还坚持写字记笔记；有些本村没办夜校的，要翻山越岭走好几里路到别村上学，却从未缺过一堂课。那时，我们读的课本已不是文言文，而是白话文了。由于政局多变，课本也变得多，读来读去都是读的第一册。尽管如此，这一段文化学习仍然使我得益不少。

1927 年，蒋介石叛变革命，发动了"四一二"反革命政变，在全国实行大屠杀，轰轰烈烈的大革命遭到失败，全国革命转入低潮。而以东兰、凤山为中心的右江、红水河地区的农民运动，却并没有被反动派的屠杀所吓倒、所扑灭，在韦拔群等同志的领导下，继续坚持英勇卓绝的武装斗争。

1928 年 9 月，拔哥在我们乡召开东兰、凤山两县农民武装大会，参加大会的共 3000 多人，人山人海，盛况空前。我们童子团也参加了大会，团员们一个个脖子上系着红布领带，肩上扛着木枪木棍，挺着胸脯，雄赳赳、气昂昂地走进会场，雄壮嘹亮的《少年先锋队队歌》，在千山万弄间回荡：

> 走上前去啊！曙光在前。
> 同志们奋斗，用我们的刺刀和枪炮开自己的路，勇敢向前，稳着脚步，要高举我们少年的旗帜。
> 我们是工人和农民的少年先锋队！
> 我们是工人和农民的少年先锋队！

这时，拔哥尽管为张罗开会忙得不可开交，仍抽空和参加大会的一些领导同志来看望我们，他表扬我们童子团干得好，跷着大拇指鼓励我们说："好！革命有希望，你们跟上来了！"

大会开始后，拔哥上台讲话。虽然今天我已无法回忆起他当时讲话的具体内容，但我清楚地记得他那无比激动的表情，他那深沉、雄浑而有力的乡音，那是使人在黑暗中看到光明的话；那是使人在迷途中辨清方向的话；那是使人在困难中增添勇气的话；那是使人在挫折中奋起战斗的话；那是使人热血沸腾、浑身充满力量的话。会场上鸦雀无声，只有拔哥的声音在天地间回荡。我静静地听着听着，胸脯挺得越来越高，手中的小拳头捏得更紧更紧了！

1929 年，俞作柏、李明瑞在广西主政后，党中央先后派出邓小平、张云逸等到广西领导革命，帮助俞、李推行了一系列进步措施。8月中旬，广西省第一次农民代表大会在南宁召开，大会决议成立省农民协会。拔哥到南宁参加了这次大会，并被选为省农民协会副主任委员。会议期间，俞、李拨给东兰、凤山农军一个营的武器装备，我们家乡派出了许多人到南宁领枪、受训。当时，我的哥哥覃应物也到南宁领枪。他回来后，给我们讲了南宁大好的革命形势，使我们深受鼓舞。

不久，张云逸率领部队到了百色，又通知东兰农军去百色领枪。黄举平和我读夜校时的老师陆秀轩等又带着几百人到百色领回了大批枪弹。武装起来了的农军如虎添翼，声威大振。当地的土豪劣绅惶惶不可终日，他们不甘心坐着等死，便纠集了县警、民团几百人扑向武篆，妄图抢夺这批武器。拔哥带领农军打败了敌人进攻，并乘胜解放了东兰县城。县城解放后，县工农民主政府便迁到县城办公，并召开了数千人的庆祝解放大会。在这场斗争中，我们各区乡的童子团也紧密配合农军，做了我们能够做的工作，得到了拔哥的夸奖。

这时，革命形势发展很快，百色起义的酝酿筹备工作正在紧张进行。当时，我们虽然人小不懂内情，但见到拔哥、应标哥他们一天忙到晚的紧张工作和脸上常常挂着的笑容。我们猜想，一定有什么可喜的重大事情要发生了。不久，我们乡里又从农民自卫军中挑选了几十人去当红军，我的心里又高兴又着急，什么时候才能甩掉木枪木棍，扛上真刀真枪当上红军战士呢？

正在这时，县委在东兰县城办起了革命劳动小学，劳小的任务是为红军和地方政权培养后备力量。当时，县里抽调了各区乡的一部分童子团骨干到劳小学习，我也被抽调入学了。在劳小，既学政治，又学文化，还要从事生产劳动，同时经常组织学生接触社会，经常到群众中去进行革命实践活动。这是一所完全区别于旧式学校的新型的革命化学校，是一座培养造就革命接班人的大熔炉。

劳小的校长叫白汉云，是一位共产党员，他给我的教育很大，可以说，他是在拔哥、应标哥之后，引导我走上革命道路的又一位尊敬的导师。那时，拔哥也在劳小办公，他仍像过去一样，关心我们下一代的成长，经常对我们问寒问暖，有时还亲自给我们讲课。在这里，我还认识了拔哥的弟弟韦菁，他当时是在县委搞组织工作的。1929年7月，他介绍我参加了青年团，使我成为劳小的第一批团员。韦菁是一位很有才能的优秀青年干部，他在各方面都给了我很大帮助，可是，离开劳小后我就再也未和他见过面了。后来，听到他壮烈牺牲的消息，令我悲痛万分！

入团后，我仿佛感觉到自己一下子长大了许多。现在，我已不是一个小孩而是一个青年。当时，青年团还是秘密的，我们在党的直接领导下一边学习，一边开展了许多革命活动。县委领导对劳小和团的工作很关心，县委书记黄举平经常到学校来了解情况，并亲自给我们上政治课，我和我的同学覃士冕入团时，他还找我们谈话。总之，劳小的这一段学习生活，给我的教育是很大的，它为我今后数十年的革命生涯奠定了坚实有力的基础。

由于革命形势的迅速发展，红军、农民自卫军和地方政权都迫切需要人，所以，县委决定我们这期劳小提前毕业。大约是1929年8月以后，我和劳小的一些同学就陆续参加了农军。

记得参加农军的那天，我兴奋得一夜没睡好觉，一遍又一遍地抚摸着发给我的枪支，就像抚摸着一件无价的珍宝。我扛着枪，把胸脯挺得老高老高，得意扬扬地在大人们的眼前走过，心里在说：看吧，羡慕吧！我也是一个农军战士了！那些年龄太小，一时还当不了农军的小童子团员们，则用几分羡慕又有几分嫉妒的眼光看着我。我理解他们的心情，衷心地祝愿他们早一点成为像我一样的农军战士。由于我原在夜校和劳小学习过，有点文化，连长就叫我管全连的伙食，负责记账，我这个小小战士，居然成了连里的一个"名人"。

不久，农军便整连整连地编到红七军中去，记得我们家乡那里就去了100多人，覃士冕同学的家乡那边也去了100多人。当时，和我一起参军的除覃士冕外，还有韦杰、覃恩忠、黄超、覃健等，这些人以后为革命出生入死、南征北战数十年，大都成为我军的高级指挥员，为中国人民的解放事业作出了贡献。

1929年11月，我随我们家乡的农民自卫军，经凤凰到田东，正式编入了红七军的第二纵队第二营。一个月之后，便爆发了震撼祖国南疆的百色起义。那时，我还不到15岁，然而，我却感到，我已经是一个趋于成熟的大人了。我终于实现了自己多年的心愿，成了一名光荣的红军战士！我扛着比自己个子还高出半截的长枪，清醒地意识到了肩上承负的沉重的历史责任。我暗暗下定决心：一定要跟着共产党，革命到底！

16. 忆红七军战斗生活片断

陆耀海

（1985 年 6 月 20 日）

1910 年 2 月，我出生在广西桂平县南桥村一个贫苦农民家庭，因生活所迫，于 1929 年 8 月在桂平县下湾圩招兵处报名当兵，当时属广西警备第四大队，大队长就是后来的红七军军长张云逸，副大队长是李谦同志。我在大队所属第二营第六连当兵。

陆耀海（1910—1988）

我还记得那年的中秋节（1929 年 9 月 17 日）上午，我们部队随着号声，整齐地集合在广场上，听大队长训话。大队长个头不高，但很威武，听说他是北伐战争中的一位名将，他的训话我感到很新鲜，有许多道理是我从来没有听说过的，训话完了以后还宣布给每个官兵 1 斤月饼。当晚会餐，没有发饷。

在 10 月中旬的一天，我所在的二营六连在南宁上船，沿江而上，经隆安、果化、思林至平马镇，后又经田州、那坡至百色城。12 月

11 日，百色起义爆发，中国工农红军第七军诞生，当时张云逸任军长，邓斌（邓小平）任政委，我被编在七军第一纵队第二营第三连当战士。1930 年 2 月，在隆安县东南约 20 华里处的一个高地阻击过敌人，战斗进行了 3 天 3 夜，击毙敌人 500 余人。但我军也伤亡 300 余人，第一纵队政治部主任沈静斋在战斗中牺牲；第一纵队司令员李谦、第一营营长何荐、第二营营长王展负伤。

1930 年 4 月初，我担任红七军第一纵队第二营第三连的一名班长，部队强渡天险红水河，以迅雷不及掩耳之势一举占领了河池。然后，向东占领怀远镇。部队在那里休息了 3 天，进行筹款筹粮补充兵员。由于广西军阀杨腾辉调集部队东来，红七军撤退，向广西的思恩挺进，在行军途中，遭受杨腾辉部队的袭击，当时为了甩掉敌人，我军日夜行军，胜利地到达宜北县，然后进入贵州境内。

4 月 30 日，细雨绵绵，红七军突然出现在贵州的古州城外（今榕江）。古州是贵州军阀王家烈的后方，战备军需都囤积在这里，城内只有王家烈的第二十五师副师长史运勋率一个团（约一千人）把守。我们第一纵队第二营第三连从西北角丘陵地进入战斗，敌人见势不妙，仓皇向城内逃去。为了不让敌人有喘息的机会，我们立即组织火力掩护，用肩膀搭成云梯，扒上城墙攻打碉堡，经过一阵激烈的拼搏，敌人乖乖地缴枪投降。接着部队进入巷战，短兵相接，我的左大腿负伤，但也不知道，仍然追杀敌人，后来不知怎么倒下了，裤子被鲜血染红了一片。最后，红七军把敌人消灭了，胜利占领了古州城。这是我军打的一次胜仗，使全军斗志大为振奋，缴获几门大炮、600 多支步枪、子弹 10 万多发、无线电台 1 台及大量战略物资。敌人伤亡惨重，被我军俘虏 500 余人，我军伤亡 200 余人，部队在古州休整了3天。

5月4日，红七军撤出古州，沿河而下，突急行军五六天，到达黔桂边地区，贵州军阀王家烈调集4个主力团的兵力，尾随在我军身后追赶而来，扬言要我们还他们的电台、大炮等物资。军长决定：部队在拂晓前全部渡过河，向广西的宜北、思恩县挺进。部队到达思恩后，又遭到了桂系军阀部队的袭击，最后敌人被我军击败。而后红七军向河池前进，到达河池后休整2天后即南渡红水河，经东兰向百色挺进。

6月初，红七军挺进到百色城郊的山地。当我军了解到百色城内的敌人兵力只有岑建英一个团和一部分武装民团共约一千多人时，下午3时，我军向百色城发起了攻击，枪声一响，税警民团毫无战斗力，开始四处乱逃，特别是防守观音堂浮桥的民团，更是胆小如鼠，一枪未放就不战而逃了。这一战，我们共消灭敌人300多人，缴枪300多支，还有大批的弹药和军用物资，但我军政治部宣传科长罗少彦负伤。战后，红七军第一纵队、第二纵队东下，收复了右江沿岸的根据地。

1930年夏天，天气很热，云南军阀龙云派滇军两个师约2万余人，从滇桂交界的旧州进入广西，扬言要红七军退出广西百色、平马、果化，让滇军通过，前去进攻南宁。当时我军首长决定"暂时让路"，一方面把我军主力埋伏在果化渡口南鹧鸪坳一带隐蔽起来，待滇军主力渡过河后，就封锁渡口，打滇军后部的辎重部队；另一方面把一些部队埋伏在滇军必经之路的有利地形上，分成数段，各个击破，将敌人消灭。我军在前委的正确指挥下，成功地打击敌人，滇军似狼入圈一样，混成一堆，到处逃命，把大部分的枪支、弹药、大烟土及其他物资扔在道边，全被我军缴获。敌人虽然被我军打退，但并不死心。他们专门从河对岸调来一个旅和我军展开了激烈的战斗。由于战地局限我军兵力展不开，且处于敌众我寡的状态，双方暂时形成了相持的局面，拖下去对我军是十分不利的，我军决定撤出战斗。这一仗，尽管敌我双方互有损伤，但我红军战士打得异常勇猛，骄横一时的滇军对我军不得不刮目相看了。

红七军在几次战斗中都取得了胜利，右江根据地的形势越来越好，在全区周围都没有敌人的主力部队，根据地很安全，这时红七军就在平马镇进行整训。在整训中，部队一方面帮助地方建立武装，组织县、区游击队；另一方面发动群众，开展土地革命，打土豪、分田地。经过3个月的集中整训，部队的政治素质和军事技术都有了很大的提高，广大官兵在政治上更加坚定，在军事技术上更加成熟。

9月底，中央派代表邓岗（邓拔奇）来右江，传达中央政治局的决议和中央对红七军的指示，命令红七军离开右江革命根据地，打下柳州、桂林，在广东小北江建立根据地，阻击两广的军阀向北增援，最后夺取广州，以保证全国红军首先夺取武汉，"争取一省或数省的首先胜利"。

为了执行中央指示，红七军于10月上旬撤离右江革命根据地，经凤山，渡江水河，到达河池，部队开始整编，决定取消纵队，把红七军整编为3个师。军部下辖十九、二十、二十一师，领导机构组成如下：总指挥李明瑞，军长张云逸，政治委员邓小平，政治部主任陈豪人，参谋长龚楚，经理处处长叶季壮，教导大队长阎伯英、政委袁任远。红七军下属：军直属队、十九师、二十师、二十一师（留在右江根据地）。

当时我被编在十九师五十五团，团长何莽，政委黄一平。整编完毕，红七军开始北上，跨越桂、湘、粤、赣4省，历尽千辛万苦，突破敌人无数阻击，行程7千多里，于1931年7月到达中央革命根据地，与中央红军胜利会师。不久，红七军被划归红三军团指挥，还获授"转战千里"锦旗一面。

17. 陈可夫谈百色起义

陈可夫

时间：1978 年 4 月 7 日下午

地点：区政协会议室

走访人：顾建国、何毅、李明良

关于南宁军校的情况

南宁军校的全称是中央军事政治学校第一分校，后改为广西分校，校址设在旧飞机场。俞作柏因不受李、黄、白重用，故于 1925 年底调任军校校长。俞作柏思想"左"倾，曾见过鲍罗廷，因而军校内容纳了不少共产党员和进步人士，如毛溪青等就是中共党员。

军校第一期有 3 个学员队，是抽调部队下级军官来学习的，每队 100 多人。另在全省招考了一批知识青年，编组为炮兵队、工兵队、步兵队、政治队，共有 1000 人左右，由于北伐，需要下级军官，遂中途抽了 100 多人参加北伐。

我和我哥陈可福（陈权度）都是在百色考上了第一期军校学员。当时俞作柏每星期六都要找些学员去他的"公馆"谈话，了解情况，我们常被找去，所以颇得他的信任。

大革命时期，南宁学生联合会曾发起打倒国家主义派黄华表的运动，军校也派有学生代表参加，但军校不同于一般学校，不得参加学生运动，因而受到压制。

1927年暑假毕业时，正碰上"清党"，军校一批同学被捕，陈可福被判15年徒刑，我因年幼，被判了4年。到1928年，因家母病重，允许我保释回家探母，出来后我即逃至香港。在香港见到俞作柏的亲信黄家直（原为省党部工人部部长），说是"校长"正用人之际，叫我去梧州见俞作柏，当了他的机要处处长。军校被捕学生直到俞作柏回南宁当了省主席才被释放出来欢迎"校长"。以后这些人都受了俞作柏的重用，如陈可福当了俞的机要秘书等。

关于《革命之花》

俞作柏在当军校校长时，同时兼任国民党省党部组织部长、省政府农工厅长，又是广西农民运动讲习所所长。当时农工厅办了个政治和文艺性的刊物《革命之花》（因当时反动分子黄华表操纵了《国民日报》，因此进步力量为了造舆论办了这个刊物），编辑中有不少党员和进步人士。"四一二"反革命政变以后，《革命之花》的编辑高孤雁、张胆、莫大在南宁被杀害。罗少彦（党员）被捕，叶一矛钻进下水道逃出，去东兰投韦拔群。

关于俞作豫

俞作豫，北流人，过去曾随朱锡昂（博白人，中共广西省委书记，后牺牲）搞过农民运动。他回南宁时，就听说他已经是共产党员了。

北伐时，俞作豫是第七军第二旅第三团团长，后借口省病回来。俞作柏回南宁时，俞作豫即在临江旧海关楼内"养病"。过去海关税务司由美国人控制，故称之为"洋关"。当时洋人已撤走，广西第二次党代会即在"洋关"内举行。

关于俞作柏及其部队情况

1927年，俞作柏离开南宁，到广州时曾参加广州起义，因他刚到广州不久，没担任什么职务，失败后即去香港。

俞作柏决定投靠李、黄、白时，蒋介石派了一支卫队给俞，名为保护，实为监视。俞不敢不要。他为了培植自己的力量招罗到一些旧部，并在广州吸收一些广西籍青年组织了一支卫士队，到梧州后，改编为警卫连，才替换了蒋派来的卫队。

俞作柏回南宁时带了两个师（李明瑞的十五师、杨腾辉的七十五师），这两师是从汉口到上海的，蒋介石派了海云、海圻两舰把他们运回黄埔上岸，到梧州与俞作柏会合然后回南宁。俞一路上还收编了一些军队（吕焕炎、梁朝玑等部），后又派陈可禄去养利当了两个月的县长，收编冯飞龙部，将100多人带回南宁，编入广西警备第四大队。当时四大队队长是石澄雄（南京市市长石瑛的弟弟），由蒋介石派来，后俞、李酝酿反蒋，就让张云逸当大队长。四大队有3个营，营长是李谦、符禄、胡镇中。熊镐原驻右江一带，被收编为三大队。

李、黄、白出走时，曾叫军校第二期学员负责南宁治安。俞作柏回来的即将该期学员分配到各部，并从第十五、第七十五、第三师抽了些班长在军校旧址办了个教导总队，总队长欧阳文宝徒有虚名，总队副为张云逸，第一营营长何莽（字子祁，党员），第二营营长陈可福（字叔度，党员），时许卓、冯达飞、卢绍武等都在教导总队。只有一部分下级军官编为军官班，亦在军校内。

俞作柏另在西乡扩招收知识青年办了个伍生班，莫文骅等就是伍生班的入伍生。

当时李宗仁、黄绍竑、白崇禧、陈济棠等都暗中派人来部队活动。有一个国家主义派、原为军校政治教官的孙瑞，系黄绍竑派来活动的，被发现后即在南宁枪决。

南宁哗变及溯江西上

教导总队准备出发到百色的前夕，有些人知道了消息，即在教导队煽动哗变。说俞作柏已经失败，不要跟他去右江了，有些人就跑了，张云逸闻讯，即带了陈可福及一个号兵坐汽车赶到，叫号兵吹集合号，召回一批人，由张云逸讲话，第二天就集队出发了。

出发时，打开军械库（现工人文化宫址），将全部枪械装船运走，事先包了4个小火轮。水、陆两路同时出发。第五大队比第四大队略早数天，但俞作柏、李明瑞是与第四大队同一天出发的，发现江边有队伍追来，因天黑看不清楚，发生误会走火，后才知是俞、李带队去右江的。

船到平马，第四大队也刚到两个多小时，这时才知道邓小平、叶季壮等 4 位同志在另一条火轮上。

在平马决定四大队留一营在平马，一营在那坡，特务营随去百色。

18. 百色镇老人座谈百色起义等情况

蔡志明等 11 人口述，朱仙鸾记录

（1978 年 1 月 19 日）

1978 年 1 月 19 日下午，在右江革命文物馆召集百色镇老人座谈会，座谈百色起义及有关情况。

参加座谈会的有：

蔡志明（71 岁，住东风街 74 号，陈洪涛烈士同班同学，过去当教员）

黄志祥（82 岁，住东风街 25 号，起义时是卖香瓜子的小贩，当过县苏维埃政府通信员，红军离开百色后，随军到田林因走不动回来，解放后曾为广西壮族自治区政协委员、百色镇副镇长）

陆桂堂（91 岁，住胜利街，经营旅栈业，任过伪街长）

陈炽光（70 岁，住人民街 177 号，起义前参军，在军部当电话兵，红军到全州时回家）

苏汉臣（65 岁，住胜利街 79 号）

陈焕初（71 岁，住红旗街 280 号，理发师，起义后参加过理发工会）

宋休仁（73 岁，住人民街 213 号）

苏治堂（72 岁，住胜利街 76 号）

冯子章（75 岁，住红旗街 177 号）

黄法光（72 岁，祝卫东街 306 号）

梁创周（78 岁，祝卫东街 56 号）

现将座谈会记录整理如下。记录整理人谭继明、覃天佑、何仪、顾建国。

1. 张军长进城情况

民国十八年（1929 年），张军长从平果到田东，百色的伪县府和资本家都跑了，不知道这帮人是国民党还是共产党，也不知道来干什么的，商店都关了门。半夜两点钟，突然响了枪声，老百姓都说伪政府跑了，今晚又响枪，是不是土匪又来抢东西呢？

张军长是凌晨 3 点钟进的城，士兵的服装有黑、有蓝、有灰；有打绑腿的，有穿草鞋的。住在粤东会馆、江西会馆、伪县府（现镇一小）、五中（现镇二中）、孔老二庙（现军分区过来一点）、城隍庙（现中级法院处）。

3 天后，部队出来买东西，公买公卖，说 1 毛就给 1 毛，市场很热闹。用的湖北银毫、东毫、港毫，有的不敢要这种，就换别的。当时许多人都猜测，这是什么部队这么好呢？（黄志祥提供）

2. 百色起义时开大会情况

进城后十多天，张军长在东门外召开大会，横额上写有"中国工农红军第七军"，全县老百姓都参加，约有 7000 人。当时城墙还没有拆，城头上站满了人。各地很多群众都来参加，像永乐乡、发禄乡等地的都跑来了。同时，把监狱里的犯人都放出来，让他们参加大会，犯人们一见当兵的就下跪，张军长就叫他们起来。伪县府逃跑时有钱赎的就放了，没钱的就关在牢里，现在张军长把他们放出来。随后对犯人登记，谁愿意留下的就留下，谁愿意回家就发给路费，一天路的给3斤米，两天就6斤，路远的背不动，红军给个条子，到沿途政府领路费。参加红军的每人发一条红领带。

当时，台上挂有4个人物画像，有马克思，是个大胡子，有一个女的，头发长长的（注：可能是指恩格斯）。孙总理的画像拿下来了。大会上张军长讲话，宣布官兵平等，每人每月工钱15块银圆。张军长讲话后，有7个兵在台上挥舞红旗、放鞭炮。大家高呼"打倒帝国主义，打倒土豪劣绅"，会议结束后，就枪毙了熊镐。

开会的头天晚上，贴了很多标语，但刮起大风，把标语都吹掉了，战士们又捡起来洗干净，重新贴上。（黄志祥提供，其他人补充）

3.智擒熊镐的情况

张军长进城后，叫熊镐来百色开会，他不愿意来，说什么要举红旗我不来，要挂青天白日旗我才来。后来，熊镐坐船来百色，下午4点钟到达三码头，他们的人全部被缴了械。（黄志祥提供，梁创周证实）

4.关于百色"五霸"

当时百色有钱有势的有"五霸"：黄汉民、潘甫瑶、陈卓亮或叫覃作良（律师）、关宝成、吕弼臣（当时四大烟庄之一"公益隆"的老板），这几个人给国民党军队提供军衣，解放后都被枪毙了。（黄志祥提供）

5.张军长住地情况

张军长开始住粤东会馆，后住在"公兴当铺"，因为过去是当金当银的，比较安全，出入又方便。邓小平同志也住在那里，办公地点

是清风楼，我给他送过文件。（黄志祥提供）

6.关于清风楼的情况

清风楼是民国十三年（1924年）伪政府建造的，百色伪县府所在地，当时有3块匾，二楼向南正面挂"清风楼"，北面挂"薰风南来"，三楼挂"更上一层楼"。

7.当时百色的概况

当时百色人口不到3万，有城墙，有太平门、东门、大西门。百色晚上人较多，有粤东会馆、云南会馆、江西会馆、灵州会馆、福州会馆、两湖会馆（又叫三楚会馆）。当时百色有32条街，百胜街、解放街、中华街都在城外。

现在的解放街当时是最繁华的街道，有四大烟庄："公益隆"、"钧安"（老板是宋发祥，贵州兴义人）、"□□□"（潘宝成开设）、"□□□"。禁烟督察局先在粤东会馆，后搬到大码头（现在船运局码头）。

当时百色有禁烟督察局、警察局、电报局、花捐局、邮政局、团务局、统税局、电灯局。电灯局是一个隆林人到广州做生意赚了钱回来办的，只有83盏电灯。妓院也很多。

百色督办是朱为珍，伪县长是黎熙。张军长来后，把"清党委员"滕植森、杨绍驹两人镇压了。警察局不到30人，警察局在现在的镇三小。

8.红七军从贵州回师百色的情况

民国十九年（1930年）六月初一（旧历），红七军从贵州胜利回来打百色，当时守敌是岑建英，邓老兴（伪警察局局长）的老弟在北角亭顶住，结果被打死，岑建英只身逃往东平。当时我军的指挥官是李明瑞。占了高山架了大炮，打长蛇岭的大碉堡。那时正发大水，过河很困难。

红七军攻进百色后，驻了六七天，因滇军下来（有2万多人）又退出百色。红军走后，百色有云南军队，有岑建英的部队，还有个土匪部队叫韦伍的，驻在百胜街。

9. 起义前后工会运动情况

当时有烟丝工会、理发工会、药材工会、苦力工会、裁缝工会、店员工会、五金工会。烟丝工会人最多，有300多人。每个行业工会有3个执行委员，每人都轮流到总工会值班，当时工会会员每人每月交会费2角钱，工会活动是开会学习，写标语，贴标语等。工会的任务是保护会员的利益，所收会费用于解决会员的困难。

民国十五年（1926年），百色就有工会活动，是国民党派来的一个姓张的搞的，组织会员进行斗争。如药材铺老板开除了一名会员，工会就组织会员举行罢工，当时就有3家药铺倒闭，罚那个老板补发给被开除的会员一年的工钱。

此外还有农民协会，但只挂牌子没有活动。学生大多跑了，五中毕业时只有23人了。

10. 红七军筹粮情况

当时百色商民协会主席叶觉先是个山货行的老板，张军长、叶季壮经常来找叶觉先商量借粮，本钱大的多借，本钱小的少借。

当时我在叶觉先山货行对门的杂货店里，帮红军找过叶觉先，给张军长倒过茶。张军长矮个子，留胡子，穿大靴子，讲白话。（黄法光提供）

11. 关于关崇和、罗文佳等人的情况

关崇和（起义后任百色总工会主席）原是中华街上刨烟的。罗文

157

佳（起义后任百色县苏维埃主席）是补皮鞋的。黄玉珍（女，参加宣传工作）家是卖香的，听说在桂林牺牲了。还有个关玉清（女）家住现卫东街，祖上是三任县长，开当铺，是个大资本家，出去后也不见回来。

12. 关于红七军电话队的情况

民国十八年（1929年）四大队到百色，本街的陈可福介绍我参加部队当电话兵。不久成立红七军，我在军部直属电话队，队长是雷少爵，南宁人，当时电话队有40多人，然后逐步多了。当时电话是20门机，住在军部（现军分区）。然后出发打隆安，因为新兵多，打败了，转回田东，经过整编又去田东，驻了几个月，又出发过苗山打榕江胜利了，转回百色和岑建英打，占了高山，有3门大炮，指挥官姓李。然后听说云南军队来了，经龙川、乐业、天峨在三省交界处游击。后打到湖南，张军长、邓政委骑了两匹大马在前指挥。后回到全州。（陈炽光提供）

13. 关于陈洪涛烈士的情况

民国十三年（1924年）陈洪涛（原名陈素华）考进广西省的第五中学，我和他同班同桌，只读了两个学期就不来了，后来才知道他是去梧州参加革命了。他个子矮小，为人很腼腆，很少讲话。

陈洪涛被捕后送来百色，那时我当教员，外面传他很硬，敌人跟他讲话，他不理，过了三四天就牺牲了。那天我正上课，下午4点钟听说反动派押他到现人民电影院桥头就不走了，被士兵抬去枪决。埋在乱葬场，现在找不到坟场了。

陈洪涛的爱人很漂亮，在陈被捕后反动军官要她做小老婆，陈洪涛就义那天，当游街到百胜街时，他爱人想出门看，但门窗都被关

了，于是将头撞到墙壁死了。（蔡志明提供）

关于陈洪涛的坟场，我在 1952 年当镇长时曾召集土工开会，大家都不知道，有一个姓李的老土工知道一点，当时城挖过，挖了不少骨头，不知哪个骨头是他的，就停下不挖了。后镇文化馆找到一张他的照片，翻拍了，放大挂在文化馆里，"文化大革命"以后也不知下落了。（黄志祥提供）

注：1. 凡没有注明某人提供的记录，是大家集体回忆提供。
2. 以上均为老人叙述，未经核实，仅供参考。

19. 我参加红七军的回忆

王周才

　　大革命时期，我们林里建立了农会和农民自卫军。1927年下半年，桂系军阀大举"清党"，并派兵"围剿"东凤革命根据地，革命转入低潮，1929年革命形势有所好转。因此，林里的农会、自卫军又恢复活动。同年10月22日（农历九月二十日），邓小平、张云逸率警备第四大队、教导总队到百色，接着派营长符斌带一个连进驻凌云城，并委任符斌为凌云县长。11月底（农历十月底）凌云县农民赤卫军大队长黄世华从平乐到林里传达符斌的通知，要我们林里赤卫军去县城领枪，我们去了70多人，我是其中的一个，那时我25岁。

　　到县城后，县长符斌召集来领枪的自卫军战士讲话，给我们讲共产党的主张，说他带的队伍是革命的军队，号召我们参加革命军队，并说谁愿参加的请走出队伍来。我先站出来，还有平乐、中亭、沙里等地的许多战士都站出来，表示愿意参军。这样，我们就加入了符斌的队伍。不久，百色起义爆发，中国工农红军第七军宣告成立。驻凌云这个连编为第二纵队第一连，我们就成了红七军的战士。我们的连长叫蒋国忠，符斌县长是我们纵队司令。

　　1930年1月7日（农历腊月初八日），国民党县长岑德施纠集甘

160

田黄崑山，加尤罗腾鹏，以及城厢、下甲、伶站的民团千余人，围攻驻县城的红军。那时符斌司令去百色未回，由连长蒋国忠指挥，我们红军只有100多人，加上赤卫队都不超过300人。战斗时从早晨开始直到中午1时左右，历时6个小时。我们班负责坚守上武庙高地（今县师范驻地），抗击从石钟山窜来的敌人。城东后龙山脚只有我们连的6个同志，他们守在将军庙附近，静待敌人迫近才打，连续打死敌人十多人。敌人受到打击，到中午就撤退了。这时军部得知凌云情况，增派一个连配有重机枪、迫击炮等武器来支援。该连到县城后，得知民团又纠集于加尤，有再次攻城之势，我们连就火速到加尤，先发制人，可是只打一两枪民团便溃退了。

此时，正是严冬腊月，天气很冷，红军战士只穿一套从南宁带来的原警备大队的灰色军单衣，夹被子。我们新兵先报到的还配给被服，后报到的就穿自己带来的便服了，夹被子也没有。可是，为了劳苦大众的翻身，为了打倒贪官污吏、土豪劣绅，大家依然精神焕发，毫无怨言。

我们从加尤回到县城，两个连都奉命撤回百色。正适春节来到，我们在百色过春节后去那坡（原田阳县城）接防。这时隆安战役失利，我们又奉命赶回百色，做好行军准备，再次上凌云城。进城那天是农历正月十六，我班从上洪屯翻山过西甲进城，我们冲到中桥头，见老百姓逃跑就高声大喊："不得跑，我们是红七军的！"群众知道红七军又回来了，便都不跑了。

部队驻凌云6天，继续向逻楼、沙里前进，经现在的那伏到巴马所略，再到田东边界一个叫那巴的地方。后来又到巴马县境内，隔山与桂系军阀打了一仗，再往东兰武篆转到今巴马盘阳，这时红七军正集中盘阳整训。

由于红军远离凌云县境，反动民团武装又猖獗起来，以岑德施为首，依靠百色警备团常驻凌云。岑启荣连纠集甘田黄崑山、加尤罗腾鹏、逻楼欧广来等地方反动势力，流窜安水、林里、沙里、磨村、新寨、老寨，烧杀劫掳，摧残革命根据地。林里赤卫军连长李玉金、李玉光、盘长龙（均为兰靛瑶）星夜赶到盘阳向红七军汇报敌人盘居逻楼圩的情况，后来派我们二纵队两个营从盘阳、坡月、江州到达林里。这里是革命根据地，部队稍事休息后开始了解敌情。而驻在逻楼圩的桂军及民团也已知道我军来到林里。故他们抢先登上营盘山，当我们从林里登上营盘山时，立即投入战斗。打了两个小时，我部打死敌军一个营长叫潘方甫（是乐业民团黄崑山的部署），敌军四散溃退，逃出逻楼，我军也撤回林里。次日，从原路返回盘阳。

盘阳整训结束后，红七军留下三纵队坚持东凤根据地，第一、第二纵队从盘阳出发到河池，再进入贵州打榕江（古州）几经曲折第二次光复百色。后来云南军阀军过境，我军在果化打云南军的后续部队，然后集中平马。这时，我害了一场大病。10 月初，部队从田东出发，去河池整编。我因为不能随军行走，留在田东治病，病好后已赶不上队伍，便回林里老家，以后一直在家从事农业生产。直到 1948 年解放战争时期我才又参加革命队伍。

20. 忆广西警备第四大队生活片段

黄 凯

1929 年夏，俞作柏、李明瑞掌握了广西军政大权，我党派张云逸担任广西警备第四大队的大队长。当时，我在广西警备第四大队第三营当兵，目睹这支旧军队的改造过程，自己也洗涤了旧社会带来的不健康意识，成长为一名共产党员。

黄凯（1902—1995）

早在 1928 年秋，由于地主老财欺侮凌辱，我家生活窘困，无法生活下去，我背着母亲离开家庭，投奔了国民革命军。开始，听说只要国民革命胜利，南北统一，就开始实行宪政，实行三民主义，工人有工做，农民有田耕，士兵退伍有安顿。我们信以为真，怪高兴的。

不料，我一当兵，就目睹各种悲惨痛苦的生活：弟兄们常常无缘无故地被捆绑、关押，吃的是发霉的糙米粥，掺沙又掺糠，睡的是带脓血的潮湿稻草，虱子、臭虫整夜咬，见不到太阳，呼吸不到新鲜空气，经常挨皮鞭打，挨军棍揍，遭凌辱谩骂。有一次，我立正没站好，当官的一皮靴把我踢倒在地，使我额头碰破，鼻血直流。另一次，我一颗纽扣没有扣好，当官的一拳打在我脑门上，打得我天旋地转，差点儿倒在臭水沟里。还有一次，轮到我当采买，买的苦瓜不合长官心意，就被按在地上打屁股，打得皮开肉绽，站不起来。还有不少士兵因伤残疾病得不到医治而痛苦地死去。旧社会的黑暗、反动军官的残忍毒辣真是叫人难以忍受！

不久，这支队伍开到湖北，参加了蒋桂军阀混战。仗打了不几天，桂系军阀李宗仁的队伍失败了，各自逃命，部分部队经襄阳、樊城，逃到枝江、江陵一带，听说军长和其他头头们搜刮了大批军饷、银圆钱财，带了他们的老婆姨太太，躲到沙市外国洋行和租界寓所去了。他们丢下士兵不管，部队混乱不堪，军心动摇。杀人不眨眼的刽子手蒋介石派代表来谈判，收编部队，清点人员武器装备，指定驻防长江以南。途中，他们布置军队袭击我们，将我们缴械。许多士兵被打死打伤，尸体曝晒在村巷或荒郊旷野里，没人掩埋。天上乌鸦叫，地上野狗跑，都来抢吃这些腐臭的尸体。我也当了俘虏兵，坐上破烂的轮船被押送到武昌，囚禁在俘虏集中营。我心想：打倒了北洋军阀，国家为什么还不统一？为什么又发生军阀混战？后来我才明白：这种国民革命是假的，只不过是军阀争夺地盘，扩大势力，对工农兵一点利益都没有。我发现出来当兵是受骗了，不该当这号兵。

五月初五端阳节，老百姓吃粽子，小孩们颈上挂着红绸子做的小猴，往河边去看龙船。我们却被押送到一个大草坪，接受"点验"。一个坐棚子轿的军官和五六个骑马的军官，加上不少侍从护兵来了。点验时，叫谁的名字，谁就站出来，手腕盖上绿色的戳子。盖两个戳子的留下当兵，盖一个戳子的都放走，遣散回家。我被遣送出武昌。一路上，看到不少被遣散的人流落街头，行乞讨饭，甚至自杀……我不愿这样死掉，含恨忍辱往南走。

我们有时也坐火车，可给我们坐的是装猪装鸡鸭的车，臭得不得了，只能站，不能睡，不能坐。没钱买饭吃，就去帮商贩推小木车，帮别人背木料、做苦活，有时就沿街讨饭。我终于经过千辛万苦回到了柳州。

柳州驻有国民党军队的一个独立营。营长黄玉宝家有许多田地和房屋，城里有布行、盐库。粮店、赌场、妓院、戏班的头头，不少是黄玉宝手下的人。我刚到柳州，既没有路条，又缺少盘缠，找工做人家不收，乞讨无人给，白天在街头流浪，夜里住在岳王庙。没有活路，只好打定主意，赶快跑回家。谁知刚出城门十多里，又遇到几个背枪的，被捉回柳州。开始他们劝我去独立营当兵，我不干；他们见软的不行，就来硬的，把我关起来，说："现在由不得你了！想活的话，应当识黄营长的抬举，不想活的，关到你死为止。"

我才出老虎口，又入豺狼窝，被迫在柳州独立营当兵。1929年8月19日，是农历七月中元节，柳州独立营奉命开到了南宁，编为广西警备第四大队第三营。黄玉宝扬扬得意，以为他的名望更大了，管得更宽了，做着升官发财的美梦。我们三营400多个兵，横七竖八地躺在南宁江西会馆里。会馆外，家家户户焚化祭祀亡灵的纸钱；会馆里，当兵的有的在赌钱，有的抽大烟。我躺在地铺上，两眼望着屋顶，流着泪水，心想：这样的鬼生活，再也过不下去了。我想起母亲和家里人，但是，离家乡德保还有几百里，我身无半文，怎么走呢？

光明在前

中元节后的第三天下午，低沉的乌云压得人们喘不过气来。我们这些当兵的，有气无力地在院子里扫地，突然，传来了营部副官怪声怪气的尖叫声：

"集合！营长训话！"

营长黄玉宝一副大烟鬼的架子，站在台阶上。他收起了平日那副凶神恶煞的神态，露出一口黄牙，皮笑肉不笑地说："弟兄们！你们都是柳州来的，你们要跟我走，我愿意带领你们。"

我感到奇怪：为什么这个恶鬼竟然跟我们称兄道弟？为什么他突然变得和善起来呢？不管他讲得多好，我也绝不跟他走，我要回家！

当夜，黄玉宝和他的副官不知道为什么失踪了。原来，张云逸大队长发现这个家伙妄图拉拢部队，立即把他们秘密逮捕了。

中元节后的第四天清晨，我们这些当兵的还不知道前一天夜里发生的事情，正乱糟糟地准备出操。有的背着枪在懒散地游逛，有的持枪依墙站立，有的坐在床头伸腰打哈欠，有的还在闭着眼睛唱下流歌曲。一个连里的长官大声宣布："不出操了，洗脸吃饭，快！"

大家感到，不出这个鸟操挺舒服，只听"噼哩哗啦"一阵响，伴着笑骂声，大家放下枪支弹药，往饭堂里拥去。在饭堂里，又听到那个长官宣布："不许喧哗，各人记住自己的枪机号码和子弹数目。吃完饭，徒手集合，到西乡塘，听张大队长训话！"

"什么？不带武器？徒手集合？"

大家惊奇地瞪着眼睛。不带武器，徒手集合外出，这还是头一次，这一连串的怪事里面有什么奥妙？我们摸不着头脑。

西乡塘位于南宁市西郊，张云逸大队长和重新组建的大队部就驻在这里。我们走了半个多小时，到了西乡塘，静静地坐在草地上。大队部的长官跟过去的长官大不一样，他们服装整齐，扎着绑腿，跟我们讲话时和蔼可亲，队伍里不时发出爽朗的笑声。开始是一个高个子的长官讲话，讲了不少新鲜道理，什么不能再像军阀部队一样啦，什么官兵平等啦，真是打动人心。

接着，一位中等身材、容光焕发的长官，用手捻着胡须，以高昂的声调，宣布我们营的编制和几条纪律：一、不准抽鸦片，已抽的要戒掉，不遵守者，遣送回家；二、不准赌钱；三、不准嫖女人；四、不准打人，长官不准打士兵，军队不准打老百姓。事后才知道，这位宣布纪律的长官就是张云逸大队长。他们掌握了大队的领导权以后，撤换了一批像黄玉宝那样的旧军官，迅速掌握了各级领导权，深入发动士兵群众。

张云逸大队长宣布纪律后，部队休息，20多名年轻军官分头到我们营跟士兵谈话。张云逸大队长的话，像在士兵的脑海里投进了一块巨石，激起了一阵阵浪花，大家议论纷纷。有的怀疑：哪有当官的不打人？哪有士兵不受侮辱？抽大烟的怕日子难过；兵痞流氓怕受约束。我在草坪上来回踱步，心里也半信半疑。一位年轻军官走到我身边，亲切地问道："想什么？这些纪律好不好？"

"好是好，就怕行不通！"我一边说一边急忙"咔嚓"一声双脚靠拢，笔挺地站着。

"不要这样，你说说为什么行不通？"他用手抚摸着我的肩膀，一边笑一边说。他笑得那样亲切，使我一下子消除了疑虑，大胆地回答说："我看到的多了，没有长官不打士兵，没有当兵的不打老百姓，我吃够了当兵的苦头。"

那个年轻军官笑笑说："在这里当兵与别的地方当兵不一样，过去，你干的是旧军队，今天，我们一定要把这支军队改造成为革命的军队！"

谈着谈着，集合号响了。队伍往回走，那些跟士兵谈话的年轻军官挥手向我们告别，好像士兵都是他们的老熟人一样。

回到驻地，连里有人宣布："不要惊慌，你们的枪机坏了，拿去修理了。"一解散，大家走进室内，惊奇地发现：我们的枪还在，枪机都不见了，这是为什么呢？我不清楚。

一辈子扛工农的枪

吃罢晚饭，我愣愣地站在门口，大队部那 20 多个年轻军官也来到了我们三营，继续跟士兵们交谈。找我谈话的还是上午跟我攀谈的那位年轻军官，我用探询的口气说："收了枪机，是不是不要我们当兵了呢？发给我路费回家吧！"

"愿不愿当兵以后再说。"他充满着同情，用充满期待的眼光望着我说，"你先谈谈在旧军队中受的苦吧！"

提起这些，我忍不住流下了辛酸的眼泪，向他诉说了自己在旧军队的悲惨经历。这个年轻军官听了我的控诉，紧握着拳头，满腔怒火，他鼓励我说："兄弟！别难过，流泪不能解决任何问题，要行动起来，揭露反动军官虐待士兵的罪行，跟他们作斗争！"

他耐心地向我谈了两种军队的区别，谈到革命的理想和前途。他的每一句话都给我很大的启发。临别时，他紧握着我的手说："我叫黄秋琪，是大队部的，有事可以找我!"

那以后，黄秋琪和那20多个年轻军官经常来我们三营，和我们一起出操上课，跟我们谈心。全营出现了民主空气，士兵们敢讲话了。平时作恶多端的旧军官在士兵们的揭发斗争下，不得不低头认罪，再也不敢耍威风了。我们大多数士兵有事不愿再找那些旧军官，只找黄秋琪他们解决。他们成了我们的好老师，成了我们的知心朋友。

经过我们士兵与反动军官的斗争，大队领导接受了我们的要求，撤换了反动军官，把他们调到教导总队去"学习"，调来了一批新军官（后才知道都是党员和进步青年）。同时，补充了一批新兵，遣送了一些兵痞，仅我们连就遣送了13人。部队的面貌发生了变化，我们的队列整齐威武，训练场上杀声震天，政治学习热烈发言，操课间隙三三两两倾心交谈。

但是，大家还在想一个问题：我们的枪机为什么被收走了呢？为什么还不发下来呢？一天早晨，我们营区隔壁公安分局的警察扫地时，把垃圾往我们营区扫，我们劝阻无效，争吵起来。他们破口骂我们："交枪兵，有什么了不起!"这一下，被激怒的全营士兵跟警察动起手来，营区一片骚乱。各级干部出来劝阻才算平息下来。士兵们认为蒙受了耻辱，仍愤愤不平。

大队领导指示：各连应抓住这一事情，进行向革命转变光荣的教育。我们连新调来的蒙副连长组织大家学习，他说："上级暂时收缴枪机，是为了改造部队的需要，怕反动军官煽动闹事，你们有什么耻辱？现在，反动军官清洗了，不几天发还枪机，你们就成为革命战士了!"

过了几天，果然发还枪机了。那是一个天气晴朗的上午，士兵们穿上头一天刚发的新军装，提着枪，挺着胸脯，英姿勃勃，容光焕发，雄赳赳地站着。

一声号响，我们一阵小跑排成了整齐的队伍。

"黄凯！"

"到！"我响亮地应着，迈开大步走到队列前，双手接过枪机，同时也接过40多个银毫（相当于9块多银圆）的饷金。幸福的眼泪再也憋不住，夺眶而出。

全连发完了！全营发完了！营区爆发出一阵欢呼声。大家握着闪闪发光的枪支，全身的热血在奔腾。

在发还枪机以后，张云逸大队长就经常到我们营的驻地来。他认真地看我们操练，仔细纠正我们的每一个动作，亲切地跟我们谈心，问寒问暖，关心地摸摸我们的床铺，品尝我们的饭菜，告诉全营干部要关心士兵的生活。大队部的年轻军官们也每天来一次，给我们讲革命道理。我深深感到：革命队伍跟旧军队的确不一样，长官爱护士兵，部队爱护工农群众。我再也不想回家，决心一辈子扛工农的枪，为工农打仗！

开往右江

1929年9月底，俞作柏、李明瑞决定反蒋。10月1日，在南宁市召开了南宁各界讨伐蒋介石的誓师大会，宣布由俞作柏任南路讨蒋军总司令，李明瑞为副总司令。接着，大举进攻广东。不久，俞、李反蒋失败，我党按预定计划，立即把我党领导的部队撤离南宁。在一个雾气蒙蒙的早晨，我们离开南宁，由邓小平带领地方干部和警卫部队，指挥军械船驶往百色。由张云逸率领教导总队部分队伍和警备第四大队，从陆路掩护军械船前进，最后胜利到达右江地区恩隆县的平马镇。

平马镇是右江地区水陆交通枢纽。这里，早在1925年就受到韦拔群领导的东兰、凤山一带农民运动的影响，1926年，余少杰在这里建立了右江地区第一个党支部，在党的领导下，这里成了右江地区农民运动蓬勃开展的地区之一。

我们进平马镇的那天，群众见我们戴的还是国民党的帽徽领章，对我们侧目而视，什么话也不讲，背后"叽叽咕咕"议论。当夜，虽然行军困倦得很，但我翻来覆去总睡不着，我想：当兵在外不受群众欢迎，母亲不放心，自己吃苦头，现在离家近了，还是回家吧！但是，我现在是在革命军队里当兵啊！革命军队要为劳苦群众打仗，要为受压迫受剥削的群众报仇，仇还没有报怎么能走呢？再说，新调来的军官说的话、做的事都合我的心意，我舍不得离开他们。

第二天，地方召开了群众大会，部队进行了教育，军民之间的疑团驱散了，气氛完全变了。群众见到我们，笑容满面地说："欢迎你们！要什么只管说。"我们也高兴地说："谢谢老乡！你们这里的农民运动搞得好，觉悟高！"

我们营驻扎在平马镇，黄秋琪等一批年轻军官从大队部调到我们三营来工作了。他们经常给大家上政治课，跟我们个别谈，黄秋琪对我比过去更亲热，每隔几天就找我谈心，给我讲劳动人民受苦受累的社会根源和翻身解放的道理。这些教育，引起我对家庭遭遇的痛苦回忆。我父亲从小为豪绅地主挖红土烧瓦窑，整天在漆黑的洞里爬来爬去，满身泥浆满身水。吃的是粗糠猪狗食，玉米糊糊拌野菜，动不动就挨拳打脚踢。实在忍受不下去，两手空空离开瓦窑，去当脚夫。不几年，腿脚出了毛病，不能挑担，连走路都很困难，只好待在家里。我母亲眼看全家人冻饿难受，迫不得已向一个姓唐的财主借了 12 串钱，摆个小摊卖稀粥茶水。不到两年，利滚利，竟欠了他家 120 元。这还不算，他又伙同土匪逼债，把我母亲打得不省人事，拉走了我家养的猪，还不够付利息，弄得我们倾家荡产。

有一次，我向黄秋琪讲到这些，忍不住放声痛哭，泪流满面，只觉得天昏地暗，倒在地下。黄秋琪急忙劝我说："莫哭了！莫哭了！莫讲了！"

他用毛巾给我擦眼泪，把我扶起。我握紧拳头砸在地上，说："我要报仇，要报仇！打倒那个唐老财！"

"打倒一个唐老财，还有张老财、李老财，穷人还是翻不了身。"黄秋琪说到这里，想了想，继续说，"锄草要挖根，穷人要翻身，必须打倒帝国主义，打倒蒋介石，打倒贪官污吏土豪劣绅，消灭人剥削人的旧制度。你想想，对不对？"

我听了，感到这个道理新鲜，仔细琢磨，的确是那么回事。我从湖北回广西，到处都看到欺压穷人的老财，到处都有和我家一样的穷苦人。不打倒帝国主义和蒋介石，不打倒一切封建军阀，不打倒全国的地主老财，不消灭人剥削人的旧制度，我们劳苦人家就永远不能翻身。我想通了这个道理，政治觉悟有了很大的提高。

我们营和第四大队其他各营一样，政治觉悟普遍提高。在这个基础上，连里建立了士兵委员会。同时，又处理了一批经过教育仍不改悔的旧军官和兵痞流氓，或调换职务，或送教导队训练，或遣送出境。我们的心情从来没有这时愉快，心胸从来没有这时开阔，干什么都有了劲头，从早到晚闲不住。整个部队在政治上、组织上都得到了进一步的巩固。就在这时，我被提升为副班长。

部队经过整顿，随即放手发动群众和武装群众。

一天，蒙副连长把我找去说："大队指示每个连要组织七八个人的宣传组，到群众中去宣传，连里研究把这个任务交给你，要你当我们连的宣传组组长，你敢不敢接受这个任务？"

"这怎么行？我不会讲。"我的心跳得厉害，红着脸不知怎么回答好。

"你平时讲的那些道理：打倒蒋介石！反对压迫剥削工人农民！不是很好吗？过去没有当过副班长，今天你当副班长，不是很好吗？不要怕，大胆宣传。"蒙副连长表扬我、鼓励我，我鼓起了勇气，下决心试试看。

怎样宣传呢？心里实在没有底，出操在想，上课也在想，利用一切空隙背着人练习，谁知刚讲了个头，就要上街宣传了，我急得一个晚上没有睡好觉。

第二天，正值圩日，街上人多得很。我们上街时，只见到处红旗招展，人头攒动。我带领7个人的宣传组，在街中心一站，红旗摆动，铜鼓敲响，喇叭劲吹，不一会儿就吸引一群人围上来了。我鼓起勇气，往凳子上一站，刚讲几句，站在人群中的黄秋琪等年轻军官就开始带头鼓掌，群众也跟着鼓掌叫好。这一下，我有了劲头，我从北伐讲起，讲到蒋介石叛变革命，讲到"四一二"大屠杀。这时，我再也抑制不住内心的激动，振臂高呼："打倒蒋介石！"群众也跟着高呼："打倒蒋介石！"口号声震撼了平马镇。我一看，周围站了这么多人，我还是第一次看到这样的场面。往回走时，黄秋琪等年轻军官带头热烈鼓掌的情景，群众激愤的情绪，还浮现在我眼前，使我非常兴奋，但又埋怨自己：昨晚想了那么多话，怎么都忘了？

在总结时，大家指出：讲得好，用本地话群众听得懂，但有些心慌，再沉着一点就更好了。

此后，我们几乎天天都出去宣传，有时走几十里路到农村去。在宣传中，我接触了各种人，有工人，有农民，也有学生。我跟这些人一起，打土豪劣绅，没收他们的财产，分发给贫苦农民；收缴地主武装的枪支，武装农民群众。广大农村出现了空前高涨的革命气势。

部队经过斗争的考验，涌现了一批积极分子，党加以培养教育，秘密地把他们吸收到党组织里来。

有一天，我把黄秋琪拉到一边，悄悄地问道："我从武汉回广西路过株洲时，听说江西有红军，这红军是共产党领导的，发动群众打土豪、分田地。我们一块走的人，有些人想去安源煤矿做工，湖南军阀不准去，怕这些人转到江西去当红军。我们是不是也和江西红军一样？"

"是啊！"他睁大眼睛看着我，心情有些激动地说，"你想想，这里的工人组织得这么好，农民运动轰轰烈烈，军队是新型的……这些，靠谁来领导？你多想一想。"

这次谈话后，我脑海翻腾得厉害：旧军队的改造，工农运动的兴起，没有共产党领导行吗？当想到自己这几个月的战斗生活时，心里甜滋滋的：我是在中国共产党领导下工作了。

一天晚上，明月当空，我和黄秋琪并肩坐着，真想把这几天想的问题端出来，但几次话到嘴边又收了回来，因为我从来没有见过他那样深沉而严肃地思考问题。

"你想得怎么样？你认为中国共产党好吗？"他望着我，两眼是那样炯炯有神。

"好！"我一口气倾诉了自己的衷肠，最后说："这回真正开始懂事了。"

"对！没有中国共产党，就不会有中国革命的胜利；没有中国共产党，我们就不能从无知到有知。"这是他经过长期思考说出来的话，多么珍贵啊！

"你是共产党员吗？我要入党，你收不收？"我用祈求的眼光看着他。

"我和你一起去找党！"他高兴地笑了。然后，拉着我的手补充说："等候好消息！"

一阵凉风吹来，啊！这是秋末季节了，我感到一身清爽。

我等啊，等啊！好像日子特别长。有一天，新来的副营长李干辉（后来任营党代表）把我找去，我到他那里，他很客气地让我坐下，周围一个人也没有。他开始表扬我进步很快，接着说："这只是一个好的开端，共产党员，一定要为打倒蒋介石，为全中国劳苦大众翻身而英勇战斗，还要为在全世界实现共产主义奋斗终身！"我默默地听着，频频点头。我出来时，他再三嘱咐我：要保守党的秘密。

啊！他就是共产党员！我找到党了！

晚上，在一间小屋里，点着一支蜡烛，我和黄秋琪坐在灯光下，面前摆着一张入党志愿书。我讲他写，写完了，由黄秋琪带走。

几天后的一个晚上，连里点名后，在离开驻地几里远的一间小房子里，一面写着 CP 的红旗，挂在李干辉、黄秋琪和我 3 人的面前，红旗把我们的脸映得通红通红。屋外飘着小雨，大地在沉睡。屋内我们 3 人面对着党旗宣誓。宣誓后，李干辉、黄秋琪紧紧握住我的手说："同志！你已经是一个光荣的共产党员了。祝贺你！"同志，共产党员，多么崇高的称呼！我感到多么幸福啊！

我从来没有像现在这样充满着革命胜利的信心。我看到了光辉灿烂的明天，懂得了我干的每一件工作，都在为砸烂旧世界的重锤增加力量，为建设共产主义大厦添砖加瓦！我下定决心，不论有多少艰难险阻，我都要迎着上，拼命干，把一切交给党。

部队的党员多了，党的活动增强了，我们排来了一个姓卢的新排长，听说是共产党员。我们没有直接的党内联系，只有工作关系，他很相信我，要我收集排里的思想情况。我认真地完成他交给我的每一项任务，并向他汇报。在这些日子里，许多工人、农民响应党的号召，穿上军装，涌向部队，他们是部队的新血液。

我们的队伍向太阳

部队在变，地方也在变。右江两岸，红水河畔，工人拿起了枪，组织了工人赤卫队；农民在怒吼，反贪官、除豪绅的怒火燃遍了城乡，农民协会、农民武装像雨后春笋般地建立起来。

我们士兵在想：为什么还不撕下国民党的帽徽领章？为什么还不把国民党旗帜踏在脚下？

斗争是复杂的，革命活动的开展，引起了豪绅地主的刻骨仇恨。他们一方面组织反动民团，另一方面勾结反动的广西警备第三大队，妄图对抗革命势力。

第三大队原是广西、云南边界的土匪队伍，当我第四大队进驻右江之后，第三大队大队长熊镐与大地主豪绅相勾结，与各县警备队、土匪、民团等串通一气，欺压群众，霸占地盘。我们决定消灭这支反动武装，为公开打起红旗扫清障碍。

一天，我们部队接到命令，全副武装，野营演习。这次演习，检查得非常严格：武器装备全部携带，整个身上的穿戴必须符合战斗要求。我们以演习或出操为名，包围了驻在各地的第三大队部队。接着，各级都开始了战斗动员：消灭反动的第三大队，活捉"狗熊"（指熊镐）。全体官兵个个摩拳擦掌，决心打好这一仗，为革命立功！

冲锋号响了！我们三营在平马负责解决第三大队的军需部和守卫军需部的一个连。当我们连从军需部驻的楼房侧后迂回过去的时候，敌人毫无准备。我们以快速的动作干掉哨兵。直奔楼上，敌人真是一群狗熊，一枪未发就全部缴械投降了。

我提着枪，从第三大队军需部出来时，嘿，只见到处都是手持武器的农民自卫军，他们听到我们的冲锋号一响，立即封锁了各个要道，防止反动的第三大队逃跑，并包围了反动的县政府。逮捕了敌警备队长。同时，兄弟部队也按预定计划顺利地消灭了第三大队驻百色、那坡的部队，活捉了熊镐。这一仗，共俘虏1000多敌人，缴获700多条枪。这次战斗后，我被提升为班长。

在消灭第三大队、活捉熊镐以后，我们又进行了40多天的准备工作。12月11日，在广州起义两周年这个有纪念意义的日子里，在桂西的重镇百色召开了军民大会，正式宣布武装起义，成立中国红军第七军。这天，我们营的驻地平马镇，举行了几万人的庆祝大会，宣布右江苏维埃政府的成立。我们的部队像过盛大的节日一样，穿着整洁的服装，迈着雄健的步伐，穿过街道，走向平马镇的广场。那里，人山人海，一片欢腾。中午，大会开始，庄严宣布：右江苏维埃政府成立！中国工农红军第七军成立！台上，缀着镰刀铁锤的大红旗高高飘扬；台下，站在前面的是穿着整齐新军服、人人脖子上系着一条红布的红军指战员。整个会场真是天红地红人也红，欢呼声、口号声震撼大地。

从此，我们营被编为红七军第一纵队第三营。全营以崭新的面貌，迎着太阳胜利前进！

21. 广西隆安战斗的回忆

黄 凯

我是中国工农红军第七军一纵队三营九连班长，1930年2月参加李明瑞总指挥率领的增援部队，投入隆安战斗，至今已有60个春秋。忆起当年的战斗情景，还是历历在目。

红七军成立后不久，前敌委员会便决定打南宁，认为桂系军阀头子李宗仁、黄绍竑虽已回桂主政，但军队还没有完全统一起来，主力处于与粤军的混战之中，南宁没有敌军，可乘虚而入攻取。1930年1月21日，一纵队司令李谦、政治部主任沈静斋率领第一纵队纵队部及其所属第一营进驻隆安，打跑国民党县长和他的卫队，解放了隆安县城。第一营驻扎到隆安后，宣传发动群众，建立了隆安县革命委员会和农民赤卫队，守城部队有一纵队一营的一、二连及纵队直属重机枪队和追击炮队，还有县农民赤卫队几十人枪，一营的第三连驻扎在离县城20多里的杨湾圩担任警戒。全部守城部队大概有500人左右。

我们三营行军到果化、果德时，就暂时留下做群众工作，迅速组织起来有200多人的农民赤卫队，并帮助他们开展军事训练。2月4日晚，我们连队接到通知，李明瑞总指挥从龙州来到，要组织队伍欢迎，只听连长"集合"一声喊，队伍很快列队与县苏维埃政府工作人员及农民赤卫队上路欢迎李总指挥去了。路上有的战士谈论着：李明瑞指挥打仗能攻善守，在北伐战争时，他是国民革命军第七军第二旅旅长，带领部队驰骋湘鄂，转战赣皖。在配合叶挺独立团攻打贺胜桥的战斗中，他亲临火线指挥，率队冲锋陷阵，击溃敌军，将宋大霈部缴械。接着挥师攻箬溪、破德安，直捣王家铺，大战龙潭，战果辉煌，从此成为有名的北伐勇将。有他当总指挥，我们红七军真是如猛虎添翼！"立正！"一声口令传来，队伍迅速整齐排列在路边，李总指挥的队伍约有 200 人左右，个个精神抖擞向我们挥手走过来，当晚他们就在县城的一家当铺里驻下。

热烈欢迎李明瑞总指挥从龙州来到果德的气氛未过，突然纵队部传来情报说：2 月 4 日下午 3 时许，桂系军阀派部队进犯隆安城，请后续部队火速增援。紧急军情传到李总指挥那里时，一道立即出发的军令传到连队。十多分钟左右，我们三营各连的行装全部收拾好，队伍就连夜急速向隆安进发。寒冬深夜，野外一片宁静，除了行军的脚步声以外，什么也听不到，指挥员和战士们都很着急，恨不得马上到达隆安城投入战斗。天亮很久我们三营才走到下颜，队伍拉得很长，往前看不到头往后看不到尾。据说李总指挥带领他的卫队和二营走在前头，我们三营走在中间，后面还有果化、果德、思林的农民赤卫队，整个增援部队共有六七百人。队伍离开下颜后，便听到隆安战斗的枪炮声，不用下命令，队伍很自然地加快了步伐。到达隆安城西北郊山坡时，大约已有 10 点多钟，三营接受命令，立即进入城东门外阵地，抵御中路来犯之敌。前卫连抢先占领了阵地上的一个高坡，其他连则分布在左右两边的山坡，正前方就是敌人占领的阵地，相距约400米左右。敌人发现我们增援部队到达，疯狂向我阵地射击，连长挥着手枪喊：同志们狠狠地打！顿时机枪、步枪齐开火，敌人阵地上直冒尘烟。敌人倒的倒逃的逃，号叫着往后退。不久，敌人不甘心败退。又组织兵力向我阵地反击。在激烈的战斗中我不幸负了伤，连长指定副班长漆绍西代理班长继续战斗。一个战士给我包扎并即扶着我退回城里，住在一个古庙里休息治疗。傍晚，纵队政治部沈静斋主任亲临古庙看望伤兵，他亲切地向大家说：城外南门高地有我们部队坚守，城里有纵队部直属队和农军防护，请你们安心疗养，如果情况有什么变化，有人负责保护你们。炊事班战士给我们端水送饭时也透露：城门很坚固，老百姓和农民赤卫军都帮助搬了很多石块砖头堆在城墙上，如果敌人攻城，就用石头砸他们。这番话对我们是很大的鼓舞，增强了安全感和养好伤的信心。

2月6日下午，在城内防守的纵队部获得消息：张云逸军长率领二纵队，韦拔群司令带领三纵队先后前来增援了。那天战斗更为激烈，从早到晚，在城东南至西南一带山坡上，炮声枪声一阵紧似一阵，炮火连天，杀声阵阵。当天晚上，虽然细雨蒙蒙，雾气茫茫，但是城外枪声不停。伤兵们也谈论着，全军除了留守军部的人员以外，几乎全部兵力以及右江沿岸各县农军都投入了战斗，今天是决定胜败的关键时候。

7日上午10时许，我们接到撤退命令，就从城北门退出。我和3个轻伤兵一起上路，离城后走了10多里就掉队了。在山沟的密林里住了一夜。次日中午，正好遇上一对老夫妇从山上下来，他（她）们看出我们是红七军在隆安打仗受伤的，就热情接到家里去养伤，这样就暂时与部队分离了。后来听说隆安之战沈静斋主任壮烈牺牲了。我沉痛的心情久久难以平静。在日后很长的时间里，每想起隆安战斗，那位身材高大、相貌英俊、蔼然可亲的沈主任和忠厚朴实、热情耐心的隆安老百姓的形象，就浮现在我的脑海之中。

22. 忆红七军成立后的第一次战斗

谢新亭

（1985 年 5 月）

1929 年 12 月 11 日，百色起义爆发，建立了中国工农红军第七军。熊熊的革命烈火照亮了祖国的南疆，为广西各族人民指明了翻身解放的道路。当时部队所到之处，经过宣传组织，广大劳苦大众纷纷起来，打土豪、分田地，成立赤卫队。在百色一带掀起了革命新高潮。我们红七军留守军部的官兵和当地人民无不欢欣鼓舞。过了1930 年元旦，百色地区各族人民和团体又为欢度春节准备了各种食品，包括肉类、糕点等，并热情地慰劳红七军。

1930 年 2 月 6 日，春节刚过没几天，那时，右江地区盘踞着国民党各种杂牌军和一些地方军，他们为争权夺利钩心斗角，互不相让，是一群没有统一指挥的乌合之众。但他们在人民胜利面前，为了维持其独霸一方的割据局面，竟然集结近 800 人的反动武装队伍向我军进攻。一路攻打我百色镇驻军司令部的所在地——粤东会馆，一路进犯军部经理部（即后勤，原是国民党的禁烟督察处和银行所在地）。当时驻守百色镇的只有我军教导大队 200 多个学员和教官，军特务连也只留下两个排 60 多人（另一个排跟随军长到各县发动群众剿匪反霸去了）。当时虽在敌强我弱的劣势下，但我们充分发挥了我军素质上的优势——我军官兵是来自人民，自觉投军，具有革命的认识，连、营都有党代表领导。反之敌军则是雇佣来的乌合之众，多半是赌徒、小偷、流氓散仔、双枪兵（抽大烟之类的人），纪律散漫，缺乏斗志。战斗发生在凌晨5点钟左右，敌军开始向我警卫军司令部的特务连一个警戒班攻击，仓促间，在敌众我寡的情况下我军撤退到后院，同时，守卫在经理部的特务连另一个班也暂时退到后院联合抗击敌人，坚持战斗，固守待援。

红七军军部旧址——粤东会馆

当敌军窜进我军司令部和经理部前院内时，如同一群饿狼似的到处寻找食物，闹得乱七八糟。当时，我红七军教导队的两个中队和特务连的一个排共 70 多人，在军部参谋处陈处长、特务连副连长李天佑等领导同志的指挥下，从当时的百色中学和百色电报局之间冲杀出来，和敌人展开了短兵相接的肉搏战。这时，退到军司令部和经理部后院的特务连的两个班也打开后院大门，配合增援部队向敌人展开猛烈的反击。从东西街两头夹攻敌人，敌人伤亡很大，狼狈溃败。跳河涉水逃跑的（当时河水不太深，最深的亦不过两米），由于饥饿加上被我军打得疲惫不堪，一些敌人被淹死了。所有被抢去的财物、食品也几乎全部被丢弃，浮在水面或沉到河底。这股敌军败退逃过河后，又跑上东北边牛山山腰集结。我军架在百色街中高地的山炮连续对准目标猛轰，敌人丢下大片尸体慌忙向山背后逃窜了。

当时尚有另一路敌人从田东、田阳等地集结到东南角大河对岸来，用两艘小木船为先遣，企图渡河向我军进攻，但又被百色赤卫队使用警备第四大队从南宁运来的枪支弹药阻击。这两艘木船被我军击沉，敌人死伤不少。登船渡河的残敌只好拼命逃跑了。

至此，红七军成立后的第一次战斗在不到半天的时间就胜利结束了。

红七军司令部参谋处处长陈叔度

红七军特务连副连长李天佑

在这次战斗中，我军教导队的一名教官负重伤，李天佑同志也被打中脚趾受轻伤。还有十多名战士受了伤。当时我是军部军医处的看护班长，在战斗中是跟随增援队伍尾后，举着红十字旗抢救伤员的。我们把教导队受伤的一个教官和李天佑等十多位同志在战场救护出来后，直接送回军医处治疗。在治疗过程中，我一直为伤病员换药洗伤，端菜喂饭，倒尿倒屎，还为他们擦身洗脸。由于我们军医处的全体医护人员充分发扬了阶级友爱精神，一般的轻伤员都逐步治愈，重伤的军事教官等同志在治疗十多天后，便由军医处看护长甘作汉等同志用船护送去龙州法国人开办的红十字会医院。当船到达果化镇（今属平果市）时，左江红八军派到果化镇与红七军联系的部队便把伤员护送到龙州治疗。此次战斗取得了胜利，保卫了军部安全。

23.红七军伏击滇军记

姜茂生口述，覃尚文整理

这是红七军离开右江根据地前一次较大的战斗。

1930 年 6 月，正当红七军第一、第二纵队在黔桂边打下榕江，又收复了百色，威震黔桂边的时候，蒋桂军阀第二次战争在湖南爆发了。我军决定利用这个有利时机建设和巩固右江革命根据地。但是，还不到一个月，战事就发生了。

姜茂生

一天，天刚拂晓，我们二纵队二营六连的战士，在百色的那毕方向抓到了似兵似匪的 4 个家伙。他们个个骨瘦如柴，头戴北伐军式的大檐帽，帽脚镶围着一条红布带，身穿绿色军服，口口声声说要见李师长（即李明瑞）。我们六连战士从未见过，就把他们直接押送到军部。李总指挥一看，就知道是滇军，当中还有一个军官。李总指挥立即叫我们松开绑带并和张云逸军长亲自审问，原来他们是滇军龙云司令部派来送信的。

　　李总指挥把信拆开后，见上面写着（大意）：本部奉蒋总司令命令，出兵讨伐李（宗仁）、白（崇禧），望你军接信之日起，立即退出百色、平马、果化至南宁一线走廊，给我军让路，勿得贻误。

　　当晚，李总指挥和张军长等军部领导人分析了形势，研究了对策，认为龙云出兵两万前往南宁，袭击桂系军阀后方，于我军有利，我军可乘军阀混战之机发展革命力量，扩大根据地，乃决定让滇军通过。但鉴于滇军过于骄横，要给他们一点教训。便决定在思林、果化的鹧鸪坳山地埋伏，待其部队过去时，截击其尾部，消灭其三分之一，缴获其部分枪弹物资以武装自己。军前委作出决定后，部队立即从百色向目的地进发。

　　当时正是盛夏，酷暑炎热，山路崎岖，部队行军十分辛苦，为了在滇军到来之前赶到目的地，便使足劲头，第一天就到了田州，第二天到平马，第三天就到了思林县城。

　　思林是个很小的县城，在原国民党县党部的门口上挂着"思林县苏维埃政府"的牌子，白底黑字。我们来到这里就好像回到家里一样，就在思林休息了两天。这时，连以上的干部一面去观察地形，一面做战斗动员，个个摩拳擦掌。第四天，听说滇军已到达平马，我们就连夜赶到鹧鸪坳埋伏，第二纵队埋伏在思林东面的山背上，第一纵队则隐蔽在田东背后的山区。这里，从思林到果化，有一条小路从山脚贯穿而过，东面是山，南面是江，中间是鹧鸪坳。绕过鹧鸪坳，过江就是果化了。

　　我们在鹧鸪坳等了两天。第二天上午，滇军终于来了。他们鬼得很，进入我根据地后，怕我军袭击，两人两人并排着走，缩短前后距离，我们在山坳上看得清清楚楚。他们个个都瘦条条的，背上都背有

红七军伏击滇军战斗战场遗址（果化镇山营村、那龙村的鹧鸪坳一带）

两杆枪，我奇怪地问柳日祥排长，排长告诉我，长的是打仗用的枪，短的是抽大烟的枪。

夜色已经降临，远处逐渐看不见人。突然间，眼前婉蜒曲折的小道旁亮起了无数点点的灯火。晚风吹来，一阵阵的尼古丁香味扑鼻。我正要问排长，排长说："你看，这是滇军在抽大烟，快做好准备。"

"啪！啪！啪！"东边的山腰上3发红绿色炮弹打到天空，这是军部指挥所发出的信号弹。信号弹刚落，二纵队就吹起了冲锋的号声。顿时，满山遍野的号声、喊杀声、炮声交织在一起，震动山岳。排长高声喊道："冲呀！冲呀！"全排战士个个生龙活虎，冲下山脚，杀向滇军，打他个人仰马翻。首次出击，旗开得胜，缴获了一批枪支、弹药、骡马、轻重物资。那些抽大烟的滇军，被打死了的还死死抱住烟枪呢！没有被打死的，把烟枪丢得到处都是，狼狈地向前面逃跑了。

天还未亮，敌人前头部队转掉回头，向我们反击了。敌人用山炮、迫击炮疯狂地向我轰击，然后一队队、一排排向我进攻，企图抢夺我阵地。不知是他们骄横，还是习惯，滇军打仗不利用地形，而是像欧洲人排起战斗队形那样，端起法国步枪，个个站得直挺挺的，像在操场练兵，排成队，跨着大步向我阵地压来。看这个样子，我们都好笑。排长拉着长脸，谁也不敢轻举妄动，大家静静地埋伏在那里，一动也不动，深恐暴露目标，误了大事。敌人越来越近了，30米，20米，10米……"打！打！狠狠地打！"排长喊着。一阵阵排子枪扫射过去，敌人在明处，我们在暗处，又居高临下，好像砍树那样，敌人一排排地倒下去了。敌人的队伍中间出现缺口，两头又合拢来，排成队伍，又向我阵地冲来，我们用带木柄的手榴弹不断向敌人掷去，敌人不懂，以为是什么玩意儿，刚捡起来看，手榴弹就爆炸了，敌人又伤亡十几个。受伤的士兵"哇哇"乱叫："广西人厉害呀，小小木头也能打死人。"但是敌人不死心，专门用一个旅来对付我们，和我们进行了激烈的阵地争夺战。敌人夺不了我们的阵地，反被我们压到河边，战斗就在果化的东面山头继续激烈地进行

红七军军长张云逸

红七军总指挥李明瑞

着。这时，我们也难以前进一步了。原来我们估计不足，以为只要投入一个纵队，把敌人的尾巴吃掉了就行，谁知道，仗一打，不能速战速决。敌众我寡，我方兵力展不开，战斗形成了相持的局面。

第三天中午，李总指挥和张军长来到了我们的前沿阵地观察，随同来的还有一个商人打扮的人。他们看了一阵，指指画画，回到我们侧面的几棵大樟树下歇脚，边拿饭盒吃饭边商量问题。张军长说："从你今早传达的精神来看，得快结束战斗了。"商人说："对呀，快结束战斗，回去把中央的精神先向干部传达，准备北上。"李总指挥说："我同意结束战斗，现在一纵队已从后面调上来了，我们就来他一个最后出击，把敌人撵过河去，就收队。"张军长说："就这么办！"他们正说话，就有人来报告，敌人已在果化河面上搭好浮桥了。李总指挥听了报告，说："敌人要溜了，现在我们就马上行动吧。"说完，又和张军长商量了一下，就分头去部署战斗任务了。后来我才知道，这个商人就是党中央代表邓岗同志，他是到右江来传达立三路线的。

我军冲锋的军号响起来了。刚参加战斗的第一纵队从北面山头向敌人冲过去了，敌人不支，纷纷后退。我第二纵队从正面夹击，把敌人压向浮桥头。往西边果化撤退的敌人纷纷往浮桥上跑，由于人太多，不少人在慌乱和拥挤中跌到河里去了。还没过浮桥的敌人，为掩护自己的部队撤退，顽强死守，一直到天黑。我们为了达到消灭敌人一个旅的计划，又发起冲锋。众多的敌人孤注一掷，全部刺刀上膛，跟我们展开肉搏战。一纵队战士奋起还击，又把敌人刺死一大片。天黑了，军部见已达到了目的，再不前去追击。敌人死伤累累也无心恋战，便往果化撤退了，我们也撤回田州休整。

百色市平果市果化镇山营村山心屯红七军伏击战纪念碑

这次战斗，由于我们选择了有利地形，杀伤敌人1000多，俘虏300多，缴获骡马几百匹，烟土几十担。我们也伤亡二三百人。① 我们以少胜多，又一次受到了锻炼。

思林、果化战斗结束后，我们的部队就集中到田州、那坡整训，另派一个营驻二塘向百色方向警戒，经过两个多月的准备后，就奉中央命令北上了。

---

① 另一种说法是滇军伤亡600多人，红军伤亡400多人，尚待考证。

24. 红二十一师改编为独立师后的斗争

黄松坚口述，韦信音记录

（1985 年）

中共两广省委代表陈道生化装成理发师，千里迢迢，于 1931 年 8 月中旬来到恩隆县七里山区巴品村，当时我和陈洪涛在那里研究工作。陈道生和我们接上头后，简单地向我们谈了中央指示及其此行的任务，并说："任务重，时间紧，建议我们召开党委会议，迅速传达中央指示。"我和陈洪涛商量，由洪涛同志和陈道生先回西山和拔群同志研究通知党委成员回弄岩开会，我派两个班的战士护送他们回西山后，即找蒙元升来商量红六十一团第三营连以上干部会的布置工作，然后我即赶回西山。我回到西山弄岩那天，党委会议已正式开始，陈道生正向党委传达中共中央关于纠正李立三"左"倾机会主义错误路线的指示，传达中央关于改编红军部队和改组地方政权的两个决定，并提出建设和巩固右江苏区的工作任务。我们听传达后，认真讨论了两天，领会了中央指示精神，联系每个人的思想和工作实际，对照检查，总结经验教训，提高了认识。在统一了思想的基础上，初步检讨了过去执行"左"的政策和做法，采取纠正错误的措施并确定了今后的工作任务。为了迅速将中央指示传达到部队营级以上干部和地方区级以上干部，我们决定召开党委扩大会，立即安排人筹备并四处派人出去通知部队和地方干部来开会。接着我们三个常委和陈道生专门研究如何开好扩大会问题。陈道生说："党委扩大会很重要，这个会关系到今后右江的前途和斗争方向问题。"要求我们集中精力开好。他说："开好扩大会必须坚持三条原则：一、在干部中纠正立三错误路线，对干部要坚持正面教育，做细致的思想工作，提高认识，统一思想。说清楚错误路线的责任在上面，不在下面，下面只是执行者。经过学习中央指示，大家思想认识提高就成了，不搞批判斗争。二、要团结同志，不追究个人责任，过去的错误由党委承担起来，不要推给个人承担，但各种错误思想要分清是非，并加以纠正，从团结的愿望出发，达到团结同志的目的。三、整编红军部队和改组地方政权，要按中央的决定办事，只改名称，人员一般不动，如缺员或工作上的需要可作个别调整外，大多数保持不变，这样有利于团结和稳定部队和地方干部思想。不这样做就会造成部队和地方干部思想上的波动，不利于当前对敌斗争。"陈道生还说："中央这次对全国红军进行统一整编，红七军编入红三军团，考虑到红七军二十一师距离红三军团太远，不便指挥，同时右江需要留有部队，又不能调去集中，所以中央决定将红二十一师改编为中国工农红军独立第三师，仍留在右江坚持斗争。至于改组地方政权问题，目前我们还处在革命斗争阶段，我们的政权要适应革命斗争形势，改为'革命委员会'。"我们常委根据陈道生的意见，决定红二十一师改编为独立第三师后，师的领导人和各个部门的领导人不变，韦拔群继续任独立师师长，陈洪涛任政委，我仍任副师长。独立师党委由原红二十一师党委成员担任。右江苏维埃政府主席陈洪涛不再担任右江革命委员会主席，改由黄举平担任。部队番号作了调整，保留六十一、六十二、六十三3个团，撤消独立团番号，独立团编到六十二团，团长滕国栋，政治指导员黄书祥。大的方面作了调整后，我们即做扩大会议的准备。韦拔群准备作工作总结和今后任务的报告，陈道生准备作政治军事形势报告，陈洪涛、陆浩仁研究安排干部，我检查指导扩大会议的筹备工作。

陈洪涛　　　　黄松坚　　　　陆浩仁　　　　韦拔群

8月上旬，中共右江特委和红二十一师党委扩大会议在泗孟丘拔屯召开。出席会议的地方干部有东兰、凤山、凌云、都安、恩隆、奉议等县县委、特支书记，县苏维埃政府主席以及部分区委书记及区苏维埃政府主席，部队营级以上干部，总共200多人。会议由我主持，陈道生先传达中央指示和决定，韦拔群接着作工作总结和今后任务的报告，陈道生又专作政治和军事形势的报告。他们两个人的报告都反复强调纠正立三"左"倾机会主义错误路线的重要性和必要性，同时对右江当时的斗争形势作了正确的分析和估计，对过去执行"左"的政策和"左"的做法作了深刻检讨，并提出了纠正"左"的错误倾向的措施和今后的斗争任务。到会同志经过认真学习中央的指示和决定，提高了认识，统一了思想，一致表示坚决拥护中央关于纠正"立三错误路线"，拥护中央改编红二十一师为中国工农红军独立第三师，以及改组右江苏维埃政府为右江革命委员会的决定。拥护右江特委对独立师领导人安排的决定，韦拔群仍任师长，陈洪涛任政委，我仍任副师长，陆浩仁仍任政治部主任，黄大权任参谋长。各团领导人作了调整：韦拔群兼六十一团团长，我仍兼六十一团政治指导员；滕国栋仍任六十二团团长，黄书祥任六十二团政治指导员；韦国英任六十三团团长，蓝志仁任六十三团政治指导员。独立师党委由原红二十一师党委成员组成，陈洪涛仍任书记，常委仍是陈洪涛、韦拔群和我3人，委员陆浩仁、黄大权、滕国栋、黄书祥4人不变。右江特委仍保持原有的成员不变，为便于统一领导党政军的日常工作，设右江特

　　1931年8月，根据中央指示，把二十一师改编为中国工农红军独立第三师（又称右江独立师）。图为西山脚下的中国工农红军独立第三师师部、中共右江特委、右江革命委员会旧址

委常委，由陈洪涛、韦拔群和我3人组成的右江苏维埃政府改为右江革命委员会，主席黄举平，设常委5人，即韦拔群、陈洪涛、我、黄举平、覃道平。同时决定改县区乡苏维埃政府为县区乡革命委员会。这次扩大会开了4天，初步纠正了"左"的政策和做法，完成了部队整编，改组了右江苏维埃政府，促进了革命团结。到会同志情绪很高，没有什么波动。会议还提出跳出敌人的包围圈，到外线打游击。

会议结束以后，各人都回原地工作。我和韦拔群、陈洪涛、陈道生、陆浩仁等同志研究：安排六十一团第三营留守西山。第一、第二营和师部直属机关和特务营两连共800多人，由我们率领到东山北端的双苏（苏托、苏邦）地区进行整训学习。途中经过三石，我们指挥作战部队袭击驻扎在三石的敌军，打死敌连长一名、敌兵10多人，然后绕道进入东山的麻品峒，师部驻在陆浩仁家，部队到双苏一带学习整训。这次部队整训的内容，主要是学习中央关于纠正立三路线的指示，整顿纪律，进行军事训练等。经过一个多月的学习，部队军政素质有了很大提高，斗志旺盛。在这期间，我们收到滕国栋、黄书祥派人送来的情报说：5月下旬，敌廖磊部撤到田州后不久，韦高振部因不愿参加反蒋，他的部队得到的供给比廖部少，韦与廖发生了冲突，韦已于6月初拉队回靖西、镇边一带继续搞抢劫大烟帮的活动。根据这一情况，我和韦拔群、陈洪涛、陈道生等同志在东山的麻花洞召开常委会扩大会议，陆浩仁、黄大权、黄举平、黄世新等人参加，着重研究如何利用敌人的矛盾争取改造韦高振的问题。最后决定派谭统南（都邑区委书记、东兰县委委员）、黄明强（东兰县委委员、独立师政治部干事）、黄明光（独立师政治部干事）3人去靖西，打进韦高振部做争取韦高振的工作，把阻力变为助力。同时了解滇桂边和中越边的情况，为下一步向滇桂边发展做准备。会议还研究了向都安、河池边境打游击以补充军需的问题。9月上旬，我们突然接到来自东兰的情报，国民党东兰县代理县长韦耀祖5日在东兰小学召开会议，计划在9月14日进攻牙满屯。当时我们红军有部分队伍驻扎在那里，我们研究决定将红军撤出该屯，埋伏在周围，让敌人进村，打他个措手不及。9月14日中午，东兰县民团司令陈儒瑾果然率300多人的民团进攻牙满屯，敌人没有受阻就冲进村里，抢群众东西，韦拔群一声令下"打！"，埋伏在周围的红军一齐对准敌人开枪射击，敌人被打死打伤数十人。陈儒瑾知道中计，急忙丢下被打死的团丁，狼狈逃回东兰县城，红军追到板豪坡顶上才回双苏。这是红军整编为独立师后打的第一个胜仗，广大指战员士气高昂。

9月18日，我们按计划率领红军东渡红水河，向都安、河池两县交界地区游击。28日，到达板合村，当天下午我们就配合红六十三团第三营（原来是板升独立营，整编时编归红六十三团领导，但一直没有离开河东，营长韦汉超），围攻板布大土豪韦必烈的"还乡团"。第二天凌晨发起攻击，不到一个小时攻破了板布村，击毙民团20多人，缴获20多支枪和物资一批。东渡后首战获胜，全体指战员斗志昂扬，我们又乘胜攻打都安县弄蛮洞土豪田德高。10月初，东兰县长韦耀祖急忙集结东兰民团1000多人到河东阻击红军，并派陈儒瑾率民团300多人分两路来增援弄蛮峒的土豪武装。我和韦拔群得到情报，决定撤出弄蛮战斗，急行军至都安、河池交界的弄福、弄乡一带休整，就地开展发动群众、组织群众、武装瑶族同胞等工作。我和韦拔群到果棉洞视察兵工厂，鼓励干部、工人多生产枪弹，为消灭敌人多作贡献。后我们分工，陈洪涛、陈道生留在弄福一带继续做群众工作。10月20日，我和韦拔群率领六十一团第一、二两个营乘敌不备，突然袭击都安县九顿（今大兴）团局，打垮了蒙元彩民团两个连，攻破了九顿团局，缴获80多支枪、2000多发子弹，以及大批布匹和物资。当天晚上我们率领部队回到弄福与陈洪涛、陈道生会合。第二天早晨，我们获悉桂军罗活团从河池来攻，韩彩凤部一个团从都安攻上来，已迫近弄福。我们找当地瑶族赤卫队长侯玉堂带路，率部队转移。绕道走了5天回到板合。敌人进攻弄福、弄耀扑了空，便向板合追上来。25日，我们在板合召开紧急军事会议，决定回师西山，布置韦汉超营在板合阻击敌人，掩护大部队转移，另派一支小部队迅速到红水河边侦察，为西渡做准备。经侦察发现，红水河所有渡口都已被五县联防剿共司令陈子槐、黄贵朝的民团封锁，敌人妄图截断红军的退路，把我们红军困在红水河以东地区的狭长地带，以便集中优势兵力，将红军一举歼灭在红水河边。我们经过分析，决定将计就计，一面指挥部队装出与敌决战的态势；一面派第一营长韦殿琨、营政治指导员牙美元率领全营战士绕道河池从隘洞偷渡红水河，回到西岸，在东兰县城附近发动各乡赤卫队和群众近千人，袭击东兰县城之守敌。29日，韦殿琨、牙美元在赤卫队配合下，兵分3路向东兰城发起了攻击，敌人不知虚实，封锁红水河各个渡口的守敌星夜全部撤离，回援东兰城守敌。我们即指挥红军大部队西渡，胜利回到苏托，甩掉了敌人的前堵后追，然后转回西山。30日晨，乘敌人混乱之际，我和韦拔群分别指挥红军部队进攻凤凰、音圩，全歼了邓恩高、雷振翁民团两百多人，缴获一批武器弹药和物资。11月2日我们胜利回到了西山，历时3个月外线作战就此结束。

西山弄京屯会议旧址

　　我们回到西山休息了一天。右江特委和独立师党委在弄京召开部队营连以上干部会议，由我主持，总结3个月来外线作战的经验教训。大家认为跳出敌人包围，到外线作战的方向是对的，打了几次胜仗，得到了部分军需的补充，但这次向外作战指导思想不明确，只想到富裕地区进行军需的补充，没有建立和扩大新区的思想，军事行动缺乏民主，又没有充分了解敌情，我们攻打九顿团局时，就差点吃了大亏。另外，我们的行动是大部队行动，虽然扩大了影响，但敌人知道得也很快，我们回师西山的途中也暴露了。敌人很快就要集中几个团的兵力，进行以西山为重点的第二次大规模的"围剿"。面对如此严重局面，会议决定采取三大措施：第一，在敌人进攻西山之前，扫清西山下段周围的敌人据点，特别是坡月的黄廷槐民团和百马、干水的土豪据点；第二，领导西山群众疏散，坚壁清野，准备敌人攻入西山时，红军分为小部队与敌人打游击，消灭敌人；第三，加强政

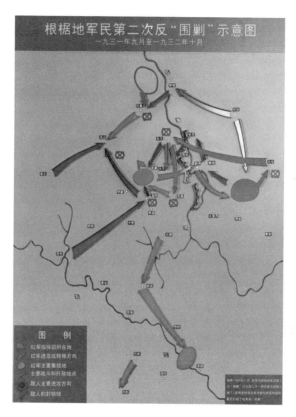

根据地军民第二次反"围剿"示意图
一九三一年九月至一九三二年十月

图 例
红军指挥部所在地
红军进攻或转移方向
红军主要集结地
主要战斗和歼敌地点
敌人主要进攻方向
敌人的封锁线

1931 年 11 月，桂军对根据地发动第二次"围剿"，右江独立师党委决定转入地下，采用各种游击战术抵抗桂军的进攻，最后打破了桂军的"围剿"。

治宣传，决定由陈洪涛领导创办《红旗报》，宣传党的主张，报道红军和群众消灭敌人的经验，以鼓舞红军战士和群众打击敌人的积极性。

根据党委第二次反"围剿"的部署，11 月 8 日，我和韦拔群分别领导六十一团第一、第二营去消灭西山外围之敌据点。我领导第一营向三都挺进，拔掉了百马、干水两个土豪武装据点，全歼反动武

装30多人，缴获20多支枪，军粮两万多斤，运回西山之后，向甲篆圩前进。韦拔群和陈道生率第二营和师部特务连进攻坡月圩民团，击毙民团40多人，俘敌26人，缴获25支枪，然后也向三都、二都游击。11月11日，桂系军阀集中了桂军4个团和各县民团8000多人，向东凤老区进行第二次大规模"围剿"，重点进攻西山。敌韩彩凤师的韩彩威团已迫近盘阳，我和韦拔群在三都获悉后，迅速率红军部队回西山，在途中与敌遭遇，我们指挥红军边打边退，在激战中我膝盖负了伤。我们退回到西山后，立即将红军部队分为小部队，活动在西山的千山万弄之间与敌人打游击。18日，敌第四军吴奇伟师沈久成团在东兰县民团的引导下，窜入西山腹地。我们指挥红军避敌锋芒，消灭小股分散活动的敌军，晚上活动在敌人眼皮底下，乘敌不备，袭击敌人的指挥所和宿营地，搞得敌人日夜提心吊胆，坐卧不安。红军还到西山外围游击，切断敌人交通线，伏击敌人的运粮队。有一次，敌人从武篆运粮进弄京，挑粮的民夫约有50多人，护送的敌军一个班。我带两个排红军到半路伏击。不到10分钟就打死了14个敌军，缴获了一批粮食。由于我们坚壁清野搞得好，水塘、水井都用土埋了起来，敌人进西山后，不但缺粮，连水也没得喝，就到处派人侦探水源。我们抓住时机，指挥红军小分队，消灭四处寻找水源的小股敌人。敌军在西山腹地折腾了一个月左右，始终找不到红军，反而天天被我们打死几个十几个，损失惨重，加上水断粮缺，被迫撤出西山腹地。敌人到西山外围设据点，并强迫西山群众到西山外围归寨，对西山实行严密的军事、经济封锁，妄图困死红军。不久又集中兵力进山"搜剿"。我们还是用游击战法，困扰敌人。沈久成退出西山腹地后，在给他的师长吴奇伟的报告中哀叹："东兰各处匪徒狡黠异常，三五成群，窜匿山峒，聚散无常，所派侦探多被杀死，鲜有回者，恐非短少时日所能肃清。""各处难民颇多，赶集一处，无以谋生，其散各处乡村，又易为匪徒驱迫利用，殊堪顾虑。"敌人已处于进退两难的窘境。

1931 年 12 月下旬，陈道生提出要回中央汇报工作。我们党委在弄岩洞召开常委会议，陈道生在会上说："此次来右江已有 5 个多月，中央交的任务在大家共同努力下已顺利完成，现要回去汇报，如中央有新指示，再派我来我一定会来。从目前各方面来的情况看，敌人封锁和'搜剿'西山正在加紧，新任东兰县长李瑞熊又兼任'东凤两属剿匪司令'，这人更富冒险性。今后反封锁、反'搜剿'斗争将是长期艰苦的任务，斗争将是更残酷、更艰险。我走后，你们必须提高警惕，抓紧时间，调整部队，以适应斗争形势的需要。"最后他定下用英文字母"CCP"作为我们与上级党组织联系的符号。我们常委决定派韦菁、陈庆锷代表右江党组织去向上级党组织请示汇报右江地区的工作和斗争情况，并和陈道生一同前往。12 月 24 日，常委会议结束的当天晚上，陈道生、韦菁、陈庆锷从弄岩出发，离开西山前往香港。

陈道生、韦菁、陈庆锷走后没几天，12 月底，敌第四军全部撤出东凤回南宁。1932 年 1 月

1932 年赤卫军使用过的竹筒

初，张发奎的第四军集中南宁跑马场开誓师大会，正式向桂系当局通电，以北上支援黑龙江马占山抗日为由，摆脱了桂系的控制，拉队伍下广东，桂系军阀无法阻拦。桂系当局为了维持其反动统治，策划新的反动策略，于1月9日发布了重新"划分各军剿匪防地"的反动计划，其中规定田南道所属各县为韩彩凤的二十一师防地，柳庆所属各县为第十九师防地，原第十九师的罗活团撤出东兰开往庆远。至此，桂系军阀第二次大规模"围剿"东凤的计划全部破产。粤桂军队撤出东凤后，我们右江特委和独立师党委于元月中旬在朝马洞召开党委扩大会议，总结第二次反"围剿"斗争的经验教训，分析第二次反"围剿"斗争后的形势及任务。会议认为，第二次反"围剿"斗争有两种做法，产生两种结果：一种是西山和巴暮的做法，即坚持打游击，消灭敌人，保存自己，结果是红军在，根据地人民在；另一种做法是死守硬拼，结果是革命据点丧失，这是凤山和东兰红水河以东地区的做法。当时的形势是很严峻的。根据地面积缩小，粤桂军撤出东凤时，桂系军阀将"围剿"和"搜剿"西山的任务，交由"东凤两属剿匪"司令李瑞熊承担。李瑞熊是桂军的营长，是反共急先锋，他除了指挥东凤民团外，还勾结土豪和东凤周围各县的反动武装，加紧对西山的经济封锁和军事"搜剿"。当时在西山的红军和群众粮食极端困难，部队弹药无法补充，军需供给极为困难。在这种形势下，为了保存实力，打破敌人的封锁，粉碎敌人的"搜剿"，我们采取了三大措施：第一，党委带头，号召指战员吃野菜，节省一些粮食给群众，共渡难关。第二，在西山、中山、东山开设圩场，鼓励西山以外群众和小商小贩把粮、食盐及其他物资运到这些圩场出售或交换土特产品。当时在西山新开设的圩场有大弄京和弄榄两处，买卖和交换的商品相当活跃，解决了食盐和部分粮食。第三，缩编在西山的红军，组成杀奸团。除留两个连作师部的警卫以外，在西山的红六十一团和师部特务营，取消团、营、连建制。将骨干组成短小精干的 10 个杀奸团。每团两三个队，每队 10 人至 15 人不等。会后我和韦拔群亲自组建杀奸团，任命陈守权、黄玉温、牙美元、黄金龙（后叛变）、牙家业、王廷业（后叛变）、黄明德、罗万运、韦孔超、黄八等为团长，各率一个杀奸团分散到各地，依靠群众，隐蔽活动，看准机会打击敌人，杀奸肃特。编余的战士，一律分散回家隐蔽。家在山区的准许带枪回去坚持斗争，家在平原的除可靠的党团员外，都不许带枪回去。当时收回来的枪约有四五百支步枪，还有迫击炮和部分机枪。由师部集中收藏在几个秘密山峒里，收藏的地点画成密码图，一式三份，交由韦拔群、陈洪涛和我各保存一份。没有经过我们的批准，谁也不能动用这批枪。对回家的战士，我们还规定几条：一、参加当地赤卫队，坚持斗争；二、当地没有赤卫队组织的，可利用社会关系打进国民党机关、团体、学校，找社会职业作掩护，搞情报工作；三、不准暴露这次部队的缩编；四、不准出卖同志，不得向任何人讲部队已化整为零；五、不准损害群众利益。化整为零以后，杀奸团杀奸肃特活动很活跃，镇压了一批敌特分子，消灭了一些民团，敌人很恐慌，收到了一定效果。

但是我们化整为零后不久，敌人就发现了，便利用我们分散隐蔽活动的机会，到处使用威胁、招降、诱骗等手段，一些经不起考验的人产生了动摇。一些投机分子乘机投敌叛变，继盘阳区委书记黄河清强迫盘阳区特务排 20 多人投敌之后，元月底，韦超群叛变投敌，并勾结韦瑞祥（凤凰区苏维埃政府主席）投降，到处游说，宣传反共。

广西反动当局任韦超群为"红河游击大队少校大队长"，在"东凤两属剿匪司令"李瑞熊卵翼下"搜剿"红军，掳掠群众财物。

面对内部出了叛徒、形势越来越严重的情况下，1932年2月6日春节那天，我和韦拔群、陈洪涛在弄索研究形势，并采取了以下措施：一、加强党内和红军内的思想教育工作，防止党内再出叛徒；对已叛变革命的分子采取坚决措施。二、严防李瑞熊突然袭击。三、加强侦察工作。四、向东凤根据地以外发展，跨省开辟新的根据地，为战略转移做准备。2月8日，我们在弄京的果六峒召开右江特委和独立师党委紧急会议，陈洪涛将常委的意见向大家作了传达。到会同志全面分析了韦超群叛变后的形势，一致同意常委提出的四点意见，并一条一条作出了决定：一、对已叛变革命的反动分子给予严惩；对动摇的分子加强教育，争取团结他们；对坚定革命立场的同志加强团结，患难与共，风雨同舟。二、深入群众，依靠群众，加强侦察，随时掌握敌人动向，防止敌人突然袭击。三、部署西山各乡村自卫队和留在西山的杀奸团严加防范，同时通知驻巴暮的红六十三团出击敌人，调动敌人离开西山周围，减少西山的压力。四、同意常委提出向东凤根据地以外发展，跨省开辟新的根据地，为战略转移做准备的设想。决定向南北两方面向外发展，在西山南北跨省建立两块像西山一样的根据地，使右江根据地扩展到云南、贵州，使之成为西山中心根据地的屏障。在南面建立滇桂边根据地分两步走：第一步，恢复巩固右江下游苏区，发动群众，配合红六十二团开展游击武装斗争，牵制右江沿岸之敌，减轻西山中心根据地的压力，为右江特委和独立师党委转移做准备。同时派人到滇桂边，一方面协助谭统南、黄明强、黄明光做争取改造韦高振的工作，并争取改造滇桂边的土匪武装；另一方面做调查研究，发动组织群众，为开辟建立滇桂边新的根据地做准备。第二步，常委再到滇桂边领导创立滇桂边区革命根据地。在北面直接开辟黔桂边区根据地，积蓄力量，准备配合第三次反"围剿"斗争。

3月上旬，王林带领武篆民团 200 多人进犯弄京的加道屯，我和韦拔群派警卫连去支援加道赤卫队，打死民团 10 多人，民团大败，红军警卫连和赤卫队追击至弄京，又打死民团 10 多人，王林连夜败退回武篆。3月 11 日，韦贯伯伙同韦宝珠迫使 30 多名赤卫队员叛变投敌后，黄绍信偷走黄玉温、陈守权的驳壳枪跑到武篆投敌，形势进一步恶化。我和韦拔群、陈洪涛在形势十分紧迫的情况下，采取了果断措施：派牙美元率杀奸团 40 多人去林友屯会合牙永平开辟新的活动据点。3月下旬，韦国英和黄桂德也按师部的命令，率红六十三团从巴暮西出向凤山挺进，又转回吾隘，攻打洋州民团，打到河池长老边界，再转回巴暮，调动了敌韩彩凤所部 1000 余人向都楼进攻，对西山的封锁有所减弱，从而改变了西山的困难局面。

1932 年 4 月 5 日清明节那天，我们在大弄京召开党委扩大会议，出席会议的有地方和部队干部共 50 多人，会议传达了党委决定，对干部进行革命气节的教育。会议由我主持，首先向革命先烈默哀，接着韦拔群、陈洪涛和我分别讲了话，然后分组讨论。围绕革命人生观和韦拔群提出的"革命不顾个人安危，不顾父母、兄弟、姐妹、妻子、儿女，不顾亲戚朋友，不顾美好家产田园"的"四不顾"以及陈洪涛提出的"金钱万能和金钱万恶"等问题开展热烈讨论，联系思想实际，端正态度。经两天讨论，大家的觉悟有了很大提高，在这一基础上，我们宣布了从南北两方面向外发展，开辟新区的决定。大家听后，个个表示服从组织，遵守纪律，保守秘密，坚持革命到底。

会后，4月7日，我按照党委的分工，分别通知到右江下游工作的同志在弄索开会。他们是陆浩仁、黄大权、闭利昌、陈国刚、黄家龙（我的警卫员）、黄雄（黄大权警卫员）、石坚（黄大权妻子）、李应芳、李参林、黄润生等。会议主要研究分组和行军应注意的事项。我们当时分为两个组：陆浩仁、李应芳、李参林、黄润生为一个组，由陆浩仁带领先到都安县会合陈铭玖（已先到都安）工作一段，打下基础后，其他人留在都安，陆浩仁再到思果做我的主要助手；其余编为一个组，由我直接带领到右江下游会合黄书祥、滕国栋开展工作。韦拔群参加我们这个会并讲了话。他说："现在你们已明确是到右江下游工作了，到那里以后，工作怎么开展呢？第一，要广交朋友，深入群众，恢复苏区，把农会、工会、妇女会恢复起来，依靠群众展开反复辟斗争。第二，要遵守革命纪律，不准抽大烟，不准赌钱，不准调戏妇女，要保持旺盛的革命斗志。第三，要抓时间组织和领导红军及各县赤卫军，大力开展游击武装斗争，把敌人牵制在右江下游一带，减轻西山的压力。第四，有条件的可以打进国民党政府机关、部队、团体、学校里去活动，展开兵运、农运、学运，了解敌情，及时报告敌人的动向，为消灭敌人提供可靠情报。第五，在滇桂边集结有几股土匪武装，他们过去是被桂系军阀追剿后被迫在那里集结的，他们为生活所迫抢群众的东西，主要还是抢大烟帮。去年我们党委已派谭统南等同志到靖西、镇边做争取改造韦高振的工作，你们到下游后要和谭统南联系，并派一些人去协助他们开展匪运工作，并在滇桂边发动组织群众，为开辟新的根据地做准备。第六，右江下游的全部工作，党委常委分工，由黄明春负责领导，你们服从他指挥，和右江下游各县的同志共同努力,把革命工作做好。"拔群讲话后,我交代大家准备行装,要精干,不要什么都舍不得丢;行动要保密,不能给任何人知道;晚上 10 点钟出发,由闭利昌带路。散会后,大家即做准备。

当天下午,陈洪涛通知我和韦拔群在弄索师指挥部召开常委秘密会议,研究决定三个问题:第一,成立中共右江下游委员会和中共黔桂边委员会及其人选问题。决定由我担任中共右江下游委员会书记,我和陆浩仁、黄书祥、滕国栋 4 人为常委,党委委员待到下游工作后由我选定;决定派黄举平去担任中共黔桂边委员会书记,常委和委员由陈洪涛与黄举平选定。两个党委成立后,统一受右江特委领导。黄举平担任黔桂边党委书记后,不再担任右江革命委员会主席,决定由覃道平接任。第二,分析党内、军内思想动态,决定处理投敌叛变分子。当时党内、军内思想混乱,有的决心革命到底;有的看不到前途,对革命失去信心;有的发生动摇,这部分主要是受一些叛徒影响。针对这三种情况我们采取三种做法:一、巩固决心革命到底的同志,依靠他们教育其他同志;二、加强革命气节教育,振作精神,指明革命前途,坚定信心;三、坚决惩处投敌叛变分子,以稳定党心、军心。第三,加强党委常委的核心领导,明确规定,巩固中共右江特委是右江革命的领导核心,分工以后,要加强联系,互通情报,加倍警惕,防止万一。陈洪涛说:我们常委分工以后,明春同志到右江下游工作,有一定基础以后,我们即带队伍下去,在外线打游击,并提出:"万一我们常委有一个或两个被害牺牲了,还活着的要担负起领导整个右江地区党政军民继续坚持革命斗争的重任,将革命进行到底!如果我们三个常委都牺牲了,相信党还会派人来领导的,革命迟

1931 年红七军二十一师政治部主任陆浩仁使用过的马灯

早一定会胜利的。"我和韦拔群同意陈洪涛的意见，并通过作为常委的决定。最后韦拔群又提醒我，到下游工作以后，要设法与谭统南联系，指导他继续做好争取改造韦高振的工作。这次会议是很保密的，除我们 3 人外，其他人都不知道。这是我们常委在西山召开的最后一次会议，此后我们常委再没有机会聚在一起开会了。会后，当晚 10 点钟，我和陆浩仁同志分别率领去下游工作的同志离开西山，陆浩仁等同志先去都安，我和黄大权等同志直接前往右江下游执行党委交给我们的任务。

25. 红七军北上江西的一些情况

李朝康、覃桂芬等口述，刘桂荣、朱绍鸾整理

走访李朝康、覃桂芬

被访者：李朝康、覃桂芬等

走访者：王志、李美丹、胡大雨、韦宝昌

目的：红七军北上江西的问题

时间：1979 年 4 月 22 日

地点：东兰县老干部养老院

记录：韦宝昌

红七军北上大概是 1930 年旧历八月。（覃桂芬同志讲话：我们第三纵队是 8 月 18 日到达河池的，当时稻谷已熟，河池已收割一半左右，稻草还没有干，我们就用稻草铺着睡。）我们在河池驻了几天，开全军党代会，整编部队。我被选为代表参加党代会。部队整编后第二天出发，十九师为前锋，二十师做后卫，二十一师大部分编入十九、二十师，韦拔群师长只带几十个人回东兰。红七军先打怀远，后攻天河、四把。十九师打天河，二十师打四把。其中十九师取得战

　　1930 年 12 月 25 日，红七军攻打湖南武冈县城。湘军三个团并有飞机增援，红七军猛攻 4 日未能攻下，伤亡 500 多人，五十五团团长何莽牺牲。图为武冈县城旧貌。

斗胜利，二十师在战斗失利后转向天河跟随十九师。我们先后攻打过长安镇、武冈州等地，均以失败告终。

　　攻打武冈的目的是想解决生活问题，听说武冈是一个繁华的城镇，如果能攻进去，可发给每人 50 元光洋。我们打了 5 天，没有攻下来，只好撤退。部队到全州驻了几天，主要是筹款和休息，当时我被调到政治部工作。我们到广东梅花时，计划是在这里长期驻下来。后来与粤军激战，没有打赢，只好撤离。这一仗敌我双方损失都很大。红七军临时改编为两个团，由李明瑞带五十五团，张军长带五十八团。抢渡乐昌河时，我跟随五十五团过了河，敌人追赶我们15 华里，我又累又饿。

　　红七军在渡过乐昌河时被粤军截为两部五十五团由邓小平、李明瑞率领渡过杨溪渡口，向江西前进。五十八团由张云逸率领渡过罗家渡渡口，经湖南进入江西。图为乐昌河战斗旧址。

　　我们到崇义县同当地民团打了一下，在崇义驻了十多天，赶制了一批冬衣，后来接到通知要我们到永新去。我们出发去永新，经过一个叫文钱的地方，有苏区群众来迎接，他们的游击队都是女的。我们到永新没有见到张军长和五十八团，在那里驻了几天，就出发到莲花，也没有见五十八团。我们从莲花出发又走了几天，来到一个叫小河口的地方。听说张军长要来见我们，我们非常高兴。第二天，张军长带五十八团到小河口与我们会合。接着，我们和红二十军去攻打安福，后来又先后攻克茶陵、安仁、攸县等地。第三次反"围剿"战争之前，中央派代表来接我们去河东，我们到兴国参加了攻打莲塘、良村和高兴圩、方石岭的战斗。红七军打得很出色，人人都说红七军能打仗，特别是进攻仗。战斗结束后，我们去打赣州，打了一个月。我记得打赣州时，李明瑞还没有牺牲，红七军还是由他指挥。到江西后，我们的部队一直叫红七军。我是第五次反"围剿"时负伤离开部队的，所以没有参加红军的二万五千里长征。

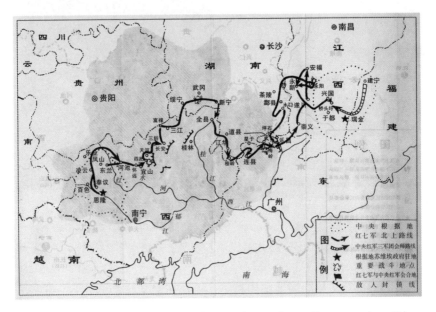

红七军北上江西会合中央红军路线图（1930 年 10 月—1931 年 7 月）

走访李君蔚

被访者：李君蔚，男，80 多岁

走访者：刘桂荣、朱绍鸾

目的：了解邓小平同志在平马办党政干部训练班的情况

时间：1982 年 3 月 5 日

地点：那恒屯李君蔚家

1930年7月，邓副主席在平马西街办党政干部训练班（地点在田东汽车站处），时间两个星期，学员以恩隆籍为主，亦有恩阳、奉议、都安等县少量学员，共58人左右。那恒乡有李君蔚、赴润毫和恩隆县苏维埃政府秘书兼党委书记滕静夫同志参加。

1930年夏，红七军前委在恩隆县平马镇西街开办右江党政干部训练班，邓小平自编教材并给学员讲课。图为平马干部训练班旧址。

训练班领导人及教员共5人，即邓小平、雷经天、陈豪人、高永平、陈洪涛同志。邓小平同志讲授政治课，讲党的生活，讲国内外形势和形势的发展如何有利于人民革命。雷经天同志讲授富农课，标题是《反富农路线的正确运用》，其中讲了一二十条内容，记得有一条是关于实行分耕或共耕的问题。

训练班结业后，学员被分配回本乡开展

雷经天

土地革命，具体做法为：

一、先向乡苏维埃政府委员汇报。当时乡苏维埃主席是李大能、肃反委员李桂华、赤卫委员兼赤卫队队长赵润标、土地委员赵润杰、文化委员张伐影、财经委员李桂珍、粮食委员赵锦标。

二、和乡委员一起宣传土地革命的意义、政策，公开提出："不交租、不还债、焚毁契约，没收豪绅地主土地，分田分地给农民。"

三、各乡以民选方式，选出忠诚老实的贫苦农民组成评产委员会，每乡约 10 人。

四、各户自报自有田地面积产量，并将每块地能产多少斤书写在小木板上，插在田头。由评产委员会评议，报多的减少，报少的合理

在党的领导下，土地革命在右江革命根据地内逐步展开，右江两岸、红水河之滨出现分田分地真忙的情景。贫苦农民实现了"耕者有其田"的夙愿，成为土地的主人，翻身解放，喜气洋洋，生产积极性空前提高。

提高，为分田分地打下基础。

五、动员群众公开在大众面前交出契约、焚毁契约。

六、填写分配田地表，平均分配土地。表内有户主姓名、雇农、佃农、自耕农、半自耕农、出佃、富农地主等格。实际上当时是没有划分阶级的，分田分地是平均分配，但属于反动地富的一律不分给土地。那恒乡有 96 户，300 多人，不分大人小孩，每人均分得土地，只有潘渊一家因反动不分给土地。

农历七月分田分地，八月十三日红军离开田东。八月十五日，奉议县民团大队长李志祥带兵来包围那恒乡，进行烧杀抢掳，人民革命的胜利果实又被土豪劣绅夺了过去。但革命的火焰依然在继续燃烧，而且越烧越旺，最终迎来全国的胜利。

26. 三十六坡斗争纪实

李天心

　　1930 年 10 月，中国红军第七军主力奉命北上，根据河池党代会决议，留下二十一师师长韦拔群和少数干部战士在右江革命根据地坚持斗争。国民党桂系军阀李宗仁、白崇禧趁革命武装力量减弱之机，派第七军会同贵州地方军王海平部两个团及地方民团共上万名反动武装，对中国农民运动的策源地之一——东兰、凤山地区进行"围剿"。东兰、凤山地区霎时战云密布，烽烟四起，人民经受着血与火的考验。三十六坡地处凤山县境内的西部（1935 年以前归凌云府管辖），包括平乐、巴轩、牙里 3 个区，面积约 100 多平方公里。这里是沟通凤山、凌云、天峨、乐业地区的要道。敌人向凤山侵犯，战火就在这里点燃。我当时是红七军二十一师六十三团第三营营长，参加指挥了三十六坡保卫战。

"三光"所及惨绝人寰

　　由桂系第七军军长廖磊指挥的部队在占领东兰后，即向凤山境内进犯。由百色民团指挥官岑建英指挥的民团以及贵州地方军王海平部也同时向凤山境内逼近，形成了两面夹击的态势。当时，留守在凤山凌云的红二十一师六十三团虽为3个营的建制，但人员武器不足，且守卫的地域广阔，致使兵力分散。在强大敌人对各主要革命据点实行分割"围剿"的情况下，我军的配合作战遇到了很大的困难。

红七军二十一师编制表

红七军主力北上远征后，韦拔群留在右江根据地，于1931年1月正式成立红七军二十一师，下辖4个团，共3000多人。

师　　长	韦拔群
政　　委	陈洪涛
副师长	黄松坚（当时名黄明春）
参谋长	黄晖（后黄大权）
政治部主任	陆浩仁
副官长	李恒芳
经理处长	陈瑾初
秘　　书	吴德林
六十一团	
团　　长	韦命周
政　　委	黄松坚（兼）
六十二团	
团　　长	滕国栋
政　　委	滕静夫
六十三团	
团　　长	廖源芳
政　　委	韦仕纯

红七军二十一师编制表

1930年农历腊月二十三日，黔军王海平部的两个团以及百色、凌云、乐业、凤山等县民团共4000多人，开始向三十六坡地区发动进攻。坚守在三十六坡地区的是红六十三团第三营，全营不到200人。按人数对比，敌人比我军多20倍；就武器而论，敌人各种枪炮齐全，我营只有为数不多的老式"七九""双筒"一类枪支，弹药又奇缺。敌人凭借其优势兵力，采取分进合击、步步为营的战术，所到之处，实行烧光、杀光、抢光的"三光"政策，妄图把革命军民一网打尽。驻在巴轩的红三营九连30多名干部战士与敌人激战了4天，因寡不敌众巴轩最终失守，红军指战员和赤卫队员多人牺牲，90多名革命群众被敌人杀害。腊月二十六至二十八日，敌人又连续向平乐区进犯，我营第七、第八连的指战员一面组织群众转移，一面与敌展开激战。

海亭乡是平乐区主要的革命根据地，敌人动用了近2000人的兵力对这个不到200户人家的小山村连续攻打了4天，村前村后弹痕累累。牛尾洞是海亭乡境内的一口石山洞，洞中藏居着50名老人、妇女和小孩，由王士平、潘日彬两个红军战士负责保卫。因洞口处在山腰，上峭下陡，地势险要，非梯莫入，敌人多次强攻不克。遂将村子里的民房拆掉，用茅草、干柴和辣椒粉堆在洞口外面点燃，大火燃烧了几天几夜，一股股呛鼻的辣椒烟火煎熬着洞中军民，有47人被熏死，只有3名幸存。敌人攻破牛尾洞后，又搜遍了每座山、每条沟。几天之内，抢得民财无数。他们还将抓来的数百名群众捆绑吊打，逼

"海亭惨案"发生地

着他们招供谁是红军。可是，一连几天，人们谁也不肯招供。恼羞成怒的敌人便从母亲们的怀抱里夺去了 9 个正在哺乳的婴孩，一个个脱光衣服，丢在一块冰冻的烂泥田里，父老们几次欲往营救，都因被敌人机枪封锁而无法靠近。敌人用枪驱散群众后，孩子们被严寒、饥饿折磨得在稀泥中苦苦挣扎。田里的小草被扯光了，泥土的表层留下了数不清的手脚印子。经过了一天一夜，孩子们哭声止息了，敌人撤走了。红军"敢死队"副队长黄相成半夜赶来，他抚摸着一个个孩子，发现一个还有些气息，便将他紧紧地抱在怀里，回到营地一面给他烘火，一面喂水，孩子被救活了。后来，这个孩子健康成长，取名黄世良。

骇人听闻的屠杀事件一起接着一起，翌年农历正月十二日，敌人又把抓到的 380 多名群众拉到海亭村村旁的两块稻田里排队，先由黔军警戒，后由民团屠杀。敌人用刺刀对成年人割颈、剖腹，对儿童则持其一足，猛掷于地致死。砍杀之声、哭骂声、惨叫声惊天动地，不忍入耳。三十六坡地区约有 2000 人丧生，仅海亭乡便有 20 户人家断了炊烟，24 户人家离乡背井，流落他乡，40 多名男女被敌人拉去外地出卖，全乡田地荒芜了 7 年。

同仇敌忾，英勇杀敌

敌人横施暴行，并没能使三十六坡的革命军民屈服，他们以大无畏的革命英雄气概，同敌人展开了英勇的搏斗。

我红三营党组织对敌我双方的情况作了全面的分析，认为：敌人兵力虽占绝对优势，反"围剿"斗争有重重困难，但是我们也具有地利人和的优越条件，只要我军民同心协力，并根据本地多山、多石洞、地势险要的自然环境，采用灵活机动的战略战术，就能保存自己、消灭敌人，取得斗争的胜利。在敌人即将进犯的时候，各区乡选择了有利地形，有的挖战壕，有的筑营寨，有的砌石洞御墙，并事先把粮食及生活用品搬到转移地点。

巴轩区中云营寨设在村后的山顶上，三面是悬崖绝壁，只有一条羊肠小道可以进出。营寨里住着数百名群众，由我营九连连长覃宝蒙带领30多名红军战士守卫。由于地势险要，敌人无法从四面展开进攻，只能沿着小道冲上来。战士们居高临下，打退了敌人的多次冲锋。与此同时，我也带领部分红军战士开展外围作战，毙敌10多名。经过4天激战，营寨里已无柴、无水、无弹药，形势十分危急。我们决定利用夜幕掩护一部分群众转移到附近的石山洞中隐藏，一部分往平乐区撤退。当敌人蜂拥进入中云营寨时，来不及撤出的军民同敌人展开了顽强的搏斗，有的军民在搏斗中牺牲，有的被押出营寨后遭敌杀害。女青年韦氏送不甘受擒，紧紧抱住一个敌人跳下百丈深崖与敌同归于尽。

红三营从巴轩向平乐撤退时，沿途埋下了不少地雷。敌人尾随侵犯，走大路，绕小路，窜民房，到处都会触碰地雷，途中丢下了30多具尸体。

敌人侵占平乐后，把主力部队驻扎在平旺、海亭，民团驻扎在洪力和力那等乡。我营派出少数人员保卫住在石山洞里的群众，大部分人员活动在各个山头监视敌人。根据敌军兵力部署，我营制定了"机动灵活，避强打弱，出其不意，攻其不备"的作战原则。腊月二十八日夜间，趁敌立足未定，我营派出一个排的兵力袭击驻扎在洪力乡的民团，打得敌人懵头转向，连忙跑到力那与其同伙合并，龟缩在一座庙堂里。第二天夜间，我营又派出两个排的兵力袭击这个庙堂，战士们摸到敌人的枪眼下面埋伏，当敌人伸出枪管时，被红军战士龚金培紧紧抓住，双方进行了拉锯争夺，枪管与枪托脱节了，就在这时，有两位战士乘机向庙堂里塞了两枚手榴弹，炸死敌军数人。

敌人连续两夜遭我袭击，胆颤心惊，急忙把分散屯兵变为集中屯兵，来对付我军的行动。敌兵力布置的改变，确实给我们造成了一定的困难。在群众藏居的每一个地方的周围，敌人都设有岗哨，每哨3到10人不等，这又给我军造成了继续避强打弱、大量歼敌的机会。因此，我们决定将部队力量作了调整，从全营中挑选身强力壮、粗通武术的21名干部战士组成两支"敢死队"，由正、副营长担任队长。敢死队的任务是抓住时机拔掉敌人的岗哨和营、连指挥所。

莲花山下，敌人岗哨林立，哨所与哨所之间的距离约有100多米。为了对付我军夜间袭击，每个哨所都采取几层防卫措施，外层安放活动石板，中层用绳子牵扯挂竹筒制成的铃铛，里层哨兵持枪警戒。可是，这些都难不倒红军战士杀敌的意志，我们往往突然地出现在敌人认为最安全的哨所门前，砍倒哨兵，冲进哨所猛砍熟睡之敌。当其他敌哨发觉并赶来支援时，他们的同伙已丢下了脑袋，而我们的战士早走得无影无踪。

1931年旧历正月十一日夜间，我带领11名"敢死队"队员，分成两组同时袭击驻扎在海亭乡的敌人一个连部和一个营部。整个战斗不到30分钟，我们就毙敌20多名，敌军官也成了刀下鬼。眼看着指挥官被杀，敌人个个吓得魂不附体，呆若木鸡。当我军撤离时，敌人也不敢追击，只是无目标地乱放一阵冷枪。"敢死队"在一个月内连续袭击敌哨所 11 处，共毙敌人 70 多名，沉重地打击了来犯之敌。

在"敢死队"英勇杀敌的同时，坚守各处石洞的红军与赤卫队也紧密配合，同敌人展开了生死搏斗。柳石岗上有许多群众避难，敌人集中兵力从四面包围山头。黄福昌、黄福明等 9 名红军战士与群众共同奋战，打退敌人两次冲锋，毙敌数人。后来，敌人凭着人多势众，狂喊"输人不输仗"，又多次冲击。敌人冲上了柳石岗，我军民同敌人展开英勇的搏斗，妇女韦妈翠趁敌人抢包袱之机，用菜刀砍死一个敌兵。

坡夜山上隐居着 100 名群众，敌人动用了几个连的兵力进行围攻。坚守这里的 16 位红军战士和赤卫队员英勇击退了敌人的 3 次冲锋，毙敌 20 多名，伤敌 10 多个。后来，因我阵地一侧力量空虚，被敌冲开缺口，经过一番厮杀，红军、赤卫队员全部壮烈牺牲。敌人搜

三门洞战场遗址——三门洞后洞

三门洞战场遗址——三门洞前洞

到壁崖上，发现有群众一男一女，便妄图捕捉，两人不甘受擒，便一起抱住一个敌兵跳崖而死。

　　三门洞位于莲花山山腰上，是一口面积为1000多平方米的溶岩洞，洞有出口和入口，入口外面有两道石门，出口与蚂洞隔山相望。无论是出口或入口，其上面都是悬崖，下面是七八十度的滚石坡，地势十分险要。当时，来自各乡的2000多名群众隐蔽在这里，由我营一个排负责保卫。为了解决武器弹药的不足，广大军民在洞中办起了兵工厂，主要制造大刀和火药。敌人先以整团的兵力向三门洞发起进攻，我军凭借天险，以简陋的武器、翻装的子弹、洞中的石块进行英勇抵抗，连续打退了敌人的冲锋。由于强攻失败，敌人随后又采用层层设岗、处处封锁的办法，企图摧毁这块革命据点。洞外的水源被敌人封锁后，我军民饮水万分困难。后来，不得不以人尿、畜尿或杀掉牲畜取血充渴。500多人渴死，活着的人也渴得嘴唇干裂，浑身瘫软。为保存革命的有生力量，我红军千方百计掩护群众转移，入口右上方的悬崖上有一条长约六七十米、宽10多公分的石缝可以直通兰包山，敌人以为该处地势险要，便放松了戒备，我军每天夜间组织群众手攀青藤，脚勾石缝，一步一挪地向兰包山中疏散。敌人万万没有料到，在这条连猿猴也愁攀援的石缝线上，竟有1000多人爬了过去。经过20多天的艰苦斗争，三门洞最终失守。敌人占领该洞后，把来不及转移的人们押送下山，其中有100多人因无法走动被当场砍死。在押送途中，数十人因浑身瘫软滚坡身亡，也有数十人暴饮河水而死去。300多名群众被押到平旺乡社领屯后，敌人追问谁是共产党员、谁是红军。但任凭敌人怎样严刑拷打，群众始终不讲出共产党员和红军战士的名字。于是，敌人又准备实行大屠杀。在这关键的时刻，敌三门洞前沿指挥所突然接到凌云县县府的一封信，内容是："□□□指挥部，原坚守三门洞的红军、赤卫军在我军进攻期间均已潜逃。现在你们抓到的全是老弱妇幼，不能执行枪杀，否则往后民心不顺于我，请依照实行勿误。"敌人指挥官无可奈何，只得老老实实地将这批群众释放了。原来，这是一封假信，是我红三营党支部书记、教导员黄伯尧出的妙计。黄伯尧是一位考虑问题沉着冷静、处理事情坚决果断、带兵打仗勇敢顽强的红军指挥员。在三十六坡地区腹背受敌，红三营与师、团联系隔绝，斗争环境又非常艰苦的情况下，他以革命的大智大勇，制定了许多巧妙的作战方案，指挥三十六坡地区革命军民同敌人展开了长达3个多月的生死搏斗，杀伤了敌人近一个营的兵

员。后来，敌人又以凤山县城为据点，向北"围剿"由我红六十三团第一、第二营所坚守的恒里、八龙、那烟、老里、八达、巴界等红

黄伯尧　　　　　　黄举平

色地区。为了配合兄弟部队打击敌人，黄伯尧利用黔桂两军待遇不平的矛盾，又制订了一份借刀杀敌的计划。

有一天，黄伯尧找来一份广西省府的旧布告，他仔细地研究了布告上的大印章，然后让雕刻能手黄伯良仿刻一枚，自己执笔写假令信。

这封信由赤卫队员陈贵生"误送"给驻扎在凤山县城内的王海平部冉举腾团指挥所。黔军团长冉举腾看了信又惊又火，咬牙切齿地骂："人要杀我，不如我先杀人！"当天傍晚，率部冲进凤山的县府内，活捉了百色民团指挥官岑建英，缴了岑部特务连和一部分民团的枪械。本来，岑建英准备召开一次军事会议，可是，会还没有开成，就稀里糊涂地当了黔军的俘虏。抓到岑建英后，黔军又撤回围攻恒里岩所属队伍，连夜驱军向芝山区进发。

次日凌晨，黔军赶到芝山区那良屯杀了在那里指挥攻打巴界革命据点的桂系军营长兼凤山县县长罗颂纲。随同罗前往指挥的王海平部

参谋长阮莜斋感到莫名其妙，急忙制止。本来这两个团的兵力不是王海平的嫡系部队，而是收编的部队。这时，阮不但指挥不灵，连其本人也被黔军当作叛变者，遭到与罗颂纲同样的下场。罗部下不甘示弱，与黔军展开一阵激烈的枪战，双方死伤数十人。廖磊闻讯，即派杨一峰营从东兰泗孟日夜兼程前往营救，在凤山、凌云两县交界的勤瑶沟伏击黔军。黔军刚到此地，被杨一峰部两面夹击，死伤无数，被黔军扣押的指挥官岑建英乘机逃脱，黔军只有 100 多人死里逃生。黔军王海平部队两个团死伤 1000 多人，桂系军阀也受到了沉重打击，从而减轻了敌人对三十六坡地区乃至整个东凤地区的压力，为保存革命力量创造了条件。

后来，桂系军阀以及地方民团的"围剿"虽然还在加紧进行，但红三营改变战略战术，突出重围转入外线作战。

前仆后继坚持斗争

黔桂两省的正规部队虽已撤走，但是地方民团还长期留驻监视，敌我力量对比仍然是 10：1。因此，从 1931 年 3 月以后，三十六坡地区的革命斗争还是十分艰苦的。

红三营虽说转入外线作战，但并没有远离亲人，我们仍然坚持战斗在三十六坡地区。敌人占领村庄，我们就扎根在高山之顶、密林深处。夏季，在深山里搭起简单的茅棚栖身避雨。冬季，凭着单衣、草鞋御寒；缺少粮食，采集野菜、野果充饥；困了，就靠在大树底下打盹；渴了，就喝上一口山泉水；病了，就采集草药来治疗。敌人来了，能吃掉的就坚决吃掉，不然就巧妙地避开。

为粉碎敌人的长期封锁，我们先后在海亭乡的更丹，力那乡的小那尧、王包，洪力乡的巴桴、内严，六马乡的六乐，金牙区的坡王等地建立了秘密联络点。这些联络点既是革命军民互相联系的纽带，也是我军取得敌人情报的重要基地，作战时又是我军临时兵站和补给点。后来，根据形势的变化和斗争的需要，我红三营又改编为4个小分队，采用游击战术同地方民团展开了激烈的斗争。一次，民团大队长唐尽贤带领一个连的兵力向我第三小队发动进攻，我第一、第四小队立即截击后路，敌见势不妙，慌忙逃窜。我第三小队趁机出击，打死打伤数十名敌人。在此期间，我们还深入敌后，清除那些反动骨干分子。1931年冬，第二分队潜入反动巢穴坡心乡，把地方恶霸黄宝尤杀掉。1932年春，又把社更乡的地头蛇黄德才、韦春惠和内奸陆贯轩打死。由于我军行动神出鬼没，敌人摸不清我们的去向，只能龟缩在各据点里，不敢贸然

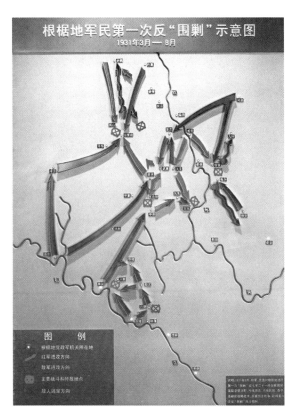

根据地军民第一次反"围剿"示意图

向我军活动地带发动进攻。

1932年12月，黄举平来到三十六坡地区恢复和发展党组织。从此以后，我们这支革命队伍又在党的领导下百折不挠地长期在滇、黔、桂边区发动群众，组织群众，武装群众，恢复、巩固和发展革命根据地。解放战争时期，我们这支队伍又编入了桂西人民解放军第二十八大队，为推翻三座大山作出了重要的贡献。

27. 忆在河池整编中的韦拔群同志

覃国翰

1930年，战火纷飞的岁月。

虽然红七军成立还不到一年，但是，我们体会了战斗胜利的欢乐，也经历了艰难困苦的风险。多少烈士用自己的鲜血，谱写了壮丽的战歌；多少英雄用自己的行动，表现了对革命的忠诚！

晚秋季节，天气仍然炎热。红七军离开右江革命根据地，奉命北上。我们所到之处，贴满了欢送的标语。在村头路边，乡亲们敲锣打鼓，端来茶水，送来鸡蛋、柚子、柿子……他们拉着我们的手，含着泪水，千叮咛万嘱咐："一定早点回来，我们盼望你们啊！"我想起家中的老母亲，想起韦拔群同志带领我们战斗的情景，想起乡亲们的深情厚谊，鼻子一酸，几乎掉下了眼泪。

我原来是韦拔群同志举办的广西农民运动讲习所第三届学员，在快要毕业的最后一个星期天，我们曾经前往东兰

覃国翰

县武篆区东里村，访问韦拔群同志的故乡，进行社会调查工作。这个村有100多户人家，多数姓韦，也有少数姓黄。他们多是贫农和佃农。韦拔群同志出身于一个富有的家庭，他从广州农民运动讲习所学习回来以后，立刻召集全村的贫农和佃农，来到他的家门口。他脸上含着笑容，身上穿着很旧的学生装，打着赤脚，走到大家跟前，当场宣布佃户耕种他家的地都不要交租，欠他家的债务都不必归还。听了这番话，人们开始是惊奇，纷纷议论，接着是欢欣若狂。韦拔群同志的这些行动，给我留下了深刻的印象。

红七军成立以后，韦拔群同志领导的农民自卫军被编为红七军第三纵队，韦拔群同志担任纵队司令。我当时在第三纵队当司务长，跟着拔哥转战在右江地区。党组织和拔哥对我培养教育，使我成长为一名光荣的中国共产党党员。

河池红七军整编旧址

深秋的一天，红七军第一、第二、第三、第四纵队集中在河池县城西南端的大草坪上，部队的战士们精神抖擞，雄起起、气昂昂地开始了分列式操练，战士们迈着坚定、整齐的步伐，走过主席台前，接受邓小平政委、张云逸军长、李明瑞总指挥的检阅。附近的群众数千人也赶来参加了大会。当时，将各纵队编为第十九、第二十、第二十一师，决定留第二十一师的番号回右江重建部队，坚持斗争。大会还给各部队授了旗。

当时，除了两个师满员以外，只有韦拔群同志任师长和陈洪涛同志任政委的第二十一师是空架子。在整编时，韦拔群同志的思想和行动十分感人。他只有公心，毫无私心，心中无我，只有人民，为了革命的需要，毫不犹豫地将第二十一师的好干部、好战士、好枪、好马，统统编入第十九、第二十师。我也是从第二十一师编入第十九师的。在创建右江革命根据地中，韦拔群同志付出了很多心血，经历了艰苦战斗，壮大了队伍。他到河池县时，带了2000多名右江英雄儿女和不少精良的武器。现在，他为了充实主力部队，将自己领导的队伍统统交出来，只留下二十一师这面红旗和编剩下来的七八十名老少残弱及一些破旧枪支。他知道，红七军主力离开以后，右江革命根据地的斗争将会更复杂更艰巨。但是，他决定冒着风险，将重担挑在肩上。

红七军主力北上后右江革命根据地怎么办？红七军前委书记邓小平同志在平马的前委扩大会议上作了报告，指出红军北上后，右江各县可能被敌人占领，根据地的斗争将是长期的、复杂的、尖锐的。他要求各部队和各县县委、工农民主政府抓紧时间，整顿和加强赤卫军，加紧战备；抓紧秋收，储备粮食；清洗不纯分子，处理匪特案件，纯洁内部；整顿党的组织，建立适应斗争形势的领导机构，做好撤退的准备工作。

邓小平同志的指示给了韦拔群同志很大鼓舞，也给右江革命根据地的斗争指明了方向。

在河池整编后，韦拔群同志送我们出征，亲自给我们做思想工作。他叮嘱我们，在党的领导下，在邓小平同志、张云逸同志的率领下，要像创建右江革命根据地那样不畏艰险，不怕困难，英勇战斗，战胜敌人，胜利地打回来。他向我们表示，一定用鲜血和生命保卫右江革命根据地，用战斗的胜利欢迎我们凯旋归来。

红七军主力离开河池的那天晚上，韦拔群同志和整编剩下来的七八十个战士举着二十一师的红旗返回东兰。张云逸同志带着两个警卫员，特地赶来给他们送行。张云逸同志对韦拔群同志情谊深长地说："我陪你走一段路！"

秋天的晚风徐徐吹来。皎洁的明月爬上树梢。大地显得如同白昼一样明亮。张云逸同志和韦拔群同志踏着银光，肩挨着肩，一边走一边谈心。他们从右江的农民运动谈到百色起义，从红七军的建立谈到土地革命的开展，从右江和全国革命的形势谈到今后艰巨的战斗任务。他们走到一个高坡上，突然停下脚步，张云逸同志看着周围熟悉的一草一木，深沉地说："韦拔群同志，红七军主力北上后，给你们留下的斗争任务更加艰巨、更加复杂，但也更加光荣。革命的道路是曲折的，革命的前途是光明的。井冈山的红旗给我们树立了光辉榜样。你们在困难的时候，要看到光明，要紧密地依靠右江各族人民群众，坚持到红七军打回来，坚持到革命最后胜利！"

韦拔群同志挺起胸膛昂起头，坚定地回答说："请军首长放心！

百色起义使右江的革命烈火烧得更旺，战争的环境培训了骨干、锻炼了人民。今后，困难再大、任务再艰巨，我们也一定能坚持革命到底！”

张云逸同志望着韦拔群同志的脸庞，回忆两人相处的日日夜夜，深知韦拔群同志是右江农民运动的优秀领袖，是党的优秀儿子。

韦拔群同志恳切地请张云逸同志提出批评意见。张云逸同志沉思后，坦率地说：“只有一个感觉，就是你太重个人感情，这一点要特别注意。我们干革命，主要应依靠党组织和在阶级斗争中表现好的同志，而有些亲戚朋友是靠不住的。”

这话正说到韦拔群同志的心坎上。他紧紧地握着张云逸同志的手，激动地回答说：“是啊！我诚恳接受！”

张云逸同志送了一程又一程，不知不觉送出了 20 多里。韦拔群同志多次劝他止步，张云逸同志仍是难分难舍地送别。韦拔群同志只得停住脚步，拦住了去路。他考虑到这一带是新开辟的游击区，张云逸同志身边只带有两个警卫员，怕发生意外。因此，他又把张云逸同志往回送了一程，一直送到离河池只有几里路了，经张云逸同志极力辞谢，韦拔群同志才怀着依依不舍的心情挥手告别。

红七军主力北上后，韦拔群同志在右江革命根据地重新组建了二十一师，进行了艰苦卓绝的斗争。1931 年 11 月，在江西瑞金召开的第一次全国工农兵代表大会上，毛泽东同志当选为中央工农民主政府主席，张云逸同志和韦拔群同志都当选为执行委员。

然而，他们没有想到，在河池的这次告别竟是最后一次诀别！

1953 年冬天，张云逸同志到桂林，在闲谈中问我：“你是从第二十一师编到第十九师的吧？”

"是的！"我回答说。

张云逸同志对我谈起韦拔群同志，谈起这次告别，满怀深情地赞扬韦拔群同志。他说："韦拔群同志能活到现在该多好啊！他一定能为党为人民作出更大的贡献！"

1962年，邓小平同志和张云逸同志都亲自题词，高度赞颂韦拔群同志。

韦拔群同志永远活在我们的心里！

28. 韦拔群同志二三事

覃国翰

农民运动的杰出领袖

1927年4月12日，蒋介石撕去了革命伪装，露出了反共、反人民、反革命的狰狞面目，一手制造了骇人听闻的"四一二"惨案。4月15日，桂系军阀追随蒋介石，疯狂屠杀无数共产党人和革命群众，土豪劣绅也卷土重来，反革命气焰十分嚣张。广西很快笼罩在一片白色恐怖之中，各地的党组织和工农群众组织都遭到严重破坏，革命力量受到很大损失。为了保存革命力量，跟敌人进行长期、持久的革命斗争，广西革命运动大部分转为地下斗争。

但是，尽管白色恐怖十分严重，反革命活动十分猖獗，韦拔群同志仍继续领导农民革命运动。他在东兰武篆区中和乡育才小学创办了广西第三届农讲所，拔群同志亲自担任主任，邓无畏同志任副主任，教员有叶一茅、黄□□等。学生多达200多人，还设女生班。我也在农讲所里学习，从此接受了马列主义教育。

韦拔群同志在右江两岸、红水河畔，发动农民与敌人开展针锋相对的斗争。公开坚持用革命的武装来反抗反革命的武装。在拔群同志

　　1927 年，蒋介石和汪精卫先后发动了"四·一二"和"七·一五"反革命政变，血腥屠杀共产党人和革命群众，公然背叛革命，标志着国共合作正式破裂，轰轰烈烈的大革命运动陷入失败。图为国民党反动派抓捕共产党人。

第三届农讲所地点——东兰县武篆育才小学旧址

的领导下，右江地区的农民运动如火如荼，给予坚持地下斗争的共产党人和革命群众以极大的鼓舞，使他们在困难的时候看到了希望，坚定了革命必胜的信心。

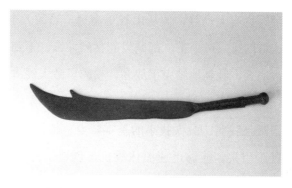

1927 年东兰县农民自卫军使用过的双锋大砍刀

1927 年夏天，韦拔群同志担任右江东（兰）、凤（山）农军总指挥，东兰、凤山的革命运动使驻扎在百色的匪军第五师师长朱为珍惊恐不安，8 月间，他派白匪黄明远的部队纠集凌云县的反动民团进犯凤山，直指东兰。

韦拔群同志沉着果断，立即将东兰、凤山、凌云 3 县的农军汇集起来，兵分 3 路迎击敌人。他亲自率领农军内外两线作战，互相配合以粉碎敌人的进攻，命令一部分农军在二都打游击，骚扰敌人。为了迷惑敌人，机智灵活地采用了声东击西的战术，声称要在某月某日要攻打百色城。敌人闻讯，惊慌失措，急忙把增援进攻东（兰）、凤（山）的匪军调回，加强百色县城的防务。此时，拔群同志调一部分兵力去平乐对黄明远部匪军构成包围之势，待敌进犯东兰时，以一部分农军攻击敌人的后翼，实行前后夹击。当敌人慌忙率领部队向二都、三都南逃时，农军在一个南北长达十多里，两旁都是陡峭绝壁的狭长山谷设下埋伏。狡猾的敌人还没进入我们的伏击圈时就用火力侦察，用枪炮往山谷两旁轮番扫射、轰击。有的炮弹落在离同志们很近的地方，敌军见毫无动静，便从山谷里南逃，当敌人全部进入我军埋伏圈时，拔群同志一声令下，部队发起猛烈冲锋，不到半个小时，敌人就全部被消灭，胜利地结束了战斗，粉碎了敌人侵占东兰的企图。

经过长期的斗争实践，拔群同志积累了丰富的斗争经验，掌握了敌强我弱、敌大我小的基本特点，他指挥果断、灵活，足智多谋，善于用兵，能够迅速抓住战机，创造条件消灭敌人，是农民运动的杰出领袖。

反"围剿"

1931 年 2 月，白匪军第七军军长廖磊亲自率领一万多人的兵力，并勾结贵州军阀王海平两个团，兵分两路向我红二十一师主力所在地东兰、风山进行疯狂"围剿"，叫嚷要在"三个月内把右江苏区彻底消灭。"

当时形势极为严重，但韦拔群同志镇定自若。他认为死守县城没有什么意义，决定放弃县城。在通知各部队主动撤出果德、恩隆、奉议、百色、东兰等县城的同时，他除了派一支部队在县城附近打游击吸引敌人之外，主力统统按照指定地点集结，伺机打击敌人。

敌人屡遭失败，丧心病狂地纵火烧山，搜山，查岩洞，不管妇孺老幼，见人就杀。遇害的乡亲尸横遍野，血流成河，其情景惨不忍睹。敌人这样嚣张，情况如此危急，可是身经百战而独具胆识的拔群同志，一边和指战员们风餐露宿，沉着机智地指挥作战，一边望着敌人纵火升起的浓烟，朗诵着他自己写的《革命到底》诗："穷人闹革命，众乡亲，雄心要坚定。今日处恶境，但相信，雾散天会晴。"

拔群同志了解到桂系军阀与贵州军阀之间有矛盾，立即开展政治攻势，到处张贴标语。警告贵州军阀不要为桂系军阀卖命，揭露两系军阀之间的矛盾，使他们之间的裂痕更进一步加深，矛盾更为尖锐。不久两系敌军发生内讧，互相火拼起来。拔群同志利用他们"狗咬狗"的机会，深夜把部队放在敌军侧面，横

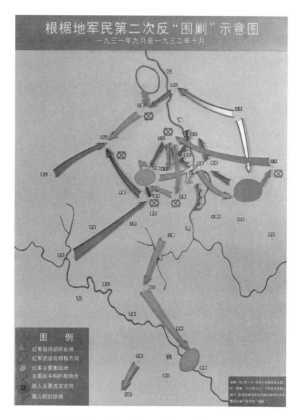

根据地军民第二次反"围剿"示意图（1931年9月至1932年10月）

插进去，占领了凤山城郊敌人的军火仓库，夺取了一大批武器弹药。贵州军阀王海平以为廖磊除了夺弹药库外，还要全歼他们，便慌忙地率领残部逃回贵州。国民党反动派的"围剿"阴谋又一次被粉碎。

智勇双全的将领

1932年下半年，桂系军阀头子白崇禧亲自率领张发奎和廖磊两

个军共 2 万余人的兵力坐镇东兰。

韦拔群同志在党的领导下，在各民族人民的大力支持下，他亲临前线指挥战斗，冒着炮火硝烟察看敌情，观察动向，对当时负责右江上游开展游击战争的黄举平同志说："革命斗争是长期的、艰苦的，革命的道路是曲折的，但前途是光明的!"在这次反"围剿"的斗争中，拔群同志灵活地运用了游击战术和诱敌深入的战略方针，采取了内线和外线游击战术互相结合的打法，在右江地区、红水河两岸声东击西。他利用险峻的山势、熟悉的地形，灵巧地回避大股敌人，穿插在敌军重兵之间，抓住战机给敌人以致命打击，弄得敌人惊恐不安、疲于奔命，打乱了敌人步步为营、稳扎稳打的"围剿"布署。我军由劣势转为优势，由被动转为主动，顺利地取得了一次又一次的战斗胜利，彻底地粉碎了敌人的多次"围剿"和进攻，保卫了革命根据地，使革命力量发展壮大。

革命到底

韦拔群

穷人闹革命，众乡亲，雄心要坚定；
今日处恶境，但相信，雾散天会晴。
想起好前景，浑身劲，吞菜也甜心；
穷人闹革命，众乡亲，雄心要坚定。
那时灭土豪，吃穿好，饭饱衣又新；
今日处恶境，但相信，雾散天会晴。

韦拔群写的诗歌《革命到底》

为人民军队的发展建设作出了不可磨灭的重大贡献。他智勇双全，胸怀韬略，是一位卓越的军事将领。

拔群同志离开我们已有 50 周年了，每当我想起这些往事，仿佛觉得他并没有死，他永远活在我们中间，他的革命功绩是永远不会磨灭的，他的革命精神时时刻刻激励着我们。

29. 弄砦洞内会拔群

黄举平

黄举平

1931年，东兰处在一个苦难的年代。湘桂军阀混战刚刚结束，广西军阀旋即派廖磊率一个军的兵马向右江革命根据地进攻，企图趁红七军离开广西北上与中央红军会师的机会，一举摧毁右江革命根据地。这就是反动派向右江革命根据地发起的第一次"围剿"。

敌人的"围剿"是我们早预料到的。还在红七军北上以前，右江党委曾于1930年8月间在平马镇（即今田东县城）召开了一次扩大会议，研究了主力走后敌人可能实行"围剿"的对策。那次会议之后，我们便根据邓政委（即邓小平同志）的指示，一边组织发动群众积极抢收农作物，把粮食运到山林和岩洞里埋藏起来，一边着手整顿各级组织，成立县区常备队并进行军事训练等工作。10月，红七军北上，县委即提出"保卫工农民主政权"的口号，东兰的各族人民迅速地行动起来了。不久，韦拔群同志即组织好红二十一师，分驻在七里、天峨、凤山和百色附近各地，严守根据地边境。

这样，各地无论在政治上、军事上和经济上，都已经有了充分准备。因此，廖磊的"围剿"对于我们来说并不感到突然。

廖磊原想一举攻下东（兰）、凤（山）老区后，就可大肆宣扬右江红色政权垮台，故除以少部兵力与我红二十一师主力接触外，其大部兵力则从河池、奉议（即今田阳县）两路分兵合进，直向东（兰）、凤（山）压来，气势十分嚣张。那时前方红军正在与敌应战，东兰境内已无主力，而我们县大队也只有60余人。在这种情况下，要想守住东兰县城是不可能的，而且价值也不大。为此，县委研究决定：按照右江党委以前所指示的精神，主动放弃县城，采取乡村割据的办法，到农村去坚持开展对敌斗争。于是，县委、县工农民主政府各机关均在廖磊进犯东兰县城的前两天撤到中山山脉的弄英洞。接着，各区党委和区政府也先后撤进山洞办公。

我们撤到山洞后，因为那时正值春耕之际，便派大批干部深入各区、乡抓紧领导生产。同时，命令县大队寻找机会主动出击敌人。有一次，县大队长带领40名战士在顽石同敌一营人打了两天，但终因寡不敌众而退回。广大人民群众也在同敌人进行着顽强的斗争。敌人所到之处，进行了惨无人道的洗劫，奸淫烧杀，掳掠一空。但是革命的人民在党的领导下，把仇恨化成力量，拿起自己的枪和刀矛，英勇地抗击敌人。房子被烧掉了，便搬进岩洞去住或露宿于山中，青苗被踏毁了，再重新插上。他们没有向敌人屈服，英勇地与敌人展开你死我活的斗争！敌人的"扫荡"一次比一次残酷，我们给他们的打击也一次比一次严重。但敌人却像疯狗般地一个劲到处乱咬，不断派兵增援。原来生气蓬勃的根据地，现在处处变成了废墟。目睹这种凄凉的景象，我不禁愁闷起来：什么时候才能把敌人消灭光？什么时候群众才能结束这痛苦的生活？为这事，我连饭也吃不好，觉也睡不安，我想，要是拔群同志在身旁该多好啊！他会给你在这千头万绪的斗争中理出个眉目来。可自从去年冬天我俩分手以后就没有见过面，几次想去见他，但因在反"围剿"的日子里，他经常转移，无固定驻地，因而欲访未遂。

我正在焦急万分的时候，一天，忽然接到拔群同志派人送来的一封信，说他已转至弄峁洞，要我接信后即去汇报情况并研究对敌斗争策略等问题。我看完了信，高兴得几乎叫起来，在这困难的时刻得到领导的指示，还有什么比这更珍贵的呢！当天，我就带了一个班，前

1931年在第一次反"围剿"期间，黄举平到东兰县武篆区善学村弄峁洞向韦拔群汇报工作。

往弄砦洞去会拔群同志。

弄砦洞是东兰西山山脉中一个较大的天然石洞，可容纳千余人。岩洞前后各有一洞口，出入很是方便，但在前洞口却有一条南通盘阳，北至兰木、泗孟的山路，这在敌人到处乱窜的情况下，有一定的危险性。善学乡政府和全乡的老人、妇女和儿童300多人全部隐蔽在这里。到达弄砦洞的时候，天色已经完全黑下来了。洞口隐蔽处站有两名哨兵，我说明来意，其中一个便领我们进去。洞里到处点着桐油灯，男女群众一堆一堆地聚集在篝火旁闲谈，有的哼着小调。哨兵领着我们转了两个弯，便远远看见拔群同志坐在灯下写着什么。又走了几步，我才向他招呼："拔群同志，我们来了。"拔群听见我的声音，一下跳起来，面带微笑，拉住我的手说："瑞琦（我当时用的名字），你来得好快呀！"说着便拉我坐下，问我走得累不累？路上碰见敌人没有？并从罐里倒了一碗水给我，说："来，先喝碗水，再吃饭。"我笑着对他说："饭虽然还没有吃过，可是现在不觉得饿了。"并告诉他在路上没有遇见敌人。

拔群笑着说："碰见敌人也没什么，你就教训他一顿嘛！"并问我："你害怕敌人不？"

"不怕！"我干脆地回答着。可是我倒很担心拔群同志的安全，因为廖磊到东兰后便四处张贴布告：谁能割下韦拔群的首级赏花红（银圆）五千。于是我说："拔群同志，您也要多加注意呀，廖磊不是正在到处赏花红抓您吗！"

拔群听罢哈哈大笑说："瑞琦，我的头太值钱了，能值五千元光洋！的确，我们每个革命者的头都很值钱，但是这颗头敌人是无法拿去的。狗官廖磊的头能值几个钱？狗头不值钱，我也可以出布告：谁砍下廖磊的脑袋特赏花红五个小铜板！"说得我们一阵大笑。拔群同志的这些话，实在风趣得很，可以看出他对敌人是何等蔑视，而对革命的前途又是多么乐观。说话之间，通信员端上了饭菜，我哪里吃得下去，心里的话都急着要说。但是拔群却一再说："吃过饭再谈。"我只好草草地吞了几口。

吃过饭，我详细地向他作了汇报。拔群很注意听，只见他有时点点头，有时又紧锁双眉，还不时插进话来。他对我们在撤出县城时曾经用地雷炸死过一些敌人很感兴趣，连连说道："你们做得对，太好了！应该这样，一点也别给廖磊这狗官得安闲。"最后，我老实地对拔群说："敌人我根本不害怕，可就是太缺乏武装斗争经验了，一时真把我弄得顾东不顾西的，好在没有出什么大乱子，请您多给我一些指示。"这是我长久积压在心里的话，也是我这次会见首先要解决的问题。谈完了以后，感到一身轻松。

听完了我的汇报，拔群同志站起身来，慢慢地踱着步子，我知道他这时正在思考问题。他身材魁梧，穿着一身青色的唐装，一副方方的面孔，满腮的胡子，显得那么庄重威严，两只炯炯有神的大眼睛使他显得精明干练。拔群同志的担子是太重了，自从敌人来了以后，他差不多整天爬山越岭，指挥红军作战，又要照顾各县的情况。然而他的表现却如此沉着、镇定，举止言谈是那样的爽朗、从容、乐观，真令我非常敬佩。

这时，拔群同志又踱了回来，站在我的面前说："瑞琦，你们能安全地撤出县城，并抓紧生产，这都很好。但是，你们对敌情估计得还很不够啊！"他又慢慢地走了两步，转回身来坐下继续说道："比方说，你们撤到中山这个问题，据你方才说是便于和东山、西山进行联系，可你们却缺乏全面考虑。巴（马）、东（兰）公路离你们那么近，正是敌人进出的主要通道，这个危险性就很大。要想在这一带坚持对敌斗争更是困难的。"他停了一下又说，"所以，你们应立即撤到东山山脉去，那里不仅敌人少，更主要的是山高林密，又背靠红河，是开展游击活动的好地方。"

听了拔群这一席话后，我心里一下子敞亮起来。过去我从未在这些方面考虑过，如今拔群短短的几句话，就指出我们的缺点，并对今后斗争指明了方向。"拔群同志，您说的太对了，您提醒了我，我一定按照您的指示去做。"我抑制不住内心的激动，脱口而出。

拔群说："我找你来，就是专为这事的，不过你不要着急，敌人还吃不了我们。"夜在静静地流逝着。洞里虽然看不到天色，也听不到风声，但我感到身子有些发凉，想来夜已经很深了！那边群众升起的篝火已经熄灭了，在近处还可偶尔听到熟睡的战士们发出的鼾声。我们仍然在研究着、讨论着，拔群同志的精神很好，毫无困倦之意。他最后说："若要打败廖磊这狗官，取得反'围剿'的胜利，就应当紧紧依靠群众、团结群众，还要正确地估计敌人。应该打的仗坚决打下去，不该打的仗决不能硬拼，要见机行事。你们县大队除了在有利情况下可与敌人接触外，主要任务是保卫群众进行生产，这是一件大事，要多储存一些粮食，有备无患啊！另外，就是对付土豪劣绅，他们要捣乱，就杀他们，别客气！"他说完便问我的看法怎样，有什么意见？他对问题分析得很透彻，而且井井有条，真是给我上了一堂大课，对我鼓舞极大。

这一夜我们谈得很晚。刚刚要睡下，突然从远处传来了稀疏的枪声，震荡着那不平静的夜。拔群站起来听了听，我也站起身屏住呼吸倾听着。过了一会儿，拔群才展开紧锁的眉头说："离这很远呢！又是一场洗劫。"接着我们又谈起了群众奋起抗击敌人的事来。拔群说："我们有革命的人民，他们英勇无比，到处都在同敌人战斗着，我们一定会胜利的！"第二天一觉醒来，洞里已经大亮，拔群早已起来了。他说："我们到后山散步去好吗？"我一骨碌爬起来说："好！"

我们从后洞口出去，登上山顶远望太阳已高挂东方，大片大片的乌云在天空中游荡追逐，一会儿遮蔽着太阳，一会儿被太阳冲破。拔群见此情景就对我说："瑞琦，你看乌云是遮不住太阳的。"我明白他的意思，回答说："廖磊更压不倒我们！"这时火红的阳光普照大地，金光洒在绿色的田野上，洒在我们的身上。举目四望，只见远方一山凹处升起团团烟火，滚滚向上，拔群低声叨咕："昨夜的枪声，怕就是那里响起的！"

当我们散步回来刚走进洞口时，早有许多男女群众走上来，有的喊"韦师长"，有的则亲切地叫"拔哥"。拔群笑着向他们招手，连说："我们随便谈谈。"群众越来越多，把我们围在中间，问长问短，一阵欢笑；小孩子们钻到前边，扯着拔群的衣襟，抱住他的大腿打转转，毫不拘束。拔群抚摸着他们的小脑袋，问他们几岁了，吃过饭没有。这时有个叫韦伯的，他年纪约60上下了，精神还很饱满，捋着小胡子走上前来说道："韦师长，你们还没有吃饭吧？来，我们一块喝一杯！我带来的一点酒总也没舍得喝，今天要喝个痛快！"拔群本来就喝不了多少酒，但是他没有拒绝，我更不会喝酒，但也高兴陪着一起喝了几口。韦伯喝得高兴，话也多起来。自然，那时人们谈话的中心便是敌人"围剿"的事。韦伯呷了一口酒，笑着对拔群同志说："白狗子我们不怕，他也是两条腿嘛！我的粉枪早已准备妥当，砂石火药也充足，廖磊一来，管叫他爬着回去！"说得大家都笑了。拔群接着说："您说得对，廖磊是只乌龟，怎能不爬着回去哩！只要我们心齐，一定会打跑它！"这时群众开始议论了，有的说："让白狗子来吧，叫他们尝尝我的厉害！"有的说："我真想宰他几个！"有的干脆就喊："和他们拼！"拔群于是站起身，向激动的群众讲了话，鼓励他们紧密团结起来，做长期斗争准备，抓紧生产，等等。

我临走那天，拔群亲送至洞口，又谆谆嘱告诫我："你是县委书记，责任重大，斗争是残酷的，可不能有丝毫麻痹呀！"他看了看我说："你也是有些瘦了，要多注意身体，别拖垮了。"他还说："你先回去，明天我也走，到那烈去，有什么事就派人去联系。"

这次会见拔群同志对我来说是一件大事，原先的那种抑郁的心情没有了。经过拔群同志的指导，总结了工作，明确了今后对敌斗争的方向和策略，真令我高兴极了。

我回到弄英洞以后，便召开县委会，同县工农民主政府主席覃联规同志详细研究了到东山的斗争问题。不久，我们便根据拔群同志的指示，转移到东山泗爷乡弄洞一带活动去了。在那艰苦斗争的岁月里，拔群同志的话一直是鼓舞我前进的力量！

30. 保卫秋收

黄道充

1929 年 12 月 11 日，红七军成立后，右江各地的苏维埃政权也相继建立，并随即开展了打土豪、分田地的斗争。到处呼喊着"打倒贪官污吏！""打倒土豪分田地！""实行男女平等！"的口号，轰动了整个百色、田阳一带。苏维埃政府把没收地主豪绅的土地、耕牛、粮食、衣服等财产都分给了贫苦的老百姓，使各族人民摆脱反动统治见了天日。分得东西的人家，个个喜气洋洋，都为穷人翻身当家作主欢欣鼓舞。

黄道充

我们红七军军官训练所当时驻在田阳那把村壮族谭三家里。谭三这个人家境贫寒，为人正直，很会办事，周围十里八里的人都知道他。他在群众中威望很高，群众有困难都愿找他帮忙，大家亲切地称呼他"阿三哥"，当时我们也这么称呼他。他个子高大，身体结实，是倾向红军和苏维埃政府的积极分子，对地主豪绅斗争很坚决，经常主动地向红军、赤卫军介绍情况。虽然他年过 50，可是给红军带路，不管白天晚上，天晴天阴，刮风下雨，从不推脱。他认为给红军带路是一件荣幸的事，路上有时还唱几句广西小调咧。

1930 年这一年，分得田地的农民，一开春就用勤劳的双手，以主人的身份，在自己的田地里播下了种子，插上了新秧。

不久，红七军为了扩大苏区，离开了根据地，经万冈、都安、凤山到广西与贵州交界的天峨县和贵州省的古州去了。

红军走后，国民党刘华堂的军队两个团又占领了百色、平马、田阳一带。红军根据地陷入了白色恐怖之中。田阳变成了游击区，有赤卫军，有白军；地主豪绅的反动武装也乘机随白军向苏区进行猖狂的进攻，到处烧杀抢劫，奸淫掳掠。狗仗人势的地主豪绅武装，依靠白军兴风作浪，白匪来了，他们也跟着来了；赤卫军打他们的时候，他们就丧魂落魄地拼命逃窜。今天你打过来，明天我打出去，敌攻我退，敌退我攻，形成了一场拉锯战。

在战争年代的日子里，说起来也怪，时间好像比往常过得都快一些，转眼秋天到了。这一年的稻谷长得比往年都好，四处都是金黄色的稻海。人们都说："这是红军给穷人带来的丰收年景！"地主豪绅也虎视眈眈地看着即将收割的稻谷，心里乐得发痒。他们说："红军一去不返，穷骨头分了田地，是猫咬水泡一场空，瞎喜欢。"田阳那坡镇大地主兼资本家黄恒栈就是其中的一个，他根本不承认红军分了他家的财产，并且出"告示"说："谁种我的地，稻谷收了得好好保管，谁要是隐瞒一点就杀头。谁家收稻谷，要让我派人去监收，监收不到场不得收割。"其他地主豪绅也都翘起了尾巴，到处声张：谁要吃了他们田地的谷子，一斗（约 8 市斤）每月得给 1 毫 8 分的利钱，吃多少粮食，年底如数照算。

地主豪绅气焰嚣张抬头，劳苦的群众很发愁，眼看丰收变成泡影，家家户户为丰收喜悦的笑脸，慢慢地变成了愁容。谭三家大大小小4口人，经过打土豪、分田地，刚刚分了4亩多地，眼看着到了手的粮食就要被剥削穷人几十年的黄恒栈夺走，心里急得直冒火。

在秋收的紧急关头，我们知道了敌人在百色、田阳等地的疯狂言行。为了保卫群众秋收，不使粮食落到敌人手里，我们又回师百色，一方面是保卫根据地、保卫秋收；另一方面准备打下百色，消灭敌人，直取南宁。9月间，我们从天峨县不分白天黑夜沿着崎岖的山路赶往百色，白天太阳火热，走在大山沟里，好像上了蒸笼一样，汗水顺着身子往下淌；晚上比白天好些，头上没有太阳晒，但夜晚的山路很难走，一不小心就有摔下山涧的危险。就这样，一连走了4天，来到了百色外围。

国民党刘华堂的军队在百色县城驻了一个团，我们红军4个团把他们包围得水泄不通。敌人凭借武装好和城内的有利工事作垂死挣扎。战斗持续一天一夜，到第二天的下午两点钟，我们胜利地结束了战斗。刘华堂驻百色的一个团被红军全部歼灭了，我们重新解放了百色。驻平马、田阳的刘华堂部队，听说红军回来了，鞋底子抹油，溜啦！那些反动的地方武装和翘起尾巴的地主豪绅，也夹着尾巴悄悄地溜了个精光。百色、田阳等根据地又重新插上了革命的红旗。

红七军分驻在各个根据地，我们又重新回到了田阳那把村，协助群众秋收。走到哪里，哪里就有群众欢迎，给我们端开水、送黄烟、搭铺、找稻草，还烧温水给我们洗脚，问寒问暖。老房东谭三激动地说："谷子熟了，你们就回来啦！如果晚回来几天，谷子就不得吃了，

百色起义英雄雕塑园情景雕塑《军民一家》

地主豪绅会全部抢走！"红军驻在哪家，就帮助哪家收谷子，走到哪里收到哪里，群众非常感动，脸上又呈现出笑容。

　　有一天，我们军官训练所一个区队 30 多人到那板村帮助群众收割稻子。那天天气很热。太阳好像故意跟我们作对似的，晒得脸上火辣辣的，豆粒大的汗珠直往下淌。在那板村收了一个下午，边收割边派人把稻谷挑送到村里去。到太阳偏西的时候、群众为了感谢我们，给我们送来了一担柚子，还有黄烟。他们把柚子和黄烟分送到同志们手里，柚子我们没有吃，原封未动送回；黄烟我们吸了，付钱给群众，群众怎么也不肯收，我们临走时硬把钱留到饭箩里了。我们是人民的子弟兵，为人民谋福利的队伍，处处都严格遵守着群众纪律。

红军每个连队都有宣传队伍，走到哪里宣传到哪里，标语写得满墙都是，到处宣传红军和苏维埃的主张，宣传我们的胜利，给群众讲红军在东兰、凤山、贵州和白军打仗的故事，群众最爱听啦！我们还教妇女和小伙子们唱歌，当时妇女最喜欢用壮话唱这首歌：

"……想三从，跟四德，挨打又挨骂；想苏维埃，当红军，分田分地又得谷……"

紧张的秋收，约20多天时间全部结束。

苏维埃政府对群众提出"坚壁清野，不让白匪和地主豪绅抢走一粒粮食"。红军又帮助群众用柜子、瓦缸把粮食装起来，埋在地下，家家户户都把丰收的粮食藏起来啦！红军保卫群众秋收，胜利地完成

百色起义英雄雕塑园情景雕塑《胜利归来》

了任务。

通过保卫群众的秋收，谁是亲人，谁是敌人，群众认识得更清楚了。他们看到红军官兵平等，是处处为穷人谋福利的军队，青年人都纷纷参军；当父母的对儿子当红军也感到放心、满意。房东阿三哥（谭三）也叫他16岁的大儿子谭广和参加了红军，他说："红军是穷人的队伍，当红军能打白军，能保护穷人，儿子参加红军不仅是为了自己，也是为了让更多的穷人不受地主豪绅的压迫。"通过这场保卫群众秋收的战斗，不但巩固了革命根据地，而且红七军的队伍也扩大了。

31. 回忆百色县临时县委

黄唤民

1930 年 3 月，我在江洲区（今巴马县）搞建党工作时，接到东兰县委通知，要我回武篆参加"东凤凌色"党员负责干部学习班，学习时间 10 天左右，学习内容是：苏维埃的组织与任务、党的任务、党的方针政策等等。讲课人是邓小平、雷经天等领导同志，他们讲得很好。其中雷经天同志讲到一个名词叫"阿姆斯特丹"，至今还深深印在我的脑子里。

学习班结束后，韦拔群同志找我谈话，他说：十多天前，黄正规同志来信，要求派干部支援，我和黄瑞奇（黄举平）同志商量了，你对百色二都、三都的工作比较熟悉，一都解放后加上武隆共有 4 个区，还向邻站到百色县城边发展，任务更重，地域更宽了，东兰县委顾不过来。百色县属有 4 个区，可成立百色县临时县委，你去当书记，把革命发展到县城边去。拔群同志说后，我忙说："我工作能力小，负不起这么大的责任。我想，还是黄正规同志当书记好。"拔群同志说："你大胆负责，我们研究了，黄正规为副书记兼组织部部长，关崇和为副书记兼宣传部部长，他现带有三四十人枪在所略。你们 3 人组织临时县委，各区苏维埃主席合格的吸收做县委委员，照东兰县委的样子去办就成了,这已经定了,不再变动,你去时我另有信告诉他们。"第二天,韦拔群和邓小平同志去东里办共耕社,由秘书室交给我带去转交黄正规、关崇和同志的信与文件,我即前往百色县三都区(坡月)。

我到了坡月,把信和文件分别交给黄正规、关崇和同志,并和他们一起研究,明确了各人的职务,同时决定吸收三都区主席韦仕坤,二都区主席陆海洋,一都区主席王廷璋为县委委员,宣布百色县临时县委成立。还决定召开各区主席会议,研究建党工作,提出区设支部,乡设小组,县委委员或区主席为支部书记,以及发展党员等问题。临时县委成立时,因情况复杂未挂牌子,大部分领导在群众中以苏维埃主席等名义出现,我以纵队部特派员身份出现。会议开了两天后结束,大家随即分头到各区工作。

临时县委根据当时一都区武装力量薄弱、敌人活动猖狂的情况,经黄大权同志批准调三都区赤卫队李继登中队去支援一都区,以革命武装打击反革命武装。

临时县委成立后办了几件事:

一是清查没收反动地主田产,分给贫苦农民。当时正值春耕季节,群众忙于犁田耙地,而大恶霸罗肇修、罗肇高的田地却没有人敢动。根据这一情况,临时县委召开了各区、乡苏维埃主席联席会议,学习讨论邓小平政委指示,分析形势,作出了清查没收反动地主田地财产分给贫苦农民的决议。会后,各区乡贯彻了这一决议,清查和没收了恶霸罗肇修、罗肇高的地产,一部分分给农民,一部分交政府使用。同时发现有两家地主为"二罗"收藏财产,区乡政府即作出决定,除令其交出赃物外,并各罚银500元。在清查反动地主地产期间,罗肇修等匪霸经常出动小股反动武装骚扰、破坏清查没收工作。为了巩固苏区，防止敌人扰乱，保护群众生产，百色县临时县委研究并经韦拔群同志批准，调三都区赤卫中队长李继登为县赤卫大队长，领导一、二、三都的武装赤卫队在福邦一带与敌作战。

二是动员青年参加红七军。临时县委接到韦拔群同志的通知，红七军即将收复百色，要东、凤、凌、色4县组织1000人到百色城，参加红七军。百色县属的一、二、三都和武隆等4个区，分配任务300名，望按时完成任务。我们接到通知，即召开各区、乡苏维埃政府主席联席会议，决定给二都区分配120名，三都区150名，一都区40名，武隆区10名，共320名，多分20名作为机动。任务下达后，

百色起义英雄雕塑园情景雕塑《训练新兵》

群众踊跃报名参军，如三都区有参加第三届农讲所的学员黄祖新，老同志黄振光、黄榜开等带头报名，不到5天功夫，三都区就完成了150名的任务。二都区接着也完成了任务，只有一都和武隆少10名，但总任务还是完成了。为了把报名参加红军的青年安全地送到百色，我和关崇和、李继登亲率赤卫大队护送，使300多名青年按时到达百色城，向张军长报到，张军长笑着对我说："你们辛苦了，在很短时间内能动员这么多青年参军，你们的工作很不错。"随后，张军长令龚鹤村、叶季壮接收队伍，编入红七军。办完手续，我们即绕道田州回东兰向拔群同志汇报，拔群同志点头说很好。几天后我回到所略工作。

三是伏击陈亚平股匪。红七军北上江西后，敌人更为猖狂，盘据在凤山央峒一带的叛徒、反革命分子陈亚平（陈序刚）、陈述之等与百色岑建英部勾结，由陈亚平率几百人去百色领枪，要途经百色二都。我们得知消息，经与黄正规同志商量，由我到坡月找黄大权同志商量，决定向韦拔群同志汇报，拔群同志即派黄家康（后叛变）带特务连和我一起赶到二都区列村，分散隐蔽在群众家中，派出侦察员侦察陈亚平的动向，听说他3天内路过二都。我们根据情报作出部署，准备在列村附近去百色的路上狭窄处伏击敌人。第一天没有动静，第二天中午，敌四五百人来了（他们只带二三十支枪），待他们进入埋伏圈时，我军突然对其发起袭击，敌军大乱，溃不成军，各自逃命。战斗结果，毙敌30多人，缴枪20多支，俘敌十多人。

红七军离右江后，韦拔群同志把各县赤卫军改为红二十一师，设3个团，六十一团（韦命周）、六十二团（滕国栋）、六十三团（韦国英）。余下的赤卫队改为赤卫军，师党委决定令黄大权同志任东、凤、凌、色4县赤卫军总指挥，指挥部设在百色三都坡月。

1931年夏天，白军有计划地向右江苏区进攻，百色县临时县委所在地所略被反革命分子罗肇修等势力袭击。在这种情况下，李继登、黄炽尤、黄志谋、黄勇尤等相继叛变，使我在三都下段无法工作。至此，百色县临时县委只剩下上段半个区，二都半个区。我将情况向韦拔群汇报，拔群同瑞奇商量后，认为苏区缩小了，百色县临时县委机构不需要存在，二都、三都区的工作可由东兰县委领导，黄唤民、黄正规回东兰县委工作（关崇和已随红军出发）。这样，百色县临时县委的工作宣告结束。

（注：黄唤民后任贵州省民族委员会副主任）

32. 粉枪战胜了步枪

廖熙英口述，黄荣莺记录

（1959 年 4 月）

1929 年的春天，我郎里乡苏维埃的赤卫军已跟着红军到外地打土豪劣绅去了，乡里只有廖熙能等少部分赤卫队员在家，群众欢天喜地闹生产，整个村庄出现了一片欢乐的景象。

早晨，天刚蒙蒙亮，长垌土豪罗启寿带领地主武装（民团）200 多人枪，向郎里乡苏维埃进攻了。消息传到村里，群众显得相当忙乱，赤卫队员马上到村外守卫，有的运货物上山，有的赶牛马进寨。

恰巧在这个时候，红军排长廖庆高同志单人一枪地从八龙乡来到郎里，他看见成群的人忙乱地从村里往外跑，便向着群众大声问道："大伯们，大婶们，出了什么事情呀？""啊！排长，你来啦，快快躲开呀！罗启寿带着 200 多人打来啦！"罗大伯回答。廖排长听到情况相当严重，脸色马上紧张起来，直往村中跑去。忽然一个赤卫队员（韦仕新）跑来报告："报告！根据放哨同志的报告情况，罗匪 200 多人已到龙巴岭，离此 2 里多路，现在我们在乡的只有 9 个赤卫队员，该怎么应付。请排长给我们决定。"廖庆高想了一下，皱了皱眉头问道："你们都有武器吗？""都有，粉枪 10 支，步枪 6 支。""好！我命令你马上叫上所有的 9 个队员在村中集合。"约莫 10 分钟过去了，9个队员全副武装地站在排长的面前，廖排长下达命令："同志们，我们不能让敌人进村，不能让这帮土匪放大火烧毁我们的村庄，不能让这群野兽来奸淫掳掠我们的姐妹和财产，我命令你们把 6 支步枪交给妇女们，掩护撤退的群众上山，我们 10 个人全部用粉枪，带上足够的火药和铁砂子立刻到村外埋伏，马上行动。""是！马上出击，坚决打退敌人！"全体队员满怀信心地回答。不久，这支小队伍神不知、鬼不觉地埋伏在村中的东南边。

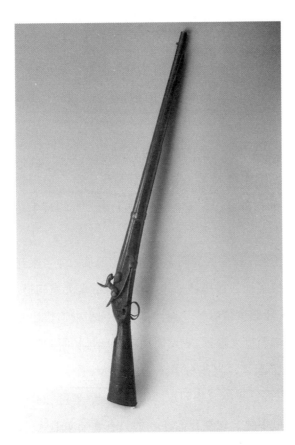

1929 年凤山赤卫军用过的粉枪

罗启寿这帮敌人个个端着步枪，背着手榴弹，见到村中群众一片混乱，以为没有什么武装部队在家，就排成半弧形，快步向村里包围过来。

敌人靠近了，赤卫队员在草丛里看得清清楚楚，排长见肉已到口，就把手一挥，霎时个个扣动粉枪。"隆，隆，隆……"一连串的粉枪声响彻云霄，万颗铁砂子飞向敌群。敌人面对这一突然打击，好似疯狗头上挨了一重棒，顿时"哇哇"乱叫，

1931年红七军使用过的火药枪铁砂

还未来得及还枪，已有二三十人焦头烂额，血流满脸，踉踉跄跄地回头就跑，有四五个人四脚朝天躺在地上挣扎。接着第二批、第三批"轰隆轰隆"的粉枪声又震动了整个山谷。这股200多人的地主武装，忙用步枪胡乱向山上射击，好似受惊的鸡群，溃不成军地向后败退，茫茫然如丧家之狗。我们英勇的赤卫队员在廖庆高同志的指挥下追赶了20多里路，200多个拿步枪的敌人伤亡了百分之三十左右，败退回他们的老家（长垌）去了。

太阳刚在高山上露出它的温和面容，村西南面的一个小坡上，站着妇女主任廖梦春同志和一个中年妇女，她瞭望着东南面高大的龙巴岭，岭背面"隆隆"的枪声越来越远了，便转过身来，用手掌合成喇叭形，向西边树林中的人群喊道："廖大叔！廖大叔！罗大伯！罗大伯！敌人被我们的赤卫队打败了，可以回来啦！不要跑啦！晚上我们的赤卫军也要回来啦！"

人们听到了妇女主任廖梦春同志的话以后，大家不约而同地停下了脚步，几百双眼睛一齐看向东南方，这时，大家清晰地听见微弱的

步枪声。敌人确实已经败退出了我们解放区地界。罗大伯眼中闪动着激动的泪花，望望行李，望望牛马，望望孩子和妇女们，不慌不忙地说："嗯！真是英雄，我们10个人就能赶走敌人200多人。"

牛马进寨回村庄，货物未上到山又搬回家中来了，孩子们的哭声听不到了，欢笑的人群又向村东南头奔去，这次他们不是去躲避敌人，而是去欢迎我们胜利归来的英雄——红军和赤卫队。太阳升上了山头，温暖的阳光普照着大地，在万紫千红的山区里，芬芳扑鼻，郎里乡苏维埃的军民又和往日一样欢天喜地闹生产，整个根据地仍是一片欢乐的景象。

晚上，人们吃了晚饭会集在村中凉亭谈论着今天战斗的事，看见廖排长查哨回来，都热情地招呼他坐下谈天。赤卫队员廖熙能好奇地问："排长呀！早上敌人那么多，我们刚几个人，而你不给我们用快枪（即步枪的一种别名），却要我们用粉枪，结果真的大获全胜，这是什么道理？"排长先要大家来回答这个问题，但大家都不知道其中的道理，排长说："敌众我寡相差20倍，而他们用的枪子弹比我们多，比我们好，这是不能用快枪的一个主要问题，另外，粉枪虽然慢一些，但一枪就有一百几十颗子弹飞出去，在敌人大摇大摆地向我们进攻时，一支粉枪打得好，那就是一挺机关枪，我们10支粉枪，在这种情况下，就很可能比10挺机枪来得更猛呢！"大家听了排长的分析和判断，都满意地笑了。

33.难忘的早晨

赵润果

（1959 年 12 月 9 日）

红七军离右江北上后，国民党反动派头子廖磊、杨腾辉等人亲自率领整军整师的匪军，疯狂地向我右江革命根据地进攻，田东县伪县长和清乡司令部也狗仗人势步步为营，在各村各屯设立形形色色的卡哨，包围村庄，大举搜捕共产党员、革命同志和赤卫队员。他们实行宁可错杀一千也不放过一个共产党员的政策，妄图把我们的革命同志斩尽杀绝。

当时右江革命根据地被敌人摧残，无数的村庄变成一片荒芜的瓦砾，很多革命同志牺牲，无以计数的革命家属和善良的农民被杀害，被送进了监狱。

然而，我们并没有被敌人的反革命嚣张气焰吓倒，反而更加激烈地与敌人作斗争。

右江党组织分析了当时的形势，在敌我力量悬殊的情况下，化整为零，由公开转入地下和敌人进行坚决的斗争。党的领导机构从平原转入凤山、西山和滇、桂、黔边区，领导我们彻底粉碎敌人的"围剿"，把革命力量发展壮大。

　　赤卫队员有事为军，无事为民，秘密与敌人作斗争。我们田东那恒乡一带是平原，靠西山是宽阔的右江渡口，是右江下游的向都、果德革命根据地与上游东兰、凤山革命根据地联系的必经要道。因此，敌人特别注意，时常在夜里和黎明前包围村庄捕人。我们那恒乡的赤卫队员就担负送信和保护同志们来往安全的任务。我们在党组织的领导下，任凭敌怎样施展恶毒手段，5 天过去了，10 天过去了，一年过去了，很多革命同志来往安全无阻。革命的浪潮一直冲击着敌人的反动统治。

　　在最初的几年里，革命同志来往多，经党的革命教育，我们知道打土豪一定能成功，红军一定会回来，与敌人斗争越来越有劲头。但是到了 1936 年初，党的同志很久不经过那恒乡了，消息不通，也没有得到党的指示，我们像一只没有舵的船，左右晃荡，心里急得团团转，有的情绪低落，对革命失去了信心。

　　7 月间，党组织派朱鹤云同志从滇、桂、黔边区回来，他问："等红军等急了吧！革命工作可不是辛苦一两天，而是要长期的艰苦斗争。"在和我们相处的十多天里，他了解田东敌情况，传达上级指示，研究下一段工作。上级的话就像黑夜里的一盏明灯一样，给夜行人燃起希望和力量。我们知道，革命势力在一天天蓬勃发展，情绪又高涨起来了，我不知道别人怎样，我却是从头热到脚，一股幸福的热流灌注了全身，很久没有唱的工农兵歌又慢慢地在劳动中哼起来：

　　　　工农兵联合起来，向前进，万众一心。
　　　　工农兵联合起来，向前进，杀尽敌人。
　　　　我们团结，我们奋斗，我们暴动，我们牺牲，杀向帝国主义国民党的军阀大本营！

　　最后胜利，总为我们工人、农民和士兵。

　　那恒乡的群众很活跃，7月的禾子正在含胎，各种庄稼也长得高高的。在村里，在田间，建立起工农兵苏维埃政府的歌声到处都能听到，革命的火炬又燃烧起来了。

恩隆县那恒乡苏维埃政府旧址

　　一个深夜里，满天星斗。我和朱鹤云同志在一个床上早就睡觉了，村子里十分安详平静，只是偶尔听到蟋蟀在墙根底下发出"吱！吱！"的叫声。可就在这时，到处是狗吠声，群众都慌忙起来了，远处听到小孩的哭和鸡鸭叫声乱成一片。听到声音，就知道反动派又来了，我急急忙忙把朱同志摇醒，我开门把手一摇，意思是叫朱同志赶快从后门往外跑，越过了一块平地就可以往西边河沿溜走。可是门刚一打开，朱同志刚一脚垮过门坎，不远处一棵大树底下"卡喳"响着枪拴推子弹上膛的声音，有人高声叫喊不准出门，我支吾了一声，把朱同志一拉就关上门了。

我家是被敌人烧后刚盖好的一个单独茅房，四周围是被敌人烧了还没建立起的平坦地基，要出去就必须经过这些地基，四周都是敌人，想再冲出去是不可能的。况且我们手无寸铁，冲出去肯定当敌人的俘虏。

想到这里，我的心里突然紧张起来，是否消息被敌人发觉了？是否敌人发现朱同志在我家？是否就是包围我这个家？这些问题不断出现在我脑海里。

"这样蹲着，肯定挨抓啊！"朱鹤云同志说。

"不怕，想办法躲起来。"我说。

"哪有地方，还是冲出去，决不能让这些王八蛋抓去！"朱鹤云立即手拉着门，想第二次冲出去，我立即阻止了他。

"情况是严重的，挨抓倒不要紧，可是连累到你们。"朱同志说。

"这是什么时候，哪还分我们你们，来！我们想想办法。"我说。

我们继续商量着，可是我这个屋子又低又矮，屋椽不到 6 尺高，四面是平滑滑，用竹子围起来的，屋里也有个架子，上面放着零碎东西。从底下看，一眼可看到屋顶，看了一遍又一遍，但是无论怎么找、怎么样想也找不到个好地方。

我想，朱同志是党组织从滇桂黔派回来和我们联系的，听他讲还要与东兰一带的根据地联系，传达上级指示。要是朱同志有个意外，东兰一带根据地得不到上级指示，滇桂黔党的组织更难了解到我们的情形，这一带的革命工作那不是停止不前了吗？若是没得上级指示，犯了错误被敌人消灭，对革命是多么大的损失啊！

鸡叫了一遍又一遍，天色由黑变白，一丝逐渐扩大的曙光出现了，敌人的包围圈也在逐渐缩小，可以听到屋外杂乱的脚步声，在这紧急时刻我发现屋脊梁头有个小地方，叫朱鹤云同志悄悄地、轻轻地从我们用几根竹子劈成的板子上爬上架子去，到屋脊顶就缩成一团躲在屋脊梁头三角形的左角茅草里，下面由我来和敌人周旋。

因为屋脊梁头是三角形的，在屋里看，屋椽支撑上来的竹子和茅草挡着，看不见。

不一会儿，有人用脚踢门，高声怒骂，我爱人去开门也来不及了。国民党兵进屋来了，气势汹汹地喊道：

"你这儿有没有'共匪'的密探？"

"我们烧草的，没有烧炭。"我爱人若无其事地说，这时"啪"的一声，国民党兵拍桌骂道：

"他妈的，就是问你，你家有没有生人？"

"啊！生人，没有！"

我刚刚从屋里出来，好家伙，他们见我二话不说，3个国民党兵手持枪，右手食指紧挨在板机上齐拥上来，枪口对着我说："夜里你家出门那个人，现在赶快叫出来，要不叫出来，就枪毙你。"

我说："我家没有外人，夜里是我想出去解手，听到你们喊，我就进屋里了。"

"胡说！"

"我从来不讲假话"。

我刚说完，除一个国民党兵继续枪口对着我外，其余的两个就搜查起来了，被窝里、牛栏底下、火灶里，没有一个地方不看的，连用竹子、稻草和泥巴糊成薄薄的墙，都这里穿个洞，那里穿个洞，在墙根底下用脚跺来又跺去，像寻着什么土窖。我有个小小的木箱不到一尺长五寸高，那里根本装不了人，可是一个国民党兵打开之后眼光炯炯地寻觅着，里面的碎布片来回地翻腾着。这明明是敌人妄图趁机发洋财，可是，我们在革命陷入低潮后，原来分配的土地土豪又夺回去了，没一片土地，只靠着渡口划船和卖草等维持生活，哪来洋财给他们捞呢？气得那个国民党兵"叭拉"一声甩在地上，整个屋子里遍地都是乱七八糟的东西。

国民党兵一遍又一遍地到处搜查，没有得到一点收获，又围到我身边，一个国民党兵翘着腿，瞪着眼说："那人哪里去了？"

"那人就是我。"我说。

"不对，那人不像你这种面形。"旁边一个国民党兵说。

"警官，我这里不到二丈多宽，你们又搜查了几遍，已看得清楚了吧，难道我能把这么大的一个人丢到肚子里去？"我说。

"混蛋。"一个国民党兵说着用枪对准我的胸膛。我赶紧往后退了一步，我爱人在灶旁慌得眼睛发呆地站在那里，我3个小孩中大孩子猛扑到我的身旁，抱住我的大腿，号啕大哭。暴力降服不了钢铁汉，恐怖枪刀也压不住复仇的心，反正屋子里你们搜查过了，打死我也不承认，如果搜查出来，那就与朱同志一起为革命牺牲。我边给我小孩整理衣襟边说："不哭啦，警官搜查过咱们家了，咱们家没有别人嘛，一会儿警官会到别家去找的。"

突然，一个国民党兵像个笑面虎似的笑一笑，哈起腰，从他衣袋里取出一块红纸包的糖对小孩说："昨晚你家里有客人，只要你告诉我他在什么地方，叔叔给你糖吃。"小孩摇摇头，说："没有客人呢。糖，叔叔给就吃，不给就算！"说着就回到我身边，当时我们心里像一块石头落了地。

敌人反复地盘问，从天刚发白直熬到中午，但敌人得到的答复仍然是"没有生人"。

敌人已知道朱鹤云同志回到这里，但敌人不认识他，结果在船上搜出一个商人来，大概就认为他是朱鹤云了吧，队伍就走开了。

这时阳光已照到大地上，叫朱鹤云同志出来的时候，我俩像久别了的亲兄弟一般，再也忍不住心里的激动。

朱鹤云

当晚朱鹤云同志又去完成党交给他的任务去了。后来参加了中国人民解放军，直到全国解放，1950年朱同志又回到田东，他对我们说："你们等于生了我。"我说："要是没有党，没有人民解放军，我们怎能得到解放。"在革命胜利后重逢的日子里，我们忘不了在革命战争年代的艰辛。

注：该稿由百色军分区征文办公室吴惠民同志走访广西田东县那恒乡赵润果老人整理而成，事情发生在赵润果家，并经过当时知道情况的赵润豪核对。赵润果曾参加过赤卫队，在化整为零后在家生产，解放后曾荣上二等功，出席百色专区积极分子大会。

34. 覃桂芬回忆录（1921—1950年）

覃桂芬

1921年粤桂军阀混战（粤军陈炯明、黄荣新，桂军陆荣廷、谭浩明），桂系军阀被打败，粤军长驱入桂。广西当时变成逐鹿场，被打散的军阀盘据各地，散军游勇到处烧杀劫掠与地方贪官污吏、土豪劣绅相互勾结，压迫统治人民，征收苛捐杂税。在这种被统治压迫的情况下，社会生产力遭到严重破坏，兵灾人祸使人民生活陷于绝境，苦不堪言。

那时候散军张（营长）首先来东兰攻打板升乡板黑屯（即现在都安县升平乡板黑屯），把全寨40户人家的房子全部烧光，把财物掠光，并杀害我革命同志及革命家属共二三十名，随即在河东几个地区坐镇要粮要款作军费。张离去不久，周家散军又来到红河沿岸到处掳掠，时间长达两年之久。1921年下半年周去后又有广西散军自治军第八路军司令黄璜来到东兰。

1925年东兰的革命运动蓬勃发展起来，韦拔群同志在东兰中和白帝岩开办了农民运动讲习所，训练了一批青年干部，派他们到农村去开展革命宣传工作。我正在这个时候受到了革命的影响。那时土豪劣绅在乡村横行霸道，我家仅有的几块田地也被土豪韦隆宽抢夺去

为东兰农民运动讲习所旧址

了。我两兄弟还要替地主打工，家中只有一个老母亲，家徒四壁，被强迫缴纳捐税。在这种苦难的生活环境中实在活不下去了，所以我两兄弟就参加了革命。

那时大同（即是都安奕哨，包括坡豪、大同、板升等乡）革命组织已成立乡农民协会。在大同的革命工作由韦玉楼、覃家坤、覃子平、覃家书、谭秀帮、谭观相、韦汪荣、覃孟林、覃哲臣（孔贤）、覃南山、韦光英、覃炳金、李国伦、谭恺、岑辉九等同志领导宣传组织，这些同志都是农所训练出来的。覃哲臣同志负责军事领导，编练自卫团与土豪劣绅对抗，韦拔群同志时常派人到各地去领导工作。那时提出了"打倒贪官污吏""打倒土豪劣绅""反对苛捐杂税""不替军阀当兵"等口号。向土豪劣绅清算，有许多豪绅顽固不化，坚决反抗人民，革命党就以军事行动扫荡阻力，把那些最顽固者如韦家隆、覃三老爷、覃孟林等杀掉。于是我们的革命工作在群众中树立了威信，群众从四面八方起来拥护革命，把自己所有的粉枪、洋枪、马刀、砍田刀等拿出来参加革命组织。因此，当时的革命势力一天比一天壮大了。组织面也扩大了（都安龙角田、平治都阳都有人来参加）。土豪劣绅地富武装集结起来与我们对抗，后来被我们的人民自卫团逐步扫荡，站不住脚而逃到河池一带去了。

都安奕哨乡村农协会组织起来了，许多妇女也来参加，自卫队各乡都有组织，各地乡村红旗招展。在乡村里苛捐杂税被取消了，同时又不收粮。土豪劣绅被打倒的，所有的物资都没收作自卫队军粮或草鞋费。一般从事行政工作的同志在不办公的时候就参加生产，尤其是在农村，提出农民干部一般以不脱产为原则，所以经费和粮食的开支大为紧缩。

在红河两岸，切实地做到了保护商人往来安全和稳定人民的生活，尤其是在革命地区匪盗绝迹。那时都安奕哨的土豪劣绅头子以覃保皇、覃福林、覃德辉、覃玉吉、覃站雄等为首集结的武装不时窜入我革命地区扰乱，自卫军曾于1927年6月2日与该匪部激战于大冈乡那六屯一次（我自卫军指挥部所在地），我方有计划地转移至坡豪向白匪刘华堂的腹背进攻，敌人失败后向河池县三旺逃去。

东兰县城在1925年至1926年为敌我争夺的据点，贪官污吏、土豪劣绅像黄守先、陈仟珍、韦龙甫、韦钟璜、韦里白、李南一、覃彩五、杜瑶甫、梁士砖、黄义甫、韦甫端等反动武装集结250人枪经常与我革命党争夺县城。东兰县长蒙光良、黄守先、邬尘曼、邓恩高都被我们驱逐出境。那时东兰县长无人专职，由大土豪劣绅韦钟璜、陈仟珍、李南一3个人好似走马灯一样地轮流维持。这时我革命党已组

东兰农军攻打县城时用过的大刀、尖刀、粉枪和恩隆县五区万巩乡农民协会印章。

织有乡自卫军，在长江哨（北高乡）的军事负责人是牙苏民同志；都安奕哨（大同、坡豪、板升、长乐）军事负责人是覃哲臣同志、韦汉超同志、覃孟林同志；武篆区（包括板文、三石、文伐）军事负责人是黄大权、陈伯民等；韦拔群同志担任指挥部主任。每次攻打县城的时候都由韦拔群同志下达命令。1926 年农历三月间攻打县城一次，我参加覃哲臣同志领导的部队，由兰团攻过来。牙苏民同志率领的队伍由背面进攻县城。东南面是由韦汉超、覃孟林、岑辉九等同志率领队伍攻进县城，次日即把住县城的土豪劣绅韦龙甫、陈仟珍、韦钟璜逐出县城，东兰的政权落入革命党手里。广西反动当局坐镇百色的军阀刘华堂，为了维持残局派军队来镇压东兰、凤山各县革命运动。1927 年农历七月，黄明远率匪军来到凤山镇压，各哨的自卫团队调到东凤交界地区驻防，大同、板升调来长江哨驻防，驻扎在那火、巴奥一带。武篆哨的自卫团队调到坡心坡爷一带驻防。双方接触激战一个多月，后来敌军派龚周义、覃寿宣率匪军 500 余人枪前来增援。因为匪军增援，我自卫军团队弹药缺乏，又不能正面打硬仗，所以自卫军化整为零，以消灭敌人有生力量。敌军到处烧杀劫掠，被抢烧的地方都是游击地区。

1926 年冬天，党派陈勉怒同志任东兰县长，韦拔群同志任田南道农民运动主任。从此，农民运动取得了合法地位，在不到半年时间里，东兰各地与右江各县的农民协会都组织起来，使革命运动走向新的高潮。

我记得在这年春天的二月间，覃哲臣同志从苏仙岩洞摆脱敌人的包围后，即派杨坐同志到都安板扣屯与我联系，决定继续组织扩大队伍。3 月上旬覃哲臣同志通知到双苏会合（这时候敌人已经到县城了），并传达韦拔群同志的决定：组织队伍、继续游击。3 月 24 日即到仁义弄美屯的当晚，又遭敌匪黄凤三部围攻，25 日与敌战斗了半天。由于我方军事力量不足，被敌攻破，号兵覃日安同志负伤。即日星夜转到弄更屯，29 日又被匪首黄凤三率领匪徒 700 人枪追击，我们又退却到瑶包的三弄，匪首黄凤三又采取了毒辣的手段进行清乡搜山。在瑶包的好仁、弄干、弄采、弄各、弄合等几个大山岗搜查，抓得我方伤员覃日安、覃卜能同志，解送到三石匪部进行审讯。敌人软硬兼施，企图了解我方游击队的情况，可是日安、卜能两同志坚强勇敢，忠诚于党，为了保存革命实力而宁愿牺牲自己，最后这两位同志被敌人杀害，光荣地牺牲了。4 月 4 日，我和覃哲臣等十多位战士回到双苏巴肥屯召开干部会，研究如何对付当前的敌人，扩大革命武装。经研究后大家决定为了保存实力把所有的干部分配到各乡村去，继续组织活动扩大兵力。我及覃余金、杨坐、覃伍 4 人被派到都安河池一带，经过十多天的时间，群众都发动起来了，队伍扩大了 60 多人。4 月下旬到坡豪围攻匪首覃子槐，战斗了一天，我方牺牲了士兵覃日德等 2 人，又退却到双苏（指挥部所在地）。我和李金林队长等 20 多人回到大同坡峨，又受到匪首覃海尧、覃海流等 200 多人枪围攻。我们 20 多人把兵力分散，突破敌人的要点，大约经过 3 个小时左右就结束了战斗，并杀死了匪首覃海流。这时候，匪首覃建雄领了土匪 200 余人前来增援，覃海尧又继续向我方进攻。这时变成敌强我弱，被敌追击到河池弄狼屯。我们又根据敌人的活动规律，把游击队分散转向河池的虎岗、都安的板扣、河西的平勇、弄美等地继续组织队伍，5 月上旬转回双苏指挥部与覃哲臣会合。这时上级把派来的李金林同志调到万冈县去，5 月中旬我又和杨坐、覃武等 4 人又转回都安板扣、岑桑、拉盘等地组织武装，结果被敌方覃海尧、覃建雄发现，他们立即率领匪军百余人枪向我根据地板扣猛攻，把百姓货物抢光，房屋烧光。这时我们的队伍受到严重打击，有些新参加的同志思想动摇，但在党的培养教育下，我和秦武等人并没灰心，敌人明打猛攻我们就暗地活动，敌人不动我们就扩大力量向敌人进攻。7 月 11 日即到板坡匪据点，攻打匪首谭乙局、谭乙成、谭乙山部，并杀死谭乙局、谭乙成两人。7 月 12 日又转回虎岗和覃日旁、覃安邦等会合，决定分散力量进行活动。我即和韦照光、覃士平、覃采金、杨坐、韦小、谭玉连、黄免伦回到岑桑继续暗地组织队伍，边生产边活动，组织扩大群众力量。

1929 年元月中旬，韦拔群同志通知队伍配合韦超群部（那时韦超群仍是我方大队长）前往河池县进攻宝平，我方战败，被敌人追击到都安县弄彦乡可明岗，韦超群把部队撤回武篆，我和覃伍等30余人枪被分配到都安县永安乡岑桑屯驻扎。2月中旬我又和覃冠白、韦小等10人到都安板坡弄肖屯与韦汉超汇合，敌人立即前来进攻。我方首先杀死匪首覃玉吉，敌人被我追得屁滚尿流，接着韦队长汉超指示把队伍由集中改为分散，我和韦队长汉超又由东兰转回河池等地组织活动工作。5月上旬又转回东兰大同连龙屯进攻匪谭乙白、谭海尧。由于敌人的兵力陆续增多，我方便停止进攻退到弄岗。5月13日，覃冠白同志从都安七百岗带有武装百余人前来会合。六月初一，又到大同围攻匪首覃福林部，战了两天，没攻进去，马上退到纳好屯住。初三日又被匪首覃福林部反击，覃福林带领匪军500多人向我进攻，激战了一天，我方损失士兵1人，又退到坡豪，即日星夜韦超群带领60人枪来援救。初四日全部集中到双苏指挥部，初五练兵，初六到三石与韦拔群会合。在此同时，韦拔群下令进攻那汪，把匪首覃绍武赶走。覃冠白同志又领队过巴马、都安到七百岗，我和覃哲臣回到指挥部（双苏）。8月中旬集中武装60人来攻打弄冷岗，抓得土匪1人，我方有1人负伤。8月中旬韦拔群同志在南宁向党委汇报工作，写信回来说省委会拨给200多支枪。我和覃哲臣同志又派武装到南宁领枪，9月上旬，韦拔群同志带领全部农军及枪支运达东兰。这时反动军队已全部退走了，但是还有很多土豪劣绅恶霸掌握着反动武装，照样和农民武装作对。9月14日早，韦拔群同志下令攻打三石匪首黄义甫和黄汉盛部，把这股匪军全部赶走了。这时韦拔群同志把部队集中到中和乡攻打恶霸陈舜裔，与此同时，韦拔群同志将部队转到武篆练兵，一方面又派人去田州运枪弹。10月16日，拔群同志发布命令攻打东兰县城，消灭股匪。这次的作战是分三线进攻的，第一线县城中心据点，由韦拔群同志负责；第二线北高峨，由牙苏民同志负责；第三线为南线，由覃哲臣负责。这场战斗把敌人全部消灭赶走，县城落入我革命武装手里，但盘在红河两岸的恶霸仍未彻底消灭。10月25日，韦拔群在县城召开军事会议指示说：当前主要的敌人已经被我们消灭，人民政权已建立，但从168个乡的情况来看，土豪恶霸及星散的土匪还未全部扫清，特别是红河两岸匪首覃寿白部仍未消灭，我们要转入农村去消灭敌人，边打边扩大革命的武装。10月26日我和覃哲臣被分配到红河以东清剿敌人，覃哲臣回到双苏指挥部，我和覃士平率领40人枪去大同。10月28日，两路进攻里龙股匪覃寿白、胡颢奎。两天多的时间，股匪全部投降缴械。11月12日又攻打同旁韦造伦股匪，共激战20多天，敌人全部投降缴械。12月1日，匪首陈子怀又集结600多人来围攻我们，由里龙打到廷锐屯，我方见势不妙便撤出廷锐回到大同，因此廷锐这个地方被敌人抢光烧光了。我们休整不几天队伍就壮大起来了，12月9日反攻陈子怀匪部，全部土匪被我们打得落花流水，陈子怀向河池逃去。12月18日接得通知说匪军又围攻都安板升乡，我们又派出两个排支援，结果把敌人全部赶走。与此同时，指挥部又通知把所有部队收回指挥部另行分配，我被分配到大同。12月22日又开始与敌人进行战斗，到12月30日把敌人赶到大同边境。

在这年的12月18日，党在平马召开右江第一次工农兵代表大会，研究各地农军肃清残存的反动民团、扫除地主武装、镇压土豪劣绅问题。在会上同时宣布中国工农红军第七军正式成立，军长是张云逸，政委是邓小平，韦拔群领导的东兰、凤山农军被编为红七军第三纵队，不久，乡村普遍成立了赤卫队，农民分得了土地。

1930年元月1日我们河东所有部队集中到大同区整编队伍，我被任命为赤卫队第一中队长。元月23日奉命带领100人枪到坡峨攻打匪首覃海尧、覃朗川等部，这场战斗因我力量不足，遭到失败，被敌人追击到廷隆屯。24日我们又作第二次反攻，被敌人再次追击，没有取胜。25日我们又作第三次反围攻，这场战斗我们打败了敌人，活捉了匪兵1人，打死2人。26日到弄由岗追击匪首覃海尧，在河池边界激战了半天，我方战胜，打死敌兵1人，活捉1人。27日胜利回到区苏维埃练兵、整顿赤卫队。2月3日都安板升弄结岗开会，匪首覃海尧部乘此机会来围攻，我们力量少，事前又没有准备，所以战败，敌人攻进弄结，烧了房屋30余间。2月15日匪首覃海尧又进攻坡峨（这次武篆、江平、三石、板升、大同、坡豪等地所有的豪绅都集中到坡峨），16日我方即调河西、板升等地的赤卫队到大同集中，17日就前往坡峨进攻匪首覃海尧部，战斗不到3个钟头，就把敌人全部赶走。20日回大同区，将各地赤卫队都撤回去继续组织壮大力量，于4月11日匪覃陈子怀组织全东兰的土匪及豪绅集中攻打我大同区苏维埃，因为我们早有准备，故把敌人打得落花流水，并把敌人赶到花香。13日我又率领赤卫队200余人枪到花香、干来等地与敌人战斗，结果我方战败，牺牲士兵1人，但抓得匪兵2人，立即枪决。14日我们60人（赤卫队）又到板升攻打土匪覃耀廷、陈子怀部，土匪头子以为我区苏维埃无人留守，16日便来进攻大同区苏维埃。这次战斗我方牺牲战士7名，我亲手击毙敌人3名，击伤1名，敌方共战死16名，即日下午敌人疯狂进攻我们，我们暂时退却。17日我赤卫队全部集中到双苏指挥部，这时县苏维埃派特务连连长黄家康前来指导，即日星夜集中 300 人去围攻长乐土匪覃介仁、覃即川，此战把这股土匪全部赶到河池地界。18 日下午黄家康调谭玉康、覃万春、韦寿德、谭尚文和我 20 人参加特务连，立即到大同去侦查敌情，发现敌人在切桑屯。20 日通知各赤卫队集中大同，21 日去围攻切桑屯，攻打土匪覃即川部，把敌人赶走，我方击毙敌人 3 人。当天下午敌人反攻，我方准备不够，战败，被敌抓去战士 7 人（吊死），2 人跌落山崖牺牲，我方便退却到双苏。22 日黄家康又派我和谭玉康等 3 人回大同侦查敌情，当时看到区苏维埃搬家下平勇，我 3 人即到廷宠屯组织队伍，编成一个小队（赤卫队）。29 日敌人又来攻打板合乡苏维埃，我带领 20 人枪前去支援。此次我方战胜，把敌人赶到弄兰岗，在这次战斗中我方牺牲 1 人，我也负伤了，就回到唐则屯休养，到六月初八敌人又来围攻沙傲（我伤口将好），我又率领赤卫队前去沙傲攻击土匪，把土匪全部赶走。次日又调板合、板扣、廷宠等乡赤卫队集中去打乐廷匪军覃即川部，我方又一次打败仗，牺牲 1 人，负伤 2 人。11 日我队回到沙傲与韦金生（中队长）联系，这天我红军第一营一连一排一班长覃日春带队（副营长也去）到大同区苏维埃，即日上午饭后从区苏维埃回坡豪到内吾傲时，被我方叛徒覃明雄、韦国安、韦玉清、韦国恩、覃茂红等杀害 1 人，还有班长覃日春因负伤走不动，当天也被陆怀宣、周福光等杀掉。6 月 12 日，韦道龙等人叛变后到升平去了，我和覃耀基住在板合。8 月 8 日板布匪帮韦道龙、韦必壳等带领匪军数百人来围攻我革命根据地纳巴屯，我当时也带领赤卫队去支援，可是力量不足，因而战败，财物和房屋全被敌人抢烧光，并杀了该屯 20 多人。7 月 10 日星夜我从唐则到坡豪送信给韦汉超，11 日就领兵回大同，12 日我就到板合集中，16 日韦汉超带领红军到达板合，开始进攻安布，攻打匪韦必壳等。18日进攻，杀死敌人5名。20日匪帮又回头攻我纳怀屯，匪方战败，我方杀死敌人2人。21日土匪头子覃郎川、陈子怀带领700多人围攻廷宠屯，我带领赤卫队去支援打得他们屁滚尿流。23日回大同区休整。8月13日，李剑、韦汉超亲自组织武装到三傲攻打匪首覃郎川，把敌人全部赶走。15日上午又到廷宠和土匪班天府作战一天，我方由我指挥战斗，此次我方牺牲3人，负伤5人，把敌人赶走。17日又去干来攻打匪首谭秉辉，18日敌方全部投降。9月20日李剑同志带领红军一营到河池三旺与张云逸会合，整编队伍北上，韦拔群同志已任二十一师师长，后张军长命令韦师长留守后方，韦师长回东兰整编队伍，韦汉超同志任三营营长。9月韦营长带领我等数十人到中和，从韦师长那里领武器后回到板合屯整编，我担任第七连第一排排长。10月初我方组织200人枪到板拔屯进攻土匪韦道隆部，共缴得敌人步枪4支，在战场上击毙敌人2名，10月下旬，韦汉超同志又派我去担任赤卫队队长。12月3日匪首班天府、陈子怀、覃郎川带领百余人围攻廷宠屯，打了3天，我方见形势不妙，即退却到永安乡去，韦汉超同志经平勇去迎接红军。9日韦师长决定把师部搬到那平去（现在都安县升平乡那平），并在那平成立训练班，我与韦汉超同志在外战斗，到元月初一才回到师部。

1931年春来了战斗任务，更加紧张了。旧元月初三日，韦师长率领六十一团（团长是韦命周）等4个营到河池县于岗攻打匪首田汪高部，到初八日没有攻进去，韦师长又领一个团回大同攻打土匪覃明雄、韦国安，韦汉超同志领第三营一个连队回干岗攻打土匪付老交，这几场的战斗全部没有攻进敌人所在地。18日集中部队到板合屯重新整编队伍。19 日下午韦师长命令部队全部到凤山县与国民党军廖磊部作战。由我第三营留守板合屯坚持到 2 月 14 日，土匪石化隆领队来攻，到 3 月初一没有攻进，相反敌人被我方反击，打得屁滚尿流，东逃西散，韦师长表扬我们打得好，并说："在敌人的力量对比悬殊的情况下，我们可以采取敌进我退，敌退我追，最后消灭敌人的战斗方针。"3 月 4 日我们又到达内开军事会议，决定分配兵力，韦营长汉超同志任命我为第八连连长，并带领一个排 30 人枪在外围游击，组织赤卫队。韦营长留 150 人枪在板合驻（营部所在地）。3 月 12 日我已在外组织扩大赤卫队的一个中队，3 月 16 日韦营长下令去攻打廷角屯匪首韦必壳，缴得敌人枪支 2 支，抓得敌兵 1 人，打死 1 人，敌人东奔西跑逃命去了。18 日我又领队转回廷龙屯攻打土匪覃海尧，韦汉超同志仍住在达在。到 3 月 23 日，我们营第一、二、四、五排的排长韦必才、王从望、韦世央、谭秀如等叛变，妄图杀害韦汉超同志（由于韦汉超同志早有准备，未死逃出）。3 月 25 日韦汉超同志找到我两人后就星夜回双苏与韦师长商量当前如何开展对敌斗争问题。韦师长作了指示以后，3 月 27 日我们就回到板合营部，到四月初五又派特务营营长黄志新同志率领两个连的武装，前去攻打匪首韦道隆，到 4 月初八土匪韦道隆部全部投降，并交出 16 支步枪，4 月 11 日我送黄志新回师部，韦师长亲切地鼓励我，他说："你们真勇敢，一个月就与敌人打了数十仗，不怕苦，不怕累，不怕牺牲流血，革命是一定会胜利的。"还说："我们当前与敌对比，敌人虽多，我们一个当他们的十个，甚至百个。"最后他还给我子弹 500 发，我回到板合营部告知同志们，大家个个劲头都很大，营部依照韦师长的指示，把全部兵力分配到乡村去发动群众参加生产，继续组织队伍。到 5 月中旬，土匪覃海尧带领数百人围攻我板合营部。这时在我所到的地区群众都起来了，把自己所有的粉枪、马刀、木棍都拿出来和我们一起同敌人作斗争，不到两天时间就把敌人赶走，并杀死了 3 个敌人。到六月初八土匪覃郎川、覃海尧不服，又集结匪军 400 多人来进行第二次围攻，敌人又被我方阻击，进攻不成。到 8 月 17 日敌人不敢再来了，我又任七连连长，去攻打土匪韦必壳。8 月 20 日韦师长率领 600多人枪到板合营部，22 日到升平支援赤卫队蒙卜付，攻打弄慢岗匪首韦必壳、韦必才，并缴获敌人步枪 6 支。24 日到都安九屯攻打蒙元采，缴得敌人步枪 20 支。到 9 月 15 日回板合，9 月 20 日又出兵攻打东兰县城，我和韦营长汉超同志负责红河以东，没有攻进去。到10 月 10 日匪军罗和（团长）领兵 1000 多人围攻那平，攻打我赤卫队，我方失败，因敌军势力强大，我方武器不足，故退却到双苏。20日匪军又追击到双苏，打了一天，我方武装转到岗场继续组织活动。到 12 月 16 日韦师长通知我转回板升、可明岗掌握兵工厂。就拿这年的斗争来说，特别是在 2 月间桂系军阀第一次向我右江苏区进行"围剿"，河东的板布地区成了激烈的战场，不几天时间就有战斗发生。

　　1932 年元月初，韦师长令我参加杀奸团，那时杀奸团团长是韦汉超同志，我是队长，后来把武装集中退回家乡从事生产。元月 28日我从可明岗回到双苏，二月初三到西山弄索岗（师部）开会，韦师长亲自主持会议，整顿队伍，提出要继续杀奸。2 月 11 日到中山区泗爷乡，我就知道覃冠白在双苏已经叛变，并带走步枪 28 支。我又转到可明岗住，但兵工厂也全部散伙了，我仍在那里继续组织工作。6 月韦拔群同志派韦达照送来 500 东毫让我继续恢复兵工厂，但当时工人都不在，不能及时恢复，就由韦达照、蒙友武两同志送信去给韦拔群，可是这两位同志到新安乡就被杀害了，并将我与韦拔群同志联系的信件送给东兰伪县长石家意。到 10 月 14 日敌人就调动东兰、河池、都安、南丹等县民团前来进攻，我在可明岗共打了一个月之久，我们的同志在这个月的战斗生活过得非常痛苦，足有10 天时间一点粮食都没有，全靠野菜度日，并且还要与敌人进行战斗。由于敌人断绝交通，严密封锁，我们没有办法与外面取得联系，最后坚持不下去了，我们就分组冲破敌人的封锁线到外面去。到 11月 2 日韦汉超同志等 9 人被敌人抓去。从此我们东逃西散，失去了联络，我与谭国联同志在山上住了 6 个月仍找不到队伍。

1933 年 6 月中旬情况更为紧张了，四面八方都是敌人，我们在山上也没有出路了。9 月 29 日我和谭国联同志两人就分开找组织，谭同志到三石洋，我就到河池板对一带住，到 11 月我见到韦仁英同志。两人又商量去找韦汉超同志，从此我们又有了组织活动，搞了一段时间，我们想回东兰，可是在 9 月间桂系军阀又疯狂地向右江苏区进行第二次"围剿"，军阀白崇禧亲自出马，坐镇东兰，从四面八方层层包围，进行清乡搜山，因此我们就无法回东兰了。1934 年我又分散到农村参加生产，主要目的是开展宣传活动，扩大队伍。

1935 年 2 月，陆浩仁从右江与上级联系，我们了解到黄举平、黄明三同志的活动情况，到 12 月 24 日我们就开始转回西山来找组织。

1936 年元月 18 日我们到达西山弄吉岗见到黄举平、黄明三、韦国团、韦丁生、韦丁新等共 30 余人，开了 5 天会议。这次会议有中央派来的 8 位同志参加，会议主要解决当前对敌斗争问题和成立上游革命委员会，我也被选为委员会成员之一。元月 26 日黄举平、黄明三派韦丁生同志随我去南丹县、荔玻县一带继续组织扩大队伍。2 月下旬，谭国联同志从果汪下游革命委员会那里到河弄冠乡联系，这次有贵州省何志贤、何士珍两同志前来参加，研究决定分配力量，开展组织活动，扩大队伍。我被分配到东兰，韦汉超到贵州，韦士英负责河池，谭耀机负责荔玻。到9月集中在南丹拉另共80余人，决定成立丹池边革命委员会，会议决定整编武装以及继续扩大组织，处处召开群众同盟会，反对"三征"。

1937年国共合作后，7月我与黄武、覃造权、韩世廷等同志到西山开会，会议由黄举平传达中央指示，决定停止内战、一致抗日。7月20日我转到河池继续组织活动，开展政治斗争。

1938年元月又转到西山水岗开会，会议有中央派来的胡斌、省委的孔克同志前来参加，并决定由山区转平原。三月初一回河池继续工作，边生产边组织活动。

1939年元月到西山工作，但到处都被敌人封锁了，村屯间都不得来往。因此失去了联系，我们又转回河池工作，从此就与组织全部断绝了联系。

1941年12月我从南丹回东兰民和，可是被国民党发现，没有了解到情况就又回南丹去了。

1945年又回来组织青年反对"三征"，后来又被国民党军覃世辉发现，又不能继续搞了，就上山躲避了。

1946年10月三石韦乔昌前来联系，决定先送武器到西山去，结果去不得，就在大同一带组织青年反"三征"。不到两个月时间，国民党调征兵都没有人去，苛捐纳税也无人交，国民党到处都扑空了。

1947年7月18日万岗起义以后，8月我到西山找黄举平，但敌人封锁过严，路过不得，没有联系上。

1948 年 3 月到河池县去与覃铁夫同志联系，开会后决定继续开展工作。我回东兰，覃建祥、覃瑞谋留在覃铁夫那里工作。我到 6 月 1 日在河池坡合屯覃安邦家开会，到会的有覃站吉等 30 人，会议决定分配工作，覃建吉负责花香、干来，我负责大同等地。

1949 年 6 月 1 日，我们又第二次到覃安邦家开会，这次会议扩大到 130 人，到 6 月 14 日覃松山、韦必惠、覃月七等人到我家联系，开始武装行动。与此同时，又接到河池覃铁夫来信，说龚仁武在九圩叛变，覃天明等让我们前去支援。7 月 15 日我集中 120 人枪到虎岗，覃天明同志已出来了。我们就领队回来，但在升平这边莫树昌同志已被敌人谋害了。10 月东兰得到了解放。

35. 韦拔群烈士的革命故事

罗显规口述，谭世殷记录

（1959 年 3 月 10 日）

不平凡的樵夫

1927 年 11 月，韦拔群在东兰、凤山等地领导农民革命，打倒土豪劣绅，打倒国民党反动政权。因为他计谋多，打仗勇敢，因此这一带的人们谁都知道韦拔群是出色的革命领导者，广大人民群众没有哪个不敬爱他。

韦拔群要领导人民打倒那些反动派，因此反动派非常恨他，拿他当作自己的眼中钉。伪政府、县里的土豪劣绅都纷纷出花红，有的写"谁捉得韦拔群赏五千块白银"，有的写三千块。那几年，不分春夏秋冬，街头巷尾、村里村外处处贴花红找韦拔群。这种情况迫使韦拔群不能露面，多半日子总是暗地里领导人民革命，要到武篆街上，总是装装扮扮，变换原貌。当时匪团长龚寿仪率领匪军企图"规劝"农民军，口口声声要抓韦拔群。

一天，韦拔群要进武篆街去观察情况。许多同志说："群哥，现在那些反动派正要出花红找你。你要进街，不是将肉送进狼的嘴里

东兰县武篆旧貌

吗？恐怕进不得街吧！"韦拔群不慌不忙地说："要了解情况，不进不行！"随后又补充说："敌人来捉我自然有办法对付。"

第二天清早，韦拔群脱下原来的衣服，换上破破烂烂的衣服，然后戴上黑头巾，再找些木炭走到镜子跟前，将木炭在脸上东涂西擦，打扮成个卖柴的瑶族樵夫，挑担柴不慌不忙地往武篆街去了。

韦拔群走进街里，挑着柴走过街，把周围的情况观察一遍后，就到卖柴的地方去跟樵夫们处在一起。不多时，有一个国民党军官来问柴价，讲好价，韦拔群便把柴挑送到匪兵驻扎的地方去。他丝毫没有顾虑，很自然地走进去，并把四周打量一下，放了柴，取了钱就出来了。

过了几天，有一个姓梁的群众去告诉匪团长龚寿仪说："你们不是要捉韦拔群吗？为什么前几天他卖柴给你们，进到你们营房里，你们不捉他呢?"敌人听了如梦初醒，发呆了。接着龚匪收到一封奇怪的信，信里写道：来吧，我姓韦的在西山，你们要来，我有郎长炮（即石头）等你。龚匪吓得面如土色，哆嗦不停，龚匪叫民团带路去"剿匪"，民团更加怕死，不敢前进一步。

赴宴识诡计

1930 年东兰有个大官，名叫陈屏山，他是国民党反动分子，自从来到东兰后，就一心一意想杀害我农民革命领袖韦拔群师长，韦师长知道这家伙是个反动分子——人民的大害虫，也常想办法把他杀掉。

一天，反动分子陈屏山突然写给韦师长一封信，意思是说他和韦师长两人之间过去互相憎恨，闹得人心不安，从此我们要解除过去的恩怨。最后还约定请韦师长某月某日到凤凰弄康屯进行谈判。韦师长接到信后，心想，陈屏山是拥有许多兵力的反动派头子，过去是我的死敌，而今天他要与我谈判，解除争端，恐怕不真心吧！又想要是真的，对我们来说化敌为友大为有利。和好之后，我们不用花费兵力对付他，相反的还得这样大的兵力过来为革命，那太好了。左思右想，最后还是决定与他谈判。

过了几天，谈判时间终于到了，韦拔群一人来到凤凰弄康屯的一个群众家里。这家是陈屏山预先布置好了的，屋里摆着一桌酒席，还有两个床铺，两个都有一张蚊帐，一个有一张毡，一个有一张被褥，里面除陈屏山和韦师长之外，再没有别的人了。两方所有的兵，一个也不给接近，统统赶到 10 里以外的地方去，他俩也没有带任何武器。

　　韦师长一到，陈屏山嬉皮笑脸地从屋里迎上来，互相握手打招呼。然后领韦师长到屋内去，韦师长非常机智，一面沉着准备对付万一发生的事情，一面观察屋里的情况。他陈屏山呢，接韦师长进去之后，马上请到酒席畅谈，谈天论地，说古论今，又谈过去双方的思想态度和今后的打算……总之什么都谈到了。起初，他喊韦师长喝酒，韦师长不喝。后来他自己先喝，又不停地敬酒，韦师长才勉强喝了一些。韦师长虽然与敌人喝酒，但始终非常小心。每次敬酒时，韦师长总让他先喝，不一会儿，陈屏山脸上渐渐红了，开始有些醉，韦拔群便说："陈大哥，我看你酒上脸了，请去床铺休息休息吧！"起初他不愿睡，后来在韦拔群师长的劝导下，他到底睡去了。韦师长扶他到床铺睡之后，自己也到另一个床铺睡了。韦师长睡到一刻时间，便听见陈屏山"呼呼"的鼾声。韦师长便爬起来，蹑手蹑脚地四处察看，忽然见陈屏山床铺后面藏着一把很锋利的长刀。他轻轻拿出来，心想，原来敌人是这样的狡猾。韦师长起初想用这把长刀杀死这个反革命头子，忽又转念道："他是不是用刀防备自己或准备杀那些不反正的人呢？"韦师长还有几分怀疑，如果把他杀掉，未免太敏感，怕误大事，因此决定不杀他。韦师长又想道："我先试一试他的心。"转过身来，把地上的板凳放进被褥底下，用自己的衣服遮上去，然后又用棉被盖好，装出有人在里面睡得样子，下了蚊帐，又脱下自己的鞋放在床前，事情办好了，现在完全像有人睡在里面了，韦师长看了看，把刀放回原处，就轻手轻脚地走出来了，走了出来，便在屋里一个隐蔽的地方躲住，观看敌人的动静。

　　一个半钟头过去了，陈屏山终于从梦中醒过来，他一起来，便从蚊帐里看看韦拔群的动静，他见一切都像韦拔群睡在里面，他取出床后的长刀，走到床前，打开蚊帐，笑里藏刀地喊道："拔群哥！拔群哥！"两声见没有回答，便露出凶恶的兽相，举起长刀砍了下去，他以为这下韦拔群该做他的刀下鬼了，可是待他掀开被砍破的被子一看，"噢，拔群怎么变成一条板凳呀！"这个居心不良的家伙大惊失色。

韦拔群在外面见到这种情况，便偷偷地溜走了。这一次，敌人费尽了心机，满以为设下酒肉诡计，一定杀得了韦拔群，领得花红钱，又可官升三级，可是现在他的如意算盘完全落空了。

36. 李明瑞总指挥二三事

覃国翰

（1984 年 3 月）

　　1931 年春，红七军五十五团和五十八团奉中央命令，北上江西与中央红军会师。在抢渡乐昌河时，被广东军阀余汉谋部截断，只有五十五团首先在江西永新县天河镇与湘赣苏区晏福生率领的红军独立一师一团会师。直到 1931 年 3 月间，部队才全部到达永新城。我红七军经过 10 个月的艰苦奋战，冲破了敌人的前堵后追，行程 7000 多里，终于胜利到达湘赣苏区。到了苏区就好像到了自己的家乡一样，省委立即给我们补充了

"转战千里"锦旗

御寒的被服衣物，送来了很多的慰劳品。妇女和儿童团组成的洗衣队忙着为部队洗补衣服；首长们都到连队问寒问暖，使部队倍感温暖，备受鼓舞。当时部队就在城里和城外的村庄驻扎，休整了两个星期。有一天，湘赣苏区省府和省委在永新城南门外的草坪上召开了军民万人庆祝会师大会。在大会上，省人民政府谭余保主席和省委负责同志代表中央民主政府授予红七军一面锦旗，上面写着"转战千里"4个金色大字。第二天召开了红七军的党代会，总结了我军在这次7000里长途行军中执行政策、纪律和政治工作的情况，以及与敌人作战的经验教训，同时又制定了今后的作战计划。

一、攻打安福城

早在4月间，我军就布置兵力准备攻打安福县城。城里的守敌是韩德勤部的一个团，战斗力较强，但除了他们能打以外，其他部队都是县保安团，没有什么战斗力。我军由李明瑞担任总指挥。我五十五团训练有素，善攻能守，战斗力很强；红第二十军和湘赣红独立一师战斗力也不错，消灭安福城守敌是有把握的。战斗布置是：我五十五团为左翼，担任主攻；二十军为右翼，负责牵制敌人；湘赣红独立一师为总预备队。第一天拂晓，我军由永新城出发，行程90里，到达虹桥镇；第二天继续向清水塘村前进，行程约60里，部队行至距安福县城十多里地时，各部迅速进入进攻阵地。该村庄有100多户人家，距敌前沿阵地有2000多公尺，前面有宽阔的水田地，当地的老百姓尚未插秧，前线指挥所就设在这个村庄。当时，我在五十五团第一营第一连任司务长，担任运输物资和救护伤员等工作，连队的后方

安福县廖塘桥战斗遗址

就设在这个村头。当我送饭经过前线总指挥所附近时,我看到李总指挥站在大树底下,他穿着很破烂的老羊皮大衣,正在进行紧张的工作。当时他双手拿着有一尺长的长筒望远镜,向前方观察敌人前沿阵地。随后,他嘴里叼着大烟斗,蹲着在那里静看地图寻思,或是蹀来蹀去考虑着问题。上午发起进攻的时间到了,我五十五团在火力掩护下,向敌人前沿阵地迅速猛冲。战斗打得很激烈,敌人支持不住,很快溃乱,敌人前沿阵地全部被我军占领。部队以迅雷不及掩耳之势乘胜向敌人纵深地扩张。不到一个小时,敌人整个防线全部溃败。我军消灭敌人两个营的兵力,缴获敌人枪支、弹药无数。敌人死尸来不及抬走,遍地都是,伤病员也顾不得运走。剩下的一小部分残敌逃跑入城。我军猛追敌人，逼近城墙。在关键的时刻，敌人约有两个团的兵力赶到增援。右翼方向的第二十军牵制部队内部有 AB 团分子捣乱，即向虹桥方向退逃，并向我军后面打枪。在这样的紧急情况下，李总指挥率领我军五十五团和红独立第一师勇敢沉着应战，我军的阵地巍然不动，坚持到深夜，接到命令后部队才撤出战斗。这次战斗俘敌很多，有一个俘虏问我说："你们是什么部队？"当我们告诉他我们是红军时，他还啧啧地说："你们厉害，我们的轻重机枪火力向你们扫射时，你们还是不停地前进，连一枪都不打。我打了几十年的仗，没有见过这样顽强的部队，真是神兵。"我说："我军不是神兵，是穷苦人民的队伍，我们是为了国家和民族，为了自己的阶级，可以牺牲自己的一切，所以打仗是不怕死的。"我们还告诉他：我们子弹很缺乏，每个战士只有 5 发子弹。所以大家都不打枪，直到敌人临近才打枪，子弹打完了就与敌人搏斗拼刺刀。我们打了这一仗，虽然没有把敌人这个团全部消灭，也没有攻克安福县城，但已经让敌人尝到了红七军的厉害，使他们闻风丧胆。

二、攻克茶陵、安仁两城

1931 年 6 月间，我步兵五十五团由李明瑞总指挥率领，前往遂川县与张云逸军长率领的五十八团会师。大家在抢渡乐昌河时被广东军阀余汉谋部截断，被迫分开了半年，这一次兄弟久别重逢是多么地高兴啊！这次会师后，我军战斗力更强了，过去部队所缺的弹药也得到了补充，人人精神焕发，个个求战心切。军领导定了新的作战计划：为了扩大红色地区，决定在 10 月间夺取茶陵县城。茶陵一面靠山，一面靠水，易守难攻。要拿下茶陵县城，就必须组织强大的火力掩护，抢渡茶陵河。茶陵地区的敌人共有9个联防挨户团，它的战斗力虽一般，但却有很多乌合之众。我军的兵力布置是：五十八团担任正面主攻，抢渡茶陵河；五十五团组织火力掩护五十八团抢渡并随时迂回敌后，以歼灭敌人的增援部队；红军独立师为预备队。战斗一开始就打得非常激烈，不到2个小时我军将该城全部占领，消灭大量敌人，并活捉敌人一个副团长，缴获敌人大量武器弹药。遍地都是死尸和来不及运走的伤员，增援之敌也被我军击溃。我们不给敌人以喘息之机，接着跟踪追击90里，不费一枪一弹就占领安仁县城。不到3天的时间，我军接连攻克两座县城。在安仁县驻了2天，主要做群众工作和筹款工作。这一仗我军声势浩大，打得利索，痛打了军阀刘建绪，使湘军闻风丧胆，惊恐万状。当时敌人计划截断我退路，在安仁

茶陵县旧址

茶陵之间把我军孤立起来，然后集中优势兵力消灭。我军早已洞察敌人的阴谋诡计，迅速离开安福、茶陵两县城，全部渡过了茶陵河，安全回到苏区。

我军自从北上进入湘赣苏区以来，打了很多仗，而安福、茶陵两次战斗打得比较出色，在军事上给湘军很大的打击，在政治上得了广大人民的拥护和爱戴。这一仗给我军的指战员极大的鼓舞，当广大军民谈到这些成绩时，都十分佩服李总指挥，称赞他是最好的军事指挥员。

李明瑞同志在北伐战争时期曾经在李宗仁的第七军任旅长、师长。在攻打汀泗桥、贺胜桥的战斗中立下战功，在国民党军官中是一名勇将，获得了崇高的声望。参加我红军后，他功勋卓著，声望更高。但很可惜的是，这位智勇双全的杰出将领，没有死在枪林弹雨中，却在王明极左路线搞肃反扩大化时被害。在党的七大时，他得到平反昭雪。他离开我们已有50多年了，但他的精神还没有死，他还是活在人民的心中，他的功绩是不可磨灭的，他的革命精神将永远传下去！

李明瑞总指挥永垂不朽！

37.回忆首次会见敬爱的张军长

卢永克口述，于曼萍记录

（1986 年 1 月 16 日）

红七军成立 50 周年纪念让我十分激动，这使我回忆起红七军前委在果德县果化镇首次会见张云逸同志时的情景。

那是 1929 年秋的某晚，我党的黄书祥县长通知，党团支部要动员自卫军、赤卫队、工会、农会、各村小学生，热烈欢迎张云逸大队长领导我党控制的教导队及警备队第四大队来右江。当时，这支部队尚未公开身份，他们还穿着国民党的军衣军帽。这件事只有党团员知道，没有向群众宣布。党支部书记梁有芳、副书记吕任汉要我给大家把通知反复念了两次。赵世同、梁有芳不识字。连长让我代笔，写信通知区村农会干部及赤卫队、村小学教员明天一早到果化观音庙开会，并连夜派人送信。我们坐在一起，回忆蒋介石叛变革命、屠杀工农的情况。我们手拿原始武器，与敌人坚持进行了两年多的艰苦斗争，从无到有、从小到大地发展起来。大家你一言我一语，直到公鸡报晓三次我们才睡觉。第二天早饭后，干部都来了，请果化的工会商会参加，由梁有芳连长传达。他只读过一年小学，有些字不认识，问我"逸""警备"等字怎样念，我教会他了才开会。通知中说："我党领导的部队，这句不传达，要保密。"只传达张云逸大队长领导教导总队及警备大队到右江，要热烈欢迎。学生穿白衣服，赤卫队、自卫军全副武装，街道每户门上用红纸写"欢迎教导队、警备队"。商会准备粮食供应部队，各种肉类商品等不准抬高价格，买卖公平。工会、商会要准备部队驻的地方并打扫干净，下铺禾草，上铺竹席。传达完毕后，各村回去动员。第三天，人们从四面八方云集而来，有男有女。江边站满了人，像节日一样穿好衣服，学生穿白衣黑裤，并打着鼓。赤卫队分为鸟枪队、梭标队、大刀队；自卫军有大十枪、单打一七九步枪、马卵枪，连长背驳壳枪。

果化码头

中午，电船拉带十余条木船，到果化码头靠岸。船上装满武器弹药和各种物资，还有带十字旗的卫生队，休息了一会儿就开往田东。

部队由张云逸大队长带领，下午才到。先头部队一个连进街，连队中有一个中等身材、白脸、留着小胡须的人。他骑一匹黑马，十来个背驳壳枪的士兵跟在后面。这时，家家户户、还有商店都在燃放鞭炮欢迎，我们估计骑马的就是张云逸大队长。部队进驻街上的观音庙，山炮及迫击炮、机枪架在三岔路口。教导队及四大队宣传员马上出动，分4个地方放4张桌子，宣传员站在桌子上，工人、农民围着桌子。宣传员揭露蒋介石国民党屠杀工农及革命知识分子的罪行，提出"打倒蒋介石""打倒贪官污吏""打倒土豪劣绅""一切权利归农会""工人有工做""农民有田耕""男女平等""享有自由权"等口号。工人、农民乐得咧开嘴，掌声如雷，高呼"拥护农民有田耕，我们要打倒土豪劣绅分田地"。宣传员回答："我们支持工人、农民兄弟的要求。"然后又是一阵叫好，掌声响彻云霄。自卫军羡慕地围着大炮、机枪看。大家都说果化有一门炮的话，两个楼都飞上天了。

张军长在姜兆利商店住，党支部副书记梁有芳、吕任汉，组织委员赵世同，宣传委员梁有民，团支部书记卢文秀（我的原名）5人去拜访张军长。张军长神采奕奕，高兴地接见我们。吕任汉向首长介绍每人的职务和姓名，张军长和我们一一握手。我们激动地流下热泪，像孤儿找到亲娘一样，握着首长的手久久不放，表示热烈欢迎。约10分钟后，张军长说这里不方便，晚上到你们那里，你们回去准备，将果德革命组织及如何能坚持几年武装斗争的情况汇报一下。

我们住在国民党营长黄甫育的楼上，回去推选吕任汉作为代表向张军长汇报。我们兴奋地提前吃完饭，在门口等着张军长到来。7时左右，张军长带着两个护兵来了。张军长笑着向我们敬礼，我们大都是光头，只好双手合十像拜年一样回敬。进庭房坐下后，我倒一碗百色特产百年砖茶给张军长。我说："这是没收这个官僚资本家得的一块百年砖茶，请首长尝一尝。"首长喝了一口说"好"，接着就开门见山地问果化是否有党团组织？吕任汉答："有。"雷经天到右江通过黄书祥写名单批准，由黄书祥转达我们个人入党，党员有书记梁有芳、副书记吕任汉、组织委员赵世同、宣传委员梁有民、团支部书记卢文秀（我原名）。张军长高兴地与我们每个人握手，说我们是同志，要为共同的社会主义、共产主义伟大事业奋斗终身。我们激动地说不出话，感到自己与张军长心连心了。张军长问我有多少团员，我回答说："11 个"。张军长说："太少了，经过几年革命斗争，表现好的青年要吸收入团，党员条件要严些。"首长接着说："将果德革命群众组织及武装斗争情况详细谈谈。"吕任汉就开始介绍起来，他说："广西军阀坏透了，大革命年代，口头拥护国民政府，拥护国共合作，实际却在镇压人民革命运动。特别是县官、农村反动势力伪村长非常猖狂，肆意杀人。"

1925 年，梅杰南去广州农讲所学习，1926 年初回来，广西省农民部委任他为果德县农民协会主席。县知事反动土司黄尧封不准挂牌，不准成立农会，扬言梅杰南是共产党危险分子，要逮捕他。梅回到果化，得知小学教师李羡唐愿意合作，便在果化小学门口挂牌，招收十几个青年短期学习，回各村发展农会会员，向农民宣传拥护孙中山遗嘱、联俄联共扶助农工、耕者有其田、工人有工做、农民有田耕、打倒帝国主义、打倒军阀、打倒贪官污吏等主张。两个月后，县知事黄尧封诬蔑梅杰南鼓动民众为匪，通令逮捕，逼得梅杰南跑到南宁，参加学习的十多个青年回村后也无法立足。当时参加学习的有果化的吕任汉、潘仁政、陈忠烈、卢以权、李斌，思林的李恒芳、李峰来。龙河的卢以权回村活动时被伪村长何道亮杀害，第一次组织农会宣告失败。

1926年冬至1927年初，北伐战争取得胜利，这对广西的军阀官僚影响很大，县官和伪乡村长表面温和了一些。1926年秋，右江农民领袖韦拔群被委任为田南道农民运动办事处主任，带来一些干部，派黄书祥特派员到果德进行革命活动。在中国共产党员余少杰及右江农民领袖韦拔群领导下，果德县与右江各族人民一样，农民协会如雨后春笋般涌现。1927年2月24日，县农协会成立，几千会员持各种原始武器，全副武装参加会议，高呼"打倒贪官污吏"等口号，伪县知事黄尧封吓得发抖，叫喊"穷鬼子起来真要造反啦"。县农民协会成立后，3月底，梅杰南从南宁回到果德县。4月初，组织派他到南宁参加省农民代表会议。"四一二"蒋介石叛变革命后，广西反动军阀黄绍竑执行蒋介石的命令，在南宁逮捕了梅杰南等12人，说他们是共产党，要全部杀掉。果德县工会、农会、商会出500元光洋，要求释放梅杰南，国民党当局不答应，说给2000元也不放。

余少杰

共产党员余少杰在范石生的部队里与田东的黄志锋一起出面活动，向范石生及军械主任请客送礼，送上土特产。黄志锋提出要维持地方治安，得发些枪。余少杰说："军械库有不少无用的步枪，搬家运输不便。"范石生点头，让余少杰和军械主任看着办，把好枪留下。这样一来，他们就合法弄出几百支枪，拿给果德几十支。蒋介石叛变革命后，余少杰动员范石生反蒋。范石生说："做不得，蒋介石力量很大，反蒋起义会失败。我范石生升官，你余少杰有好处，不必谈这事。"余少杰急忙发动两个营和手枪排围攻范石生的部队。余少杰不出头，打了一夜。军部有范石生一个主力团驻守，没打下。天亮后，大部分部队回兵营，手枪排及部分散兵也跑到花茶地区。蒋介石命令范石生离开右江到湖南。余少杰对范石生说："部队纪律太坏，还是派人去把散兵收回来。"范石生同意了并批了钱，并说要余少杰亲自去才能办到，让他快去快回。余少杰拿到钱后，即与黄志锋联系，到

果德县农民赤卫军常备营旧址

花茶收拢散兵及手枪排。老练狡猾的范石生在年轻机智的共产党员面前白送了钱，又丢了枪。余少杰、黄志锋在花茶召开干部会议，成立革命委员会。到仑圩后为统一指挥，又召开各县干部代表会议，果德黄书祥、黄永祺去参加。余少杰在报告中说："陈独秀右倾投降，蒋介石叛变革命屠杀工农，目前摆在我们面前问题是等待敌人来屠杀我们呢，还是拿起武器与敌人战斗到底？"经过讨论，大家决心坚持武装斗争，并通过三项决议：一是决定成立右江自卫军第三路总指挥部，选余少杰为总指挥，黄绍锋任政治委员，黄书祥任副总指挥。田东、思林、果德自卫军统一指挥，互相支援。二是决定各县赤卫队改名自卫军。三是决定在田东、思林、果德等山区建立革命根据地。余少杰搞出来的手枪排有30多支新的德国驳壳枪，分发给县领导干部，各县干部都很感动。手枪排排长姓员，是共产党员。

1927年6月，果德人民要求攻打果德县城，活捉黄尧封。黄书祥、李羡唐报告余少杰同志，并指示做好准备动员工作。黄书祥根据党的指示，与李羡唐在感圩塘平村黄广明家召开干部会议，决定于7月16日攻打县城。黄书祥任总指挥，李羡唐任副总指挥。妇女主任赵慨民负责后勤，动员妇女煮饭烧水、照顾伤员。动员万名农军围攻果德县城，活捉黄尧封。黄尧封惊慌失措，带民团坐木船逃跑了。我军发现后追赶不上，便进城打开牢房，放出十几名被抓的群众，烧掉伪档案及文件。第二天，敌人的援兵到了，我军退出县城。余少杰、黄永达参加指挥，带领思林自卫军与果德的部队配合作战，在感圩打垮黄勋部两个团及500多人的洋枪队。12月11日，广州起义，黄绍竑急调驻在果德的3个独立营回南宁，县官黄尧封吓得只带一个护兵跑进归德躲避。黄书祥、李羡唐连夜领导自卫军进攻果德县城，民团放下武器逃散。我军进城后，缴获各式步枪50多支及不少弹药物资。打开粮仓，一部分用来救济农民，一部分作军粮。同时，没收商业、官僚资本作军费，并向商人募捐。过了几天，黄绍竑急派4个独立营对果德革命根据地的感圩、新圩、旧城、回陇、果化进行"围剿"。1927年农历十二月二十八日，敌人向龙河进攻，看到山上人很多。敌人一走近山脚，我军就往下滚石头，敌人便改道进攻龙旧。敌人火力强，守城的自卫军被敌方火力压制，抬不起头来，遂掩护群众退上后山。敌人打进村时，卢盛赖的母亲及一个孩子因走不快被敌人抓住杀害。敌人把龙旧的春节年货及鸡、鸭、猪、牛、羊、衣物全部抢光。为保卫家乡，各村群众的革命斗志更旺、更坚决了。有的卖地买枪支子弹，有的买鸟枪自己造火药，请铁匠造刀枪，甚至搬石头在山上打击敌人，坚持武装斗争，英勇杀敌，保卫革命根据地。现在果德县有3个营的脱产自卫军，各村还组织起不脱产的赤卫队，有事武装起来互相支援。

张军长很注意做笔记。听完后，张军长高兴极了，说："实行毛泽东同志的战略战术，建立农村革命根据地，广西人民是勤劳勇敢的人民。历史上就有著名的广西金田农民起义嘛，现在有共产党领导，必定能取得革命的最后胜利。听完汇报收获很大，对果德人民革命力量有了基本了解。"

第二天早饭后，张军长带两个干部及10个护兵，由梁有芳、梁有民和我带路，老赵连夜回村准备工作。张军长来到龙旧城门下了马，走上城墙观看。那里三面高林，前面是石头城。首长赞扬这里是好地方，并说在凸出的小山头筑一个坚固炮楼，再有挺机枪，敌人一千、两千也难打进龙旧。

　　回村进屋坐下，张军长鼓舞我们说："大家不要只看到目前革命力量小，困难多，新生事物是发展的，工农群众团结起来力量就大，反动派是代表地主阶级、资本主义，他们是少数。我们只要坚持长期武装斗争，必定胜利。国际国内对中国革命有利，国际方面俄国在列宁、斯大林领导下，革命胜利十多年了，正在建设社会主义，有一支强大的红军，包括海军、陆军、空军。我们要走俄国革命的道路。毛泽东同志在井冈山创造的第一个革命根据地给我们树立了榜样。现在，朱德、毛泽东领导的中央红军和苏区不断扩大，在湘赣边界各大城镇和农村建立了苏维埃政府，打土豪、分田地。毛泽东同志的战略战术是正确的。大革命失败后，许多地方的革命遭到敌人的镇压，右江能坚持革命武装斗争不容易，是共产党员余少杰同志及右江农民领袖韦拔群同志正确领导、执行正确路线的结果。可惜余少杰同志牺牲了。黄永达同志在南宁当公安局长，抓住叛徒梁若遇、曾菊英，把他们杀掉，为余少杰及许多烈士报了仇。要挽救国家民族的命运，牺牲流血是难免的，中国革命还要经过长期艰苦奋斗，在党中央、毛泽东、朱德等同志正确领导下，要把千百万人民组织起来，武装起来。我们一定要打倒蒋介石，解放全中国。广西要成立红军，打土豪、分田地，你们愿意参加红军吗？"梁连长拍大腿说："只要打倒军阀官僚谁都愿意。只要求给我们武器弹药，随时由首长调动，改编成一支强大的主力红军，才能保卫革命根据地，巩固革命成果。"张军长兴奋地握着梁连长的手说："好，给你们80支步枪，每支枪配发30发子弹，把你们的单打一鸣枪分给各村不脱产的赤卫队。"听了张军长一席话，我们心明眼亮，信心百倍。

　　张军长到果化一天半根本无法休息。下午，黄书祥县长及黄永祺、黄绵盛、赵树茗赶到果化向张军长汇报工作。黄书祥是专门来向首长汇报果德革命武装斗争及群众组织情况的。张军长说："简单谈谈有什么要求。我昨晚及今天上午与梁有芳、吕任汉都谈了，目前你们准备如何干？"黄书祥说："果德县有3个营的脱产自卫军，第一营营长黄日晴，第二营营长赵树茗，第三营作警卫营，我兼营长。每营有3个连，每连百来人，只有三四十支步枪，子弹少，多数是鸟枪、红樱枪、大刀。我们提四个要求：第一，要求发给300支步枪，每支配50发子弹。这两年来吃够了没有子弹的苦头，目前抓紧剿匪，需要武器弹药。第二，要求条件好的地区，如果化、新圩、感圩、回龙提前成立县、区、村苏维埃政府，把税收用作经费。第三，没收豪绅地主、资本家的财产作军费，土地衣物分给农民。第四，红军成立后，要求编入主力红军。"张军长听后高兴地笑着，大声说："好啊！完全同意你的4个要求。除已答应给果化80支步枪外，再给你们250支步枪，已超过300支，每支配30发子弹，编入红军后再给你们补充。每个连派一个军事教官把部队的军事、政治训练好。部队起义时升起镰刀斧头的红旗，挂红带。"黄书祥说："革命是一家，一切服从军部指挥，只有改编扩大红军，才能有力量消灭军阀。"张军长紧紧握着黄书祥同志的手，然后与黄永祺、苏锦盛握手，最后军长拍着我的肩膀说："亚秀，你年轻，以后到政治部工作。"离别首长，回到连部吃饭时又谈了两个小时，黄书祥、黄永祺等连夜坐小船回县城了。

第二天，张军长带队去百色，急调原国民党老排长等10人来当军事教官，进行军事训练。他们军阀主义严重，训练时都拿一条黄油漆军棍，不会教官就骂，再教做不对就打。士兵委员会开会批评他们，他们说不打不骂练不出好兵，搞了一两个月，他们被赶出连队。邓政委、张军长对果德部队很关心，给出许多宝贵指示，又派两个连及一挺重机枪配合果德自卫军第三营消灭果化之敌。后来编入红军后成为一支很好的部队，在长期革命武装斗争中作出了一定的贡献。

果德县苏维埃成立后，果化苏维埃主席是吕任汉（副连长），军事委员由梁连长兼，梁有民是土地委员，我是宣传委员，只有一个知识分子赵树芝当教育干事。我们在果化没收反动地主、资本家的财产作经费，命令工会主席黄祥谋及农会去执行。如没收果化反动地主、资本家姜兆利、雷德利、罗昆和、黄和胃、梁就利（国民党独立营营长黄育甫商店）及槐前大地主、反动封建土司赵旭南等的财产，革命形势大好。

阶级斗争越来越尖锐，农村的反动封建势力不甘心人民掌权，想继续保持他们的反动统治，扬言谁参加革命就全家杀光。苏维埃教育干事赵树芝进行反革命活动，反对打土豪、分田地，反对编入红军，散布蒋介石有飞机大炮，能统一全国，红军要失败等反动言论。我们开会揭露赵树芝的反革命罪恶活动。他大骂共产党比土匪还坏，站起来就走。我怕他跑掉，就跟在他后面。出门口时，他气势汹汹地骂道："杀掉几个才成功。"我忍不住，用马卵枪对他背后打了一枪，他躺倒在苏维埃政府门外。连长跑出来又补了两枪，然后说："雨田（我的小名）干得好。"我说："不灭掉赵树芝多危险呀！再执行陈独秀路线，咱们都要人头落地。"

我记得1930年农历八月初九晚，我们在恩隆县平马镇三乐街万盛商店开会。张军长说："我们要离开右江革命根据地了。我们相信在党中央正确领导下，按照毛委员的战略决策以农村包围城市，可以不断壮大革命力量，扩大苏区和红军，我们一定能打回广西来，与广西各族人民一起建设社会主义新广西。"在伟大领袖毛主席、党中央正确领导下，经过 20 多年艰苦曲折的武装斗争，我们终于取得了新民主主义革命的伟大胜利。张云逸同志在新民主主义革命和社会主义建设中作出很大贡献。

38. 李明瑞烈士的片断回忆

童陆生

（1986 年 9 月 8 日）

一、国民革命军第七军北伐中的同学

1924 年国共合作后，革命事业蓬勃发展。为了把国民革命引向全国，1926 年广东国民政府决定出师北伐。北伐的主要对象是盘踞在长江中下游一带的吴佩孚、孙传芳两大军阀，以及北方的奉系军阀张作霖。出师北伐时，兵分三路。第七军分担向武汉一路的作战任务，从广西向武汉推进。在七军的同学中有黄少伯任军部参谋长，李明瑞任旅长。因七军编制没有师的编制，军的组成有 3 个旅。钟毅在李旅部队中任营长，后升任团长。这些同学在北伐过程中都先后相会过。其他不知名的还有，只是一般礼节性相会。唯有李明瑞同学是在九江会师后，在请革命军总司令部高级参谋李德瑚的宴会上相会的。李德瑚当年在韶州讲武堂（云南讲武堂分校）担任过教官。这次宴会李明瑞是主人，他致欢迎辞后，我也讲了话。李教官作了答谢辞后，我与李明瑞便作了一次谈话，当时钟毅也在场。事后钟毅同学对我说：旅长对你的讲话表示称赞。这是离别多年之后相

1920年李明瑞毕业于滇军讲武堂韶州分校

会中留下的一点印记。

二、李在北伐中的战功及威望

　　七军进入湖南，在取得进攻长沙、岳州战斗胜利后，又参加了进攻湖北汀泗桥、贺胜桥的战斗。战斗中，李明瑞指挥有方，克敌制胜，建立了战功，在全军内外闻名。协助攻下汀泗桥、贺胜桥，就打通了攻夺武汉的要道。革命军攻打武汉过程中，为牵制孙传芳，协助友军进攻南昌。又调李旅向孙传芳派重兵把守的要地德安进攻，曾两度攻下德安，使革命军第六军、第二军、第一军各部能够顺利攻占得而复失的南昌城。随后，李部与友军会攻九江。九江久攻不下，伤亡惨重。最后，李明瑞率部奋力冲锋，一举攻克九江。汀泗桥、贺胜桥之战是传闻的，而九江会师则是亲临其境，李这次的战功威望在革命军中远近传闻。

1926年8月26日，李明瑞率部配合叶挺独立团攻下汀泗桥。图为缴获敌人的车辆。

三、桂系反蒋李反桂系的由来

桂系反蒋，使形势演变成武汉将要发生一场大战。对武汉市来说，是战祸临头，将会给武汉人民带来灾难。这时的李明瑞受俞作柏的影响，在前线独立反桂。当时李是师长，负责前线指挥，准备把这场战祸化解。于是，李率部撤退到安陆县，通电反桂。我是从《武汉日报》得到这一消息的，因我当时隐居在武昌，便致电李明瑞称赞他英明果断，表示祝贺，并约他相见一谈，他即回电约我前去安陆。我们相见面谈后，他留我任军部作战科科长，这时他已升任军长，我接受就职。不久部队开往孝感县，他又找我面谈，因同学王根僧已他调，谢旅参谋主任一职空缺，要我到该旅替职。这个旅是杨腾辉军的部队。谢旅长原来是李任师长时的师部副官长，是在反桂时才调升旅长的，这是新组成的部队。当时李找我谈话，征问上述意见，我同意去，但军部参谋长未来之前，仍留任作战科长，业务是发布命令。后来，部队又开到刘家庙，旅部组成，我才去旅部任职。不久，部队按计划乘轮船开往广东，经南京出上海到广州。登陆后，开往广西，到梧州沿江而上。未经战斗就收复广西全省，稳定了局势。后来该旅部分驻柳州，南宁成为俞作柏省府主政中心所在地，李亦在南宁驻守，南宁成为指挥重地。当时李兼任编遣督办。我抽时间去过一次南宁，未会见到李，只会到钟毅同学，他担任军务少将处长（后来在抗战时期任师长，在台儿庄战役中英勇牺牲了，据说广西为他建立了烈士馆）。

四、俞作柏通电反蒋及独立

俞作柏到广西掌握政权和军队，同李明瑞的主张是一致的。但军队系统大体有三部分：一是李明瑞和杨腾辉所部，主要是七军的基本军队；二是地方势力，是吕焕炎的一个师，据说吕对俞主席很亲近；三是原来留广西的李宗仁、白崇禧的一些旧部，数量不多，在俞、李进入广西后归顺收编的，原部队未加改编，有些凑合之情。在俞作柏通电反蒋后，没见到同情反应，李宗仁和白崇禧趁机反击俞作柏，首先是吕焕炎叛变,吕驻地玉林梧州一带为广西门户之要地。接着李、白旧部叛变,使俞作柏内部孤立起来,最后杨腾辉也接受李、白委命。事变前,李明瑞去过柳州一次,找杨腾辉商谈,杨仅以中立态度应付,因见大势已去,杨才接受李、白指挥。这次李去柳州与杨会谈,我未参加,因此不知谈话内容。吕焕炎叛变后,柳州与南宁的交通亦断绝不通,不知南宁方面消息。后来传闻李明瑞率

俞作柏

部撤出南宁,退到龙州、百色,我无法前往,因此断绝了消息。后来百色暴动,交通更加阻塞,从此与李分别。不久,我同王根僧同学及谢华同志先后离开广西,赴上海去了。

广西省政府办公地旧照

民国年间南宁城区

五、李在桂系军队中的影响

李在百色暴动后，传说撤走经过柳州地界，杨腾辉部队未去截击，但杨也未响应李暴动。因此李在广西未遭到战斗阻力，顺利通过，这是李的声望留在七军中的好的影响及反映。后来，李、白又响应北方冯、阎反蒋闹了一场，终归失败，以与蒋合作而告终。

六、最后的悼念

我在李明瑞军长领导下工作的时间虽然很短，但是对于他的工作才能和作风略知一二。有一次，在他与我的谈话中谈到指挥作战的方法，最重要的是要了解敌人的进攻意图，因此自己首先要到前线阵地观察地形，其次是从敌人方面设想，敌人的来路和可能进攻的方向，以及要争夺的阵地。然后自己又是如何制订作战计划、战略战术，如何指挥部队作战歼灭敌人。这是他指挥作战的要诀。我觉得他言之有理，今天回忆起来，仍觉得他所讲的是军事科学中很好的一种指挥方法。他有一定的文字水平，我见过他亲自起草的电文稿件，不用秘书起草，而且文字简练达意，看起来醒目，使人容易理解。可惜我在柳州，当时南宁变动情形未能亲临其境。因此，不甚了解，如今回忆悼念，作五言诗一首：

> 北伐建战功，英勇七军名；
> 百龙举暴动，为党尽忠贞；
> 能当革命苦，不做高官荣；
> 征途破险阻，指挥胜敌兵；
> 可惜身遭害，埋冤终得平；
> 精诚永不灭，光辉照后生。

39. 忆红七军军医处处长吴清培同志

李华清

革命的"传帮带"，这是我党我军的光荣传统，是我们革命队伍青春不老的法宝。在战争年代，随着我们党领导的人民军队的诞生、成长和壮大，这个光荣的革命传统也在生根、开花、结果。今天，在党中央率领我们进行新长征的伟大时代里，更需要保持和发扬这个光荣的革命传统，承前启后，继往开来，为完成我们党在新时期的总任务，为加快祖国四个现代化的伟大进程而奋斗！

提起这一光荣传统，我就禁不住回想起自己参加红七军前后的一段往事，想起

李华清

吴清培

一个使我终生难忘的好军医——吴清培同志。

"参加红军去!"

在我 8 岁的时候，当厨工的父亲积劳成疾，得了肺结核无钱医治，含恨死去。父亲死后，全家人的生计几乎陷入了绝境。我母亲是壮族劳动妇女出身，每天只好带着我们上山打柴谋生，吃上顿没下顿地苦熬了几年。我刚满 13 岁，由于生活所迫，母亲就含着辛酸的眼泪，托亲靠友，好不容易为我谋到一个差事：在百色县大街仁和祥山货店做杂工，每月报酬只有 1 元钱。还要等到年底才得领。

为了挣这 1 块钱，我这个瘦弱的 13 岁的孩子得付出多么沉重的代价啊！天天一清早，别人还在沉睡着，我就要先爬起来，为全店十多个人烧开水，招待来往顾客。白天，挑担到码头起货、送货，直到晚上打扫完店铺，才能在柜台上垫块板凑合着睡上一觉。最不堪忍受的，就是还要侍候老板，除帮洗衣服外，吃饭的时候，老板一家在饭桌上狼吞虎咽，我却饥肠辘辘，站在旁边等着给他们添饭。一时照顾不到，就马上看到恶狠的脸色，甚至挨骂、挨打，挨了打还不准放声哭！

黑夜终有尽头，天边露出了曙光。在我做工的第三个年头，即 1929 年秋冬，百色县突然出现了一支番号叫广西警备第四大队的部队。他们到处撒传单、贴标语，上面写的全是"打倒国民党""打倒贪官污吏""打倒土豪劣绅""为穷人谋利益谋解放""官兵平等""不打人不骂人"等使人暖心的话。看了这些传单、标语，我的心里高兴得"怦怦"直跳。那时候，我还不懂得什么叫作革命，只觉得这个军队好，为穷人谋利益，官兵平等，支持工农运动。因此，我暗暗下了决心："参军去，再不给人家当牛做马，受这窝囊气！"

1929 年 12 月 11 日，百色城乡阳光灿烂，红旗招展。邓小平同志和张云逸同志胜利地领导了百色起义。一面写着中国工农红军第七军番号的镰刀锤头大红旗高高升起。红七军一成立，广大贫苦的壮、汉、瑶族青年奔走相告，纷纷报名参军。我也瞒着母亲和家里人，与几个同乡好友偷偷跑到招兵站报名。年纪较大、个子较高的青年都被批准接收了，而我个子最矮、年纪仅 15 岁，招兵的人不大愿意收。这可急坏我了。我指着墙上的标语嚷道："你们不是说工农红军是为穷人打天下、谋利益吗？我家里就很穷，我就是一个受苦的人，我要跟你们为穷人打天下。你们不收我，我就不走了！"

说来说去，纠缠着不走，招兵的总算点头答应："小鬼，你这么坚决，就收下你。个头太小，可扛不了枪，那就到军部军医处当个护理兵吧。"

我乐得蹦起来了："行！只要收我，干什么都行！"就这样，我自豪地加入了红七军的战斗行列。

像出笼的小鸟入水的游鱼，一进入革命军队这个大家庭，再也不用担惊受怕，挨打挨骂了，我心里是多么欢畅啊！在军医处，我整天觉得浑身有用不完的劲。脏点累点我不怕，护理重伤员、洗洗涮涮我都抢着干。有时看到别人扔掉的绷带，我也拾起来一件件洗净晾干。上级看到我手脚麻利，做事勤快，就让我专门去护理军部一位受重伤的军事教官。这位教官是在百色县大街上的一次战斗中，英勇地率领部队阻击土匪进犯而受伤的，他的大腿骨折断了，大小便都不能下床。当时，部队的医疗条件较差，伤口化脓了，一到换药的时候，臭气扑鼻，熏得人喘不过气来。我端屎端尿，一直护理了一个多月。

一天，我正在给伤员喂饭，突然一个高级军医前来检查伤病员。

他年纪50来岁，高高的、瘦瘦的身材，穿着一身干净整洁的旧军装。他那长方脸上始终挂着和蔼可亲的笑容，见了伤病员问寒问暖，说起话来细声细语。他检查完了病房，看到床单、屋子都收拾得干干净净、整整齐齐，挺高兴，便轻手轻脚地走过来，弯着腰，操着浓重的福建口音问我："这病房是你收拾的吗？"我连忙站起来回答说："是。"

他满意地点点头，回头对陪同检查病房的一位医生说："这孩子什么时候来的？"医生告诉了他，他又点点头，笑眯眯地说："这孩子干得不错嘛！"

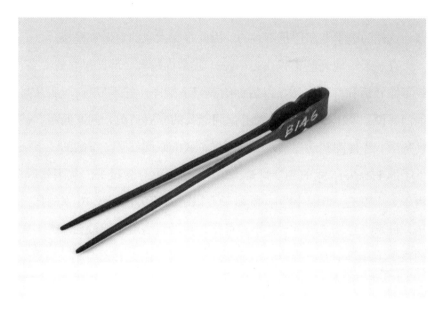

1929年凤山苏维埃后方医院使用过的医用夹子

这位军医多么和蔼可亲呀，我立刻对他产生了敬意和好感。回想自己在参军前整天受苦受累挨打挨骂的情景，哪里见过这样和和气气的好人呢！我用尊敬的目光送他出门后，就急忙问护士长："这位和气的医官是谁呀?"护士长回答说:"他就是咱们军医处处长、有名的医学专家吴清培同志呀!"

"来，我教你。"

打这以后，吴清培处长经常来巡视病房，参加会诊。对于特重伤病员，他总是亲自负责诊疗。不久，我也由护理兵升为医兵，与他见面的机会渐渐多了起来。据说，他是福建厦门医学院毕业的，内外科都精通，特别是战地外科，更是内行。在当时我们党领导的军队中，像他这样的医学专家还是不多的，因此很受大家的尊敬和爱戴。

有一天，他突然把我找去，说:"我是福建人，部队里壮族人多，我不懂壮话和广西白话。以后你给我当个翻译，好不好呀?"我高兴地回答说:"好!"接着，他关心询问起我的家庭情况，问寒问暖，关怀备至。当他问我念过书没有的时候，我的眼圈红了，辛酸的往事一下子涌上心头:"我的4个哥哥、3个姐姐都没有念过书。父亲死后，由于全家没有一个人识字，吃尽了不识字的苦头，在我10岁的那一年，母亲咬着牙送我上了初小。可是，在豺狼当道的旧社会，穷人家的孩子尤其是少数民族的穷孩子要念书，简直比上天还难，不知受了多少气呀!念了一年多，就再也念不下去了。"

吴处长听了我的讲述，同情地望着我，沉默了很久。最后，他轻声问我:"现在你想不想学习呀?""想!"我激动地站起来说，"可没人教我呀。"他热情地说:"来，我教你!"

从这天开始，不论行军作战。他走到哪里，我就跟到哪里，总是形影不离。每天清早或吃过晚饭，他就教我学习汉文、英文，工作再忙也从不间断。那时我年轻，记性好，他教的方法又好又认真，不久就能看懂他用英文开的处方和写的病历。这时，他对我的要求也更高更严格了。有一次，他见我记的病历字迹不工整，就耐心地教我认真练写中外文字，又说："学习要循序渐进，由浅入深。写病历要清楚简练，说明问题，还要熟练地运用医学术语。"他拿起我写的病历，指着其中一句说："你看，'肚子胀痛得很厉害，而非常疼'，这句话就很啰嗦。把它改成'肚子胀，压疼'，就简练、清楚多了。压，是指医生诊断的动作。疼，是指病人的感觉。你说对不对呀？"我激动地说："对！一定改过来！"吴处长真是一位谆谆善诱、诲人不倦的好老师啊！

第一次拿起手术刀

1930年4月间，为了宣传我党我军的主张，发动群众，部队开往黔桂边攻打贵州军阀。"五一"节前一天，打下了贵州的一个县城——榕江。军医处就设在城里一家院子里，房子很好。这次战斗伤亡不大，我和吴处长住在同一个屋子里，除医治伤员外，还给当地群众治病。房东的老婆腿上长了一个大包，由于缺医少药，又无钱医治，已经受了几年的折磨。房东偷偷找我要买点药治疗，吴处长外出巡诊回来，我向他作了汇报。他听后非常关心，急忙拉我一块找到房东，亲切地说："你老婆有病，为什么不早告诉我们呢？来，我看看能不能开刀。"他为女房东仔细做了检查，并叫我当助手给她开刀，手术做得很成功。房东夫妻非常感激，逢人就夸："没见过这么好的军队，没见过这么好的医生，真是活菩萨呀！"这样一传十，十传百，驻地附近的老乡都来找我们看病。吴处长不管工作多忙，多么劳累，只要有人来找，总是有求必应。有时连饭都没吃，便空着肚子来给群众看病。我心里非常羡慕和敬佩，老是想：有一天，我能像吴处长这样，手到病除，为伤病员和群众解除痛苦，那该多好啊！吴处长好像看透了我的心事，每次开刀，都让我当助手，一边动手术，一边给我讲解一些外科手术的常识。我也贪婪地听着，恨不得把他传授的技术都能变为自己的东西。有一次，来了一个大腿受伤的伤员，弹头钻进了肉里，因没有 X 光机设备，吴处长只好细心地用手摸着伤处，轻声安慰着伤员。我知道他又要为伤员开刀了，便急忙端来了脓盆。可是，他却对我摆摆手，让我把脓盆放下说："你来摸摸，子弹头在哪里？"我走过去，伸出一只手摸了很久，没有把握地说："好像在这儿"他听后摇摇头说："当一个医生，可不能说'好像'这样的话啊！"接着又指点说："一只手摸不成，得两只手才行呢。"

于是，我用一只手按着伤员的大腿，用另一只手去摸。可是，肌肉是软的，有弹性，两手一松，再摸，弹头又不见了。我急得出了满头大汗，吴处长却依然和颜悦色。他一边给我做示范，一边耐心地告诉我："两手要同时从两侧轻轻向中间摸。"我照着他的话去做，终于摸准了弹头的位置。这时他又突然问我："你敢不敢给这位伤员开刀取出子弹哪？"

"开刀？"我一时怔住了，心里紧张得要命，"我能行吗？"

"行！大胆锻炼嘛！我给你当助手。"他热情地鼓励着我，又说，"部队里多么缺少外科医生，你不能只满足打打针换换药啊！"

他的激励使我增添了勇气。我壮了壮胆子，第一次拿起了银光闪闪的手术刀。他把藏着弹头的地方用碘酒仔细地涂好，然后告诉我要顺着肌肉纤维开刀，不要横着切，免得把肌肉组织破坏了。就这样，我在吴处长的悉心指导下，第一次为伤员开了刀，取出了弹头。

手术成功了！我乐得合不拢嘴。他呢，比我还高兴。回到办公室，他又送给我两本书：《初级外科手术基础》《外科图解》，语重心长地对我说："战地外科十分重要啊。我们的伤病员，不是为革命作战受了伤，就是积劳成疾生了病，他们是革命的宝贵财富。我们做军医的，最大的责任就是要尽力为他们解除伤病的痛苦，使他们早日恢复健康，增强部队的战斗力。要做到这些，就要刻苦学习呀！"

我牢牢记住了他的这番话，刻苦学习，努力锻炼，很快就能独自做一些简单的手术了。有时，有人来看病，吴处长不在家，我就竭尽所能，大胆地代他诊断处理。时间长了，同志们就亲切地管我叫"二处长"。我听了心里又高兴，又有些难为情，就告诉了吴处长。他由衷地笑了起来："好嘛，二处长就二处长嘛。你年轻，脑子又好使，就是要结合实际多学点本领，为革命挑起更重的担子。"接着他满怀深情地说："我们的队伍、我们的事业还要不断扩大，不断发展，我希望有更多的人超过我，也希望你能超过我，这是战争的需要、革命的需要啊！"这是多么宽广的胸怀啊！我的心被深深地感动了。

干革命，就要坚持到底！

1930 年秋，红七军奉命撤出右江北上。悲壮的"小长征"开始了！红七军除留下韦拔群同志等少数人坚持就地斗争外，其余两个师离开了可爱的右江革命根据地，冲破敌人的围追堵截，迂回曲折地前进。一路上，经历了无数的艰难险阻！

在全州县，吴处长针对部队损失严重、内部思想波动的情况，特意把我叫到跟前，关心地问道："部队就要离开广西了，你想不想回家呀？""不，我坚决不回家！"我一口气说道："当牛做马、挨打受骂，那种苦日子我过够了。部队就是我的家，我要跟着部队，革命到底！"

听了我坚定的回答，吴处长消瘦的脸上露出了欣慰的笑容。他默默地沉思了一阵，忽然，两眼闪耀着灼灼的光芒，语气深沉地说了一句："好！坚持到底！"

这时，我激动地望着他那高大的身影，情不自禁地想到：自从离开了右江革命根据地，一路上，他身为高级医官、一处之长，却总是和我们这些普通士兵打成一片，同甘共苦、毫不特殊。在枪林弹雨的战斗中，他冒着生命危险，带头抢救伤员；在长途跋涉的行军路上，他和我们一样抬担架、背药箱。想到这些，我实在按捺不住激动的心情，一个长久憋在心里的问题脱口而出："处长，你是不是共产党员？"

当时，部队里的党组织还没有公开，听我突然这样发问，他稍微沉吟了一下，笑了笑说："小鬼头，你问这个干什么？"

我天真而有把握地说："邓政委（邓小平同志）在河池开大会时不是讲过吗，我们这个部队是共产党领导的革命军队。既然是共产党领导的，像您这样的人，一定是个共产党员！"他听了还是笑而不答，只是幸福地、自豪地点了点头。

谁能想到，这番令人难忘的谈话，竟是我们之间最后的一次交谈。不久，在梅花村的一场壮烈的战斗中，我们军有的师、团干部不幸负了重伤。当时环境十分险恶，部队还要继续行军打仗，军部便决定派吴处长带着一个医护小组，亲自护送他们，辗转曲折，去中央根

梅花大坪村文昌阁（红七军梅花战斗伤员临时医治站）

据地后方医院。这时候，我已经能够独立工作了，部队就决定把我留下。

他走得很急，为了革命的需要，我们只好依依惜别了，从此竟再也没能见面！

几年后，在党中央、毛主席的领导下，我跟随第二方面军历尽艰险，爬雪山、过草地，到达了陕北，与第一方面军、陕北红军胜利会师了！在欢庆长征胜利的巨大喜悦中，从第一方面军那里得悉一个噩耗：优秀的共产党员、革命的医学专家吴清培同志，不幸在二万五千里长征途中光荣地牺牲了，为了中国人民的解放事业，他流尽了最后一滴血，永远长眠在茫茫无垠的草地上！

听到这个噩耗，我哀思无限、肝胆欲碎，痛切地感到失去了一位言传身教的好老师，党失去了一位立场坚定、医术高深的好战士！他那高尚正直的思想品德，他那艰苦朴素的工作作风，他那诲人不倦的革命精神，却像一股无形的力量，总是激励着我、鞭策着我在革命的征途中奋发向上、勇往直前！

油画《百色的曙光》

40.田东县革命老人座谈会议记录

李君蔚 等

时间：1978 年 1 月 26 日

地点：田东县革委会招待所

到会人：

李君蔚，合恒大队，原思林县苏维埃秘书。

李银姣（女），百合大队，参加过赤卫队，宣传员韦天恒烈士之妹。

岑厥安，仑圩大队，参加过赤卫队，红军北上途中被俘后回乡。

李恒芳，仑圩大队，参加过赤卫队，红军北上途中掉队回家。

罗燕华（女），现在巴马，参加过赤卫队，赵润兰烈士之妻。

黄凤娇（女），县烈属养老院，腾法甫烈士之妻。

记录整理：何毅、谭继明

问：红七军为什么建立这么快？

答：主要是右江一带早就有农民协会、赤卫队的组织，如余少杰、严敏两同志早就在右江一带活动，建立革命组织，发展党员，所以，四大队到右江，得到各地，特别是田东、东兰、凤山、向都、平果各地人民的支援。如田东，赤卫队先后打垮了黄贵朝、谭典章、邓思高、黄廷怀，配合四大队缴了三大队的枪，得到了武器弹药，赤卫队扩充很快，从一个大队扩充到两个大队，通过没收土豪劣绅、地主资本家的财产，分给贫苦农民和做赤卫队的粮食，此外，各地乡苏维埃也组织起来了。

右江苏维埃政府成立的情况

1929 年 12 月 11 日成立，这天约有 5 万人参加大会，10 里以内的群众都来参加，各县也都派代表来参加，如德保、向都、都安等都有人来，地点设在现在纪念馆的草坪，会场朝东，张军长也从百色赶来平马参加大会，那天群众舞狮子，敲锣打鼓，连西街（现在的车站）都站满了人，从来没有见过这么热闹。

开始是雷经天同志宣布开会，台上坐的有张军长、韦拔群、严敏等十几个人，雷经天讲话时群众热烈鼓掌，他讲完话，张军长把右江苏维埃政府的大印交给他，会上还有几个同志讲话。

那天参加开会的人，每个都挂上红布领带，有 3 个手指宽，干部还有臂章，部队每人胸前还有一块布徽章，徽章上写有部队番号，如：红七军第 ×× 纵队。

散会后，杀牛招待各地来的代表和一部分群众吃一餐，这些牛是我们打土豪得来的。

吃过晚饭就举行游行，满街都放鞭炮，红标语到处都是，满街都红了。游行队伍用的是火把和灯笼，火把是用桐油在竹筒里做的，灯笼点的是蜡烛。

第二天，吃过早饭就陆续回去了。

红七军成立前，田东的革命活动情况

1926 年，国民革命军十六军政治部主任余少杰同志经常到思林、林逢一带进行活动，开办农民讲习所，他和林柏、腾德甫、滕国栋、韦如山等人经常在林逢民法小学开会。

1927 年，在现在的平马镇纺织厂开办了平马夜校学习班、农民讲习所，教写信，教唱革命歌曲，余少杰、腾德甫、滕静夫都到夜校上过课，有一首歌词是：

> 我妇女，我妇女，
>
> 大家起来做革命，
>
> 打破压迫与专制，
>
> 痛苦方能除，
>
> 莫徘徊，莫观望，
>
> 使我终身做牛马，
>
> 起来呀！起来啰！

那时候，余少杰等同志经常组织民法小学的 6 个老师和夜学班的学员，拿着锣鼓洋号上平马街宣传，他们化装成土豪劣绅、贪官污吏的模样："我是贪官污吏，刮钱如刮地"。敌人对我们的宣传怕得要命，派兵来追捕，他们就跑回林逢民法小学。

后来革命活动越来越困难了，敌人四处追捕，为了保护同志们的安全，腾德甫同志的爱人黄凤娇经常为他们放哨，见有人来，就喊："牛打架啰！"如在3月份就喊："牛吃玉米啰！"这样，我们的同志听到就可以及时转移。有一次，黄凤娇正在坐月子，一个从事地下工作的同志被敌人追捕，紧急中，她把那位同志带到自己的房间让他躲在黑蚊帐的后面，敌人追来了，看见房门口挂有柚子叶，又听到房里婴儿的哭声，他们因为迷信，不敢进房间搜查，就这样，这位同志脱了险。

余少杰同志被害和处决叛徒的经过

余少杰同志从香港运了一批武器到南宁，他把武器全部放在洋纱捆的中间，防备敌人的搜查，以便安全运回右江。可是，叛徒梁学益知道了，就向黄绍竑告密，黄绍竑打电报给隆安伪县府，要在隆安拦截这批武器，余少杰同志乘船溯江而上，到隆安时就见岸上刀枪林立，并拦截搜捕，余少杰同志就跳江而逃，但被敌人枪杀在江中，光荣牺牲。

余少杰同志牺牲的事，南宁的地下党和四大队都知道了，于是在一天的下午5点钟派四大队营长俞莫、连长覃洪兴和战士李君尉到南宁吟丝巷（兴宁路）旅馆去叫梁学益出来，当他一走出门，我们就开枪把他打死，给余少杰同志报了仇。

陈洪涛同志二三事

陈洪涛同志早在 1923—1924 年就从事革命工作，他和赵润兰同志经常到天等、向都一带活动。他生活朴素，经常和群众在一起，群众亲切地叫他的外号："扁咀"。有一次，他从向都到平马，只见他穿一条短袄，脚穿草鞋，一身大汗，他一到就找雷经天同志谈工作。

后来，因为叛徒出卖，陈洪涛同志不幸被捕。敌人用铁线绑住他的手脚，抬着走，路过田州时，他对在路边看望他的群众说："乡亲们不要悲伤，红军一定会来，共产党一定会胜利，今天一个陈洪涛倒下去了，还有千百万个陈洪涛站起来，共产党万岁！"当时田州镇的群众还买了米粉给他吃。

回忆韦拔群同志

拔哥于民国十二年（1923 年）的一天从外地回来，在李恒芬家住了四五十天。家里的人告诉年纪还小的李恒芬说，这是你哥李恒芳的同学，外号叫老煲，那次回来的还有陈伯民、黄梦恒、黄汉莫等。吃饭的时候拔哥对大家说："要革命就要有枪，打土豪要有枪，没有枪就不行。"后来，李恒芳送他们走了。

邓政委的一次讲话

民国十九年（1930 年）旧历二月，邓政委由一连人武装护送从左江那边来到右江（连长是谭晋），当到田东与巴马交界的□□德村时，驻扎在该村的红军队伍李恒芳一个营里，只有李恒芳的弟弟李恒芬认识邓政委（在百色见过邓政委讲话）。邓政委跟大家见了面，简单地讲了话，他说："同志们，我们虽然从隆安受挫折回来，但革命一定会成功，共产党一定会胜利，同志们再接再厉吧！"说完就向东兰方向走去。

邓政委在平马办党政训练班

滇军过去后，我们又回右江恢复工作。邓政委在平马举办了党政训练班，各县都有人来参加学习，约五六十人，学一个星期就结束了，当时来上课的有雷经天、邓政委、高永平。当时正值热天，邓政委来上课时很朴素，不戴帽，光着脚，身上穿了件白短袖汗衣，半新

平马整训党课培训教室

旧的灰布短裤，他讲话亲切、雄壮有力。

训练班结束了，分配到各县去宣传土地革命的政策，打倒土豪劣绅，分配田地给贫苦农民，实行耕者有其田，当时每口人分得350—500斤的谷子，群众都非常高兴，说共产党真是好，我们有田地有饭吃。

关于二都暴动

二都就是现在田阳的百育和田东的仑圩一带，在革命的影响下，黄志峰同志领导我们斗争，决定于民国十六年（1927年）旧历七月十一日举行暴动。这天是圩日，当时，局董黄锦升手下有几把手枪，我们没有，怎么办？后来决定徒手擒拿，3个人盯1个（1个拿刀离远一点，两个徒手光膀的接近拿手枪的敌人），听号音一响，各组同时行动。那天，李汉生同志指挥战斗，一下子就将黄锦升和他的

二都暴动旧址

哥哥、弟弟都抓到了，第二天，在新民开了公审大会枪决了黄锦升，留下他哥哥和弟弟。后来敌人追来，我们在山上把他哥哥、弟弟也处决了。

41. 坚持斗争三十年，幸福美好在今天

韦建安口述，居炳、向丹记录

最近，我们访问了东兰武篆公社林乐大队副大队长——革命老人韦建安同志。当我们向他说明来意，要他讲过去坚持革命斗争的往事时，他总是压不住心头的激动。他说："回忆起往事的艰辛斗争历程，千头万绪，不知如何谈才好。"最后，他还是给我们从头说起。

扛起枪杆跟红军

韦建安同志说："我是瑶族人，老家原来是住在西山弄辉大队。在国民党反动派统治的年代里，我们瑶族受苦受难最多最深，除了受地主、土豪劣绅重重压迫与剥削之外。他们的子女结婚时，我们还得去尽抬轿的'义务'。我年纪小时，也被逼去替他们抬过轿。那时我们只是忍气吞声，真是有口难言。我17岁时，母亲为了把我们8个兄妹养大成人，她终年辛辛苦苦，挨饿受冻，终于被饥饿所折磨而死去。后来有一哥一弟，也因生活过苦患痨病死去。我们西山的瑶族，祖宗七代人都是被土豪劣绅赶到山上去住，不给我们在平原种田，受他们剥削压迫，帮他们抬轿。他们没有把我们当作人看待，家里养的

猪大了，还不能自己做主出卖，还得事先告诉他们，让他们帮着卖，他们从中又捞了一把。有一次，地主叫我去抬轿，我身体有病，结果没有去。又有一次家里养有两头猪，我出去卖了，因没有报告村长，村长就怀恨在心，说我顽固，敢与他们作对。他把我踢倒下地来，还用手枪打我们胸膛，幸好枪未打响，不然我就完蛋了。我豁出一身剐，敢把皇帝拉下马，再也忍受不下去了。那年是民国十六年（1927年），孙广文奉拔哥的指示，到我们瑶族中来开展革命活动。孙广文回到我们弄辉乡，孙广文说：'我们弄辉乡要成立一个乡农民协会，发动壮、汉、瑶各族受苦农民起来革命，打倒贪官污吏、打倒土豪劣绅、反对交租还债、反对抬轿。'我听了十分高兴。官逼民反，不起来革命再也活不下去了。后来，我就与孙广文到武篆来与拔哥开会，开会回去，我们就在西山弄辉乡成立了农民协会，还成立了农民自卫队，高举红旗，扛起枪杆，跟拔哥闹革命，后来还参加了红军队伍。"

游击战斗七昼夜

当年我们瑶族扛起刀枪起来参加自卫队的有90多人，拔哥把我们集中到武篆来参加斗争杜七、杜八。后来，杜七、杜八把拔哥的祖坟都挖光，拔哥又要我们瑶族队伍来与杜七、杜八打。因为我们的武器都是土货的多。我们打不过，又退回西山去。民国十八年（1929年），我是跟孙广文、杨昌达（他俩都是汉族）负责攻打官僚大土豪韦钟璜。拔哥负责攻打杜七、杜八。我们与官僚共打了七天七夜，因寡不敌众，攻打不下，我们只好边打边退，我们100多人被迫转入西山，敌人好像蚂蚁似的四处"围剿"，群众也纷纷逃散入西山去。那年，国民党白匪在西山实行杀光、烧光、抢光的"三光"政策，人民群众损失很大。孙广文这时怕人民埋怨革命，"因为有你们革命，才给我们带来这样大的损失。"我说："不怕，我们搞革命也是为了广大人民，并不是只为了我们自己，有拔哥领导，以后革命胜利，你怕没有牛马肥羊吗？不怕。"后来，敌人不断"围剿""搜山"，我们就化整为零，分散躲避。我和孙广文两个人在一起，躲在山上，有七天七夜没有吃到一点米，孙广文肚子饿得支持不住，痛哭起来了。过后我想到以前在半山腰棉花地去找些红茹，他也不给去。他怕我去了会被敌人抓去，这不是等于往虎口送食吗？宁可在这里同生共死，始终不让我离开。夜半三更了，我才偷偷地下到半山腰的棉花地，棉花地里的茹藤与野草都无法分辨出来，在那里拔了一个多钟头，结果得到了拇指头那样大的红茹约五六斤，我拿着红茹回来到孙广文的身边。他见我回来才松了一口气，我们两人就到岩洞中去烧吃。那时敌人天天都来"搜山"，我好像在敌人的心脏中游泳一样，你来我往，一连七天七夜，我们都是找嫩的树叶来充饥，吃多了又拉肚子。最后我们终于从弄辉、弄腾、双约、世屯等地走了 7 个山洞，来到接近凤山交合处。当时肚子又痛又饿，我们就到一户瑶族杨家去找吃的，起初他以为我们是坏人，后来我用瑶话喊他。我说："我们都是好人，都是自己人。"这样杨叔叔才出来接见我们，煮饭请我们吃。过后我还请他煮一箩约 15 斤干饭给我们。

当时，敌人从三方向包围着我们，西山、东兰、凤山，到处都有白匪。孙广文又说："我们到哪里都被敌人包围着，真是走投无路了。敌人真的靠近我们了，我们决不投降，我俩就自杀吧！"我说："我们是干革命的，不能自杀。要是敌人靠近我们，我们就跟他们拼，拼死了也就算了。"此时敌人布满山岗，到处都是匪兵，叫喊要抓红匪。

坚决革命不落户

民国十八年（1929年），国民党白匪"进剿"西山时，有些壮族兄弟革命不够坚决，出来投降叛变的不少，他们一出来都先后被白匪杀害了。民国十九年（1930年）红军北上以后，桂地白匪又进西山，到处烧杀掳掠。这时期我们生活很艰苦，特别是民国二十一年（1932年），拔哥牺牲之后，匪军几天就来一次"扫荡"。听说白崇禧这匪首还亲自出马，实行残酷的"三光"政策和移民并村。当时很多人叫我出来投降，我说："革命不怕死，死一个韦拔群，还有两个拔群来。"

那时我已搬到山上去住，等到白匪走了之后，我才搬到田坳来接近群众住下来，但个别群众却说："你是漏网的人，我们担当不起。村长知道了会说你是红匪，你不能住这里。"听群众这么说，我恼火极了，我就扛着粉枪与我的妻子转回深山丛林的山石岩中去住，两三天又搬一次住处，过着流浪的生活。在那艰苦的年月，壮族兄弟黄明元送给我3斤玉米煮饭，后来我舍不得吃，留下来做种子。后来又有8户壮族兄弟每户又送来半斤玉米给我。那年春天我们夫妻种下3斤玉米种，共收得90斤。那时，我们夫妻两人每天只吃4两玉米，没有磨，也没有锅，后来壮族兄弟送给我一个破了半边的小顶锅，用石头打烂了玉米，就拿出来煮吃了，留下的做种子，第二年种得107斤。过年过节，壮族兄弟黄卜条、黄三等还送猪肉来给我们过年，壮族兄弟们对我们的关怀支持，我至今都没有忘记。

后来，我被国民党村长黄双禄发现了。他劝我出来投降，他说："你不用躲山了，你快出来报个名，和我们一起住。我当年也是做革命，现在拔群已经牺牲了，你还躲山等哪个？"我说："你说得真好，可是当年干革命时已杀鸡饮血，干革命就要坚决到底，不叛变不投降，而你叛变了，国民党杀你的头，你不能怪我们。"国民党要征夫挑粮到河池去，村长要我去。我说："我绝对不挑粮去给国民党。"村长又说："你得顶替别人挑去。"我说："你要我挑去，我就挑到我家去吃。"

我在弄腾又住不下去了，我又搬到牙磨来住，村长又找到我说："出来投降就算啦！革命是搞不出来了，你等韦拔群回来。除非是太阳出西山，你光靠那条烂枪，能顶什么事，国民党在东兰好枪多得很，老弟你想想吧！"我说："我死也不投降，我决不做可耻的叛徒。"在牙磨那里住了一个月左右，我又搬到双约去，民团又来到西山搜查漏户了，民团紧追牙磨壮族兄弟要交出我来，壮族兄弟和我很好，没有说出来，壮族黄卜条、黄三、黄四等和民团对顶起来。他们说："我们保证这里没有红匪。如果你们搜得一个红匪出来，就拿我们去杀头，如果找不出，你们又怎么办？"最后民团没有办法才转回去，过后每两三天都来搜一次。在双约也只住了一个月左右，又有人发现了我，我又搬到边屯住。那时我发现有人在附近种棉花，我偷偷下去问他："快过年了，你们有什么吃的？"那个壮族兄弟说："我们准备杀猪，我们搞好了黑夜才来找你。"腊月二十七日，我独自一个人半夜到了壮族兄弟黄卜条家去，黄卜条叫我到房间去吃了一顿，他还送给我3斤猪肉，其余共9户壮族每户也送给我1斤，他们还送盐给我，我就一起连夜带回山洞来。那时我们已有两个仔，金光正3岁，金荣刚1岁。在世屯这里又住不得，村长黄双禄知道后，他说要把我赶到凤山地区去，不准我在东兰地带。后来我共走了4夜到凤山边界一个瑶族亲戚那里去住。他照顾我3个月，把我带上山去住了3个月，后来西山瑶族兄弟又去接我回来。先后17年的时间，都是过着无家可归、到处流浪的生活。但我并不屈服，坚持斗争，相信革命风暴一定会到来。

解放日子来到了

"野火烧不尽，春风吹又生。"民国三十五年（1946年）9月，我们刚来到大湾不久，瑶族兄弟韦仕高就偷偷地来找我，约我到山上去，说："现在我们革命又组织起来了。"我听到这个消息后，十分高兴。韦仕高和我谈了3天，后来我和他就到大弄足来，在那里我见了黄举手、杨正规、罗明白、黄天良等同志。杨正规对我说："现在我们已经成立了西山县民主联合政府，你回去要把老革命的人组织起来，并收每户5斤粮食，以后有什么事情就来找我们县委。"后来，我收到了505斤粮食，送到指挥所来作军粮。过后不久，我又与指挥所侯年春同志（科长）等回到我们弄辉乡来开会，组织成立弄辉乡苏维埃政府。那时我是做通信员，专门给我们队伍送信的。民国三十六年（1947年），我们的队伍就去攻巴马万冈县城，但后来仍然退回西山去打游击，直到民国三十八年（1949年）我们解放大军来到了巴马、东兰，我们的家乡才得到解放，解放的日子终于来到了。

　　1947年9月5日，中共右江地委领导了万冈起义，桂西人民解放军东万支队1000多人攻占了万冈县城，成立万冈县临时民主政府。图为万冈起义旧址（今巴马县城）。

幸福美好在今天

　　家乡解放了，过去受苦的人民翻身当家做主了。当弄辉乡成立农会时，工作队的同志对群众说："要找一个从来没有投降敌人的人来当农会主席。"大家群众都说："要找这样一个人，恐怕只有韦建安了。"大家都选我当农会主席，我说我不懂文化做不了。工作队的同志说："不懂文化不要紧，这是人民的拥护。"这样我就一连做了几年的农会主席。1953年，我们政府号召移民，我才把工作交给别人做。我就带头出来移民，由西山弄辉乡移到武篆林乐乡六丘坡。我来到这里，家里所有的东西都是公家给的。那时发给每人一件棉衣、6床蚊帐、6床棉被，1953—1955年家里吃的盐和粮食都是公家的，国家没要我们一文钱，又给我起了这座新瓦房，共用去600元。现在全家16口人，6个男孩子，1个女孩子，娶了3个媳妇，孙子辈现在有了4个孩子。大仔金光现在当大队副业队长，他有3个小孩；二仔金荣在广西民族学院读书，他也有1个小孩；三仔金山在家劳动生产，是基干民兵；四仔金德在中央民族学院分院读书；五仔金六在东兰一中；六仔金雄在田东小学读书。我今年62岁了，我说我老了，又没有文化不做工作了，但是人民群众还要我做大队副大队长。1958年我参加自治区少数民族参观团到北京去参观，看到了我们党中央的首长，当年来到我们右江领导革命的邓小平同志，他还和我们右江去的代表握手，他身体还很健康。毛主席那时去十三陵水库视察工作，工作忙不回来，要不也看到他老人家了。

要是没有党和毛主席的领导，我今天哪里有这样幸福的大家庭，过着幸福的生活。当我想到过去革命的艰苦历程，看到今天这样的幸福生活，我就更加热爱党，热爱毛主席，工作起来就有干劲，什么困难也挡不住我们前进的道路。

附录一
纪念韦拔群同志殉难 50 周年

覃应机、黄松坚、黄荣

（1982 年 10 月）

50 年前的今天，广西右江革命根据地的创始人之一、中国工农红军右江独立师师长、中华苏维埃共和国临时中央政府执行委员韦拔群壮烈牺牲了。

半个世纪过去了，随着共产主义运动在我国的胜利发展，人们越发怀念这位为人民披肝沥胆的革命先驱。他为实现共产主义奋斗终身的英勇事迹，更加为人们所传颂和敬仰；他那崇高的共产主义思想、道德和情操，更加为人们所尊崇和赞扬。先驱者的革命精神永远激励各族人民为把我国建设成为现代化的、高度文明、高度民主的社会主义国家而奋勇前进。

在纪念韦拔群殉难 50 周年的时候，我们怀着崇敬的心情，追忆烈士光辉的一生，讴歌烈士的英雄业绩。

追求救国救民真理，走马列指引的道路

清光绪二十年农历正月初一（1894 年 2 月 6 日），韦拔群诞生在东兰县武篆区中和乡东里屯的一个壮族家庭里。他的青少年时代正当我国社会危机和民族危机日益加深的年代，中国面临着被帝国主义瓜分的危险，内忧外患激发着无数爱国志士起来斗争，这对韦拔群产生了深刻的影响。

韦拔群故居

韦拔群的家庭比较富裕，长辈从传统的封建门第观念出发，指望他能读书做官，光宗耀祖。但是，受到资产阶级民主思想影响的韦拔群，想的是学到有用的知识好为国效劳。因此，他对当时学校教学

内容和腐败的教学制度非常反感。1911 年，他在庆远中学堂读书时，曾著文抨击学校当局的丑恶行径，因而被开除学籍。同年秋，韦拔群考入桂林广西法政学堂。他看不惯学校的官场习气和那些一心钻营利禄的纨绔子弟，决心不做敲诈勒索的法官，要为救国救民贡献力量，只读了一年，便毅然退学。

庆远中学遗址

为了探索救国救民之道，韦拔群于 1914 年到广东以及长江中下游各省游历。祖国的锦绣河山，进一步激发了他的爱国热忱；帝国主义者的骄横跋扈、胡作非为更增强了他争国权、图自由、求平等的革命激情。韦拔群回到家乡，到处向人谈论自己外出游历的见闻和感受，以唤起同胞的觉醒。

1916 年，窃国大盗袁世凯悍然称帝复辟。韦拔群义愤填膺，誓除国贼，他招募了 100 多名爱国青年赴贵州参加护国军讨袁。

五四运动后，韦拔群阅读了《新青年》等进步书刊，接受了新的思潮。他取了个"愤不平"的化名，表达自己"铲除人间不平事"的志向。他在贵州因反对旧军官打骂士兵而被捕入狱，在四川因写文章揭露旧军队的黑暗而被军部查究。冷酷的现实使韦拔群认识到：靠这样的军队不可能为国家、为民族赢得自由、平等。于是，愤然离开了旧军队。

青年时期的韦拔群对孙中山十分敬佩。他离开四川以后便到上海、广州寻访孙中山，但没有遇到。1920年，韦拔群在广州参加了马君武组织的"改造广西同志会"，积极投入推翻旧桂系军阀陆荣廷的革命活动。1921年6月，韦拔群随同任广西省长的马君武回到南宁。当时，马君武曾委任韦拔群为东兰县知事。他谢绝了，并返回

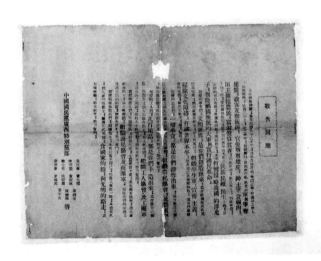

1922年，韦拔群借用"中国国民党广西特别党部"的名义，发布《敬告同胞书》，号召工、农、商、学、兵各界同胞团结起来，实行国民革命，组织工团军、农团军、学生军、商团军和正规军，赶走帝国主义，打倒土豪劣绅。这是东兰早期的农民运动斗争纲领。

东兰，投身于农民群众对土豪劣绅的斗争。他满腔热情地向群众宣传，号召各族人民起来"救家乡，救广西，救中国""实行社会革命"。他结交了一批知识青年，成立了"改造东兰同志会"（后改为"公民会""农民自治会"），还变卖了部分家产，购买枪械，组织"国民自卫军"，向封建势力发起猛烈的冲击。他带领农民清算了武篆区头号劣绅杜八侵吞公款、鱼肉乡民的罪行；他组织农军三打东兰县城，赶跑了县长和团总；他和陈伯民两人日夜兼程赶到百色，跟旧桂系旅长刘日福进行面对面的谈判斗争，迫使刘日福撤销了征收苛捐杂税的命令。

但是，在韦拔群所走的道路上布满坎坷：他一再捐资济贫，却无法使贫苦农民摆脱被剥削、被奴役的命运；他带领农民清算了杜八等土豪劣绅，但封建势力的根基并没有铲除；他费尽苦心组织起来的"公民会""自卫军"时起时落；有些曾和他歃血为盟的"同志""兄弟"，在斗争激烈的时候不辞而别。他坚信"强权虽猛，公理尤刚"，东兰人民"必有仰头之日"，但真正的公理是什么？人民仰头之日怎样才能到来？他却没有找到答案。他感到苦闷、彷徨。

为了寻找正确的革命道路，韦拔群几经周折，于 1924 年秋和陈伯民一起前往当时全国革命的中心广州。1925 年 1 月进入第三届广州农民运动讲习所学习。在农讲所，韦拔群学习了帝国主义论、中国革命史、中国农民问题等课程，认识了彭湃、陈延年、阮啸仙等共产党员。他如饥似渴地阅读马列著作，并到附近农村进行社会调查，了解当地农民运动的情况，认真总结自己的经验教训。从这时起，韦拔群逐渐实现了世界观的转变，由一个革命民主主义者变成了共产主义者。

广州农民运动讲习所旧址

农民运动的卓越领袖，右江根据地的创建者

　　韦拔群经过在广州农讲所学习，怀着对共产主义的崇高理想和对人民解放事业的深厚感情，带着《告农民书》和《农会组织法》等文件回到家乡东兰。用共产主义思想和党的方针政策宣传群众、组织群众，积极开展农民运动，成立农会，建立农军，进行反对帝国主义，反对封建军阀，打倒贪官污吏、土豪劣绅的斗争，为党、为人民立下了不朽的功勋。

　　为了培养农民运动骨干，韦拔群仿效广州农民运动讲习所的做法，先后在东兰办了三期农民运动讲习所。前来参加学习的有东兰和右江地区其他各县农民运动的领导人、骨干分子和革命青年共 570 多

东兰农民运动讲习所旧址

人。他亲自给学员讲课，用通俗的语言和生动的事例讲解革命道理。他还带领学员参加清算地主豪绅、打击贪官污吏的斗争，使学员在斗争中经受锻炼。他发扬自力更生、艰苦奋斗的革命精神，同学员一起自制课桌、床铺、用具，上山砍柴，开荒种菜，编草鞋，织草席，用稻草编制"革命被"。由于办学方向正确，方法对头，学员思想提高很快。这样就为右江地区培养了一批农民运动骨干，他们以后继续锻炼成长成为我党、我军的优秀干部。

1926 年，在党的领导下，广西各地农民运动蓬勃发展。右江地区的东兰、凤山等许多县农民运动特别兴盛，成为当时全国农运最发达的地区之一。韦拔群在东兰犹如海陆丰的彭湃，在右江地区的农民运动中，韦拔群注意把经济斗争、政治斗争和武装斗争结合起来。随着农民协会的建立和发展，农民自卫武装也发展壮大了起来，仅东兰一个县的农民自卫军常备营就有300多人。组织起来的农民反贪官、抗捐税、打土豪、毁契约，搞得热火朝天。1926年春，桂系军阀慌忙派军队镇压农民运动，制造了骇人听闻的"东兰惨案"。韦拔群一面发出"快邮代电"，并派代表到南宁控诉反动派的滔天罪行；一面率领农民武装坚决打击敌人，攻占了县城。从而迫使当时广西省政府当局查办县知事，通缉肇事豪绅，承认东兰农运的合法地位，取得了这次斗争的胜利。

1926年9月10日，韦拔群率领东兰农军攻占东兰县城，并宣布县农会在原县府办公，"一切权力归农会"。图为东兰县农会驻地——东兰县府旧址。

1927年"四一二"事变以后，革命力量受到了严重摧残，广西许多地方的革命斗争转入地下。就在这个时候，韦拔群、余少杰等仍然领导着右江地区的人民群众，坚持公开的武装斗争。在残酷斗争的岁月里，韦拔群相信群众、依靠群众与人民群众结下了同生死、共命运的革命情谊。韦拔群代表群众的利益，倾听群众的呼声，始终和群众站在一起，同群众一条心。在长期的斗争中，哪里有危险，哪里就有韦拔群；哪里有问题，韦拔群就在哪里出现。因此，他受到了各族人民的崇敬和爱戴。

右江一带是个多民族地区，聚居着壮族、汉族、瑶族和其他少数民族。韦拔群正确处理民族关系，重视搞好民族团结。他明确提出：瑶民在经济、政治、教育、工资待遇上与其他民族一律平等；严禁虐待瑶民，禁用一切不尊重瑶民的称呼。他经常深入瑶区，跟瑶族群众同吃南瓜饭，同喝野菜汤，同干弄场活，同睡火塘旁。群众尊敬而又亲切地称他为"拔哥"。他们说："要到对岸，搭桥过河；要闹革命，去找拔哥。"每当韦拔群受到敌人追赶，或者身陷重围，危在旦夕的时候，群众总是想方设法甚至不惜牺牲生命去掩护他，使他安然脱险。韦拔群不可战胜的力量源泉，就在于他对人民群众有深厚的无产阶级感情，对人民的解放事业无限忠诚，同人民群众命运相依，血肉相连。

韦拔群是一位优秀的农民群众的领袖。在他和他的战友的努力下，党在右江地区有了深厚的群众基础，这给红七军的建立和右江革命根据地的发展提供了极为有利的条件。1929 年 12 月 11 日，邓小平、张云逸领导震撼南疆的百色起义，宣告红七军和右江苏维埃政府的成立。由于得到右江地区人民的积极支持，红七军很快就从 2000 多人发展到 5000 多人，加上赤卫军、赤卫队，党所领导的武装力量已上万人，使右江地区的农民运动有了坚强的后盾。

模范的共产党员，胸怀全局的将领

韦拔群入党以后，自觉坚持党性原则，严格遵守党的纪律，模范地执行党的决议，为完成党的任务而不懈战斗。1930年2月，红七军第一纵队在隆安陷入敌军重围，军部急令第二、第三纵队南下增援。百色起义后，原东凤农军的骨干大都补入第一、第二纵队和调到地方政府工作，第三纵队的成员多是新入伍的农民，缺乏作战经验。但是，为了完成党所交给的任务，当时任第三纵队司令的韦拔群克服困难，亲自率领部队日夜兼程，驰援隆安。第三纵队配合第一、第二纵队接连在隆安、平马、亭泗打了三次恶战，终于重创敌军，使全军安全进入东凤山区。接着，红七军前委在盘阳举行会议，为了摆脱被动局面，决定命第一、第二纵队转移黔桂边作战，第三纵队留守右江，保卫根据地。当时，敌军云集桂西，右江两岸县城均为敌军占领，第三纵队孤军留守，困难很大。韦拔群从革命大局出发，欣然领

猴子翻筋斗岭——红七军隆安战斗遗址

命。他审时度势，机动灵活地开展游击战，或据险防守，或袭扰驻敌，阻滞敌人的行动。从而有效地保卫了根据地，并牵制了敌人，使红七军主力顺利地完成了外线作战任务。

1930 年春，邓小平到上海向党中央汇报工作后返回右江，在东兰武篆召集右江根据地党和政府的领导干部开会，决定按照党的六大关于"没收地主阶级的土地分配给贫苦农民"的指示，迅速开展土地革命。韦拔群坚决执行党的决议，决定先从自己的家乡东里屯搞起。为了消除贫苦农民的顾虑，并以实际行动教育富裕家庭出身的革命者，保证土地革命的顺利进行，韦拔群带头烧毁自家的田契，并动员家属把全部耕地、耕牛、农具献了出来。邓小平高度赞扬韦拔群这一行动，说："做得对！你给党员、干部做出了好榜样。"随后，邓小平、雷经天、韦拔群等在武篆旧州开办党员训练班，为在右江根据地全面开展土地革命培训骨干，并深入壮乡瑶寨调查研究，进行具体指导。在红七军前委和右江特委的正确领导下，土地革命的风暴席卷整个右江，各族农民开始摆脱世世代代被压迫、被剥削的命运，右江根据地呈现出一派繁荣兴旺的景象。

韦拔群胸怀全局，处处维护革命利益。1930 年 11 月初，红七军在河池召开第一次党代会，决定将第一、第二、第三纵队和新编的第四纵队整编为第十九、第二十、第二十一三个师；把原第三纵队编入第十九、第二十师，参加北上作战的行动。第二十一师由师长韦拔群、政委陈洪涛、副师长黄松坚留在根据地重新组建部队，坚持革命斗争。韦拔群坚决、愉快地执行党的决议，把原第三纵队的人员、武器、马匹全部补入主力部队，自己只带少数随从人员返回东兰。当时，有些干部舍不得离开朝夕相处、生死与共的战友，有些战士感到故土难离，要求留下。韦拔群在整编大会上亲自作动员报告，耐心地做他们的思想工作，严肃指出：共产党的队伍就是要无条件地执行党的决议，工农红军就是要无条件地为工农利益战斗。他说："我们的目的是解放全人类。祖国处处是家乡！现在你们离开家乡，将来你们就会胜利地返回！"红七军的指战员深为韦拔群大公无私的共产主义精神所感动。当韦拔群动身返回东兰时，张云逸军长为他送行。张军长称赞韦拔群是个好党员，勉励他把革命坚持到底，同时，也指出他的一些缺点。韦拔群虚怀若谷，紧紧握住军长的手，连连点头说："是啊，我诚恳接受！"

韦拔群十分重视部队的思想工作和纪律教育，时常对指战员说："宋朝的岳家军有冻死不拆屋、饿死不掳掠的纪律，所以能打败金兵。我们革命军队，必须坚强勇敢，纪律严明，才能得到群众拥护，才能立于不败之地。"韦拔群模范地遵守党纪军纪，对部队严格要求，决不敷衍徇私。一次，韦拔群命令六十一团团长韦命周率第一营到恩隆县的乙圩、羌圩一带游击。韦命周去后不久，擅自将部队撤回武篆，破坏了原定的作战部署。联系到韦命周曾有过不听指挥以致贻误战机等错误，为了惩前毖后，经韦拔群提议，中共右江特委批准，给予韦命周留党察看和撤销团长职务的处分。韦命周是韦拔群的好友，曾长期在韦拔群身边工作，彼此很有交情。韦拔群执法如山，不徇私情，大家十分佩服。

坚贞不屈，战斗到底

韦拔群从河池回到东兰后，摆在他面前的情况是红军主力北上，根据地武装力量薄弱，敌军即将大举进犯，地主武装蠢蠢欲动。在这严峻的时刻，韦拔群充满革命的乐观主义精神，进行了艰苦卓绝的斗争。在右江特委的领导下，他和陈洪涛等一起深入各地，动员群众参军参战，整编扩大各县赤卫军，很快就把第二十一师组建了起来。在红二十一师的成立大会上，韦拔群用通俗而坚定的语言说明坚持右江革命根据地的重要性和艰巨性，勉励红军指战员坚决打破和粉碎敌人的"进剿"。到会的 5000 多名指战员和群众群情激昂，"保卫革命根据地"的口号声响彻云霄！

　　1930 年 12 月初，红七军二十一师在这里宣布成立，韦拔群任师长，陈洪涛任政委，下辖六十一、六十二、六十三团和独立团，约有 3000人枪。

　　当时，桂系军阀乘我红七军主力北上之机，大举进攻，妄图用数倍于我的兵力，一口吞掉右江革命根据地。面对强敌，韦拔群以无畏的革命胆略和卓越的军事才能，积极开展游击战，先后粉碎了敌人两次疯狂的"进剿"。第一次，1931年2月，反动派以近万人的优势兵力，向东兰、凤山进犯，在韦拔群指挥下，红军不坚守县城，不与强敌打硬仗，而是进行游击战，经常切断敌粮运输，选好地形打地雷战，并利用黔桂军阀的矛盾，促使他们进行一场狗咬狗的争斗。不久，广东省委派人来传达中央关于纠正立三路线的决定，并指导工作。红二十一师党委根据中央指示精神，把部队改编为工农红军右江独立师，随即跳出敌人包围，转入外线作战。第二次，1931年11月，桂系军阀又以7000多人的兵力再次进犯。韦拔群仍然采用游击战，避开敌人主力，能打就打，不能打就及时转移，使敌人"屡搜空回"，十分被动。斗争越来越残酷了，桂系军阀白崇禧、廖磊指挥反动军队采用"步步为营""梳毛篦发""缩网收鱼"等战术，实行烧光、杀光、抢光的政策，妄图困死红军，并收买奸细，利用叛徒来瓦解破坏革命队伍。许多红军战士壮烈牺牲了，不少革命群众惨遭杀害。其中韦拔群的弟弟韦菁护送广东省委代表回去，牺牲于路上；他的儿子韦述宗前往广东向省委汇报请示工作，在回东兰途中被叛徒出卖被捕，牺牲于柳州；韦拔群的母亲也被反动派驱赶到山上饿死了。这一切使韦拔群更加深了对敌人的仇恨，更坚定了为共产主义事业奋斗到底的坚强信念。他化悲痛为力量，不屈不挠地进行斗争。在右江特委的领导下，对战斗进行了新的部署：一方面把部队化整为零，分散隐蔽，伺机袭击，杀奸肃特；另一方面，派黄举平等到黔桂边，黄松坚等到右江下游，分别成立黔桂边革命委员会和右江下游临时党委，深入敌后，发展革命力量，开展游击战争，牵制敌人。而韦拔群仅带少数人员留在西山和敌人周旋，为坚持根据地的斗争承受着最大的压力。

在这历尽艰险的斗争中，韦拔群经常只能带着身边几个战士，辗转活动在万峰错杂的山壑里，隐蔽在阴暗潮湿的洞穴中。环境险恶，他没有气馁；生活艰苦，他仍然十分乐观。当时，敌人悬赏 14000 元缉拿韦拔群。他却哈哈大笑地说："我的头太值钱了！的确，我们每个革命者的头都很值钱，狗官廖磊的头能值几个钱？我也可以出告示：谁砍下廖磊的脑袋，特赏花红钱五个铜板！"在那白色恐怖的日子里，没有粮食，韦拔群就和大家一起吃南瓜、红薯、树叶；没有被子，就和大家一起烤火过冬；后来连火也不能烤了，就几个人挤在一块取暖。战士们有的拉肚子，有的患水肿，有的负伤。韦拔群总是耐心细致地做思想工作，并以自己的模范行动，带领战士战胜眼前的困难。一次，一个瑶族群众捉得几只蛤蚧，专程送给韦拔群，说："师长，这段时间你太辛苦了，尝一尝野味，补补身体吧，好为革命

韦拔群牺牲地赏茶洞遗址

奔走。"韦拔群推辞不掉，就让炊事员把蛤蚧剁碎煮汤，同身边的十多个随员一起吃了。韦拔群和战士们同甘共苦的精神，使大家深受感动。

作为一位坚定的共产主义战士，韦拔群不论白色恐怖多么残酷，斗争多么曲折，他总是乐观、坚定、沉着，充满必胜的信心。令人悲愤的是：让多少敌人为之丧胆而无法动他一根毫毛的韦拔群，却于1932年10月19日凌晨惨遭叛徒杀害。革命人民得知他遇害的消息，无不沉痛万分。当地群众冒着危险，趁夜背回他的遗体，秘密安葬在武篆东里屯的特牙山上。

"在红军，任赤军，都是救人民而奋斗；你先死，我后死，大家为革命而牺牲。"当东兰赤卫军总指挥牙苏民牺牲时，韦拔群痛失战友，亲笔写下这副挽联。中国共产党的优秀党员、人民的英雄韦拔

韦拔群烈士之墓

群，以他革命的一生，实践了自己的誓言。他为共产主义事业奋斗终身的光辉业绩，无论过去、现在和将来，都是激励我们前进的巨大精神力量。

附录二
纪念红七军、红八军总指挥李明瑞烈士

覃应机、黄松坚、黄荣、姜茂生、覃国翰

（1984 年 11 月）

在纪念百色起义 55 周年的日子里，我们怀着崇敬的心情，缅怀当年率领我们英勇战斗的总指挥、优秀的共产主义战士李明瑞烈士。

李明瑞

百色起义是中国共产党在土地革命时期领导的一次重要武装起义，是贯彻反对帝国主义、封建主义，实现"工农武装割据"的一次伟大革命实践。它为中国各族人民革命斗争历史写下了光辉的篇章。参加和领导这次起义的李明瑞，以他崇高的共产主义思想，坚定的无产阶级党性，卓越的军事指挥才能，为党、为人民的解放事业作出了不可磨灭的贡献。他的革命精神和高贵品质，永远激励着广西各族人民在"四化"建设的道路上奋勇前进。

李明瑞故居（清湾平旦）

从旧营垒杀出来的革命者

李明瑞，号裕生，1896 年 11 月 9 日出生于北流县朱砂村一个破落地主家庭。他由旧军队中一个爱国的军官转变为一名坚定的无产阶级战士，走过了漫长而曲折的道路。

少年时代的李明瑞，先后就读于乡村小学、北流高小和玉林五属中学。他勤奋好学，博览群书，成绩优良，并有广泛的爱好，如爬山、游泳、书法、音乐等。他更酷爱武术，练就一身好拳术。那时正是内忧外患、风云变幻的时代，帝国主义的魔爪进一步伸进中国，辛亥革命的胜利果实又被袁世凯所窃取，人民陷于水深火热之中。目睹这一切，李明瑞忧国忧民，就把岳飞"还我河山"4个大字抄贴在床头，以激励意志。1918年，李明瑞以优异的成绩毕业于玉林五属中学后，曾想留学日本，但因家境贫寒，无力东渡。后经表兄俞作柏介绍，他进入韶关滇军讲武堂炮科学习。毕业后，他到护国军当见习排长、排长。1921年，李明瑞参加了孙中山领导的讨伐旧桂系军阀残部及驱逐在广西的滇军军阀唐继尧、龙云两部的战争，因骁勇善战，依次擢升为连长、营长、团长。李明瑞拥护孙中山的联俄、联共、扶助农工三大政策。1925年秋，他参加广东国民政府领导的讨伐广东南路军阀邓本殷的战斗。他指挥部队连连击溃数倍于己的敌人，收复高州，直下钦廉，完成讨伐任务。在北伐战争中，李明瑞担任国民革命军第七军第二旅旅长。由于共产党人在军队中卓有成效地开展思想政治工作，也由于沿途广大工农群众的积极支援，加上他的指挥才能，他的部队在转战湖南、湖北、江苏、安徽等省时，连克顽敌。特别是他率部协同担任主攻的叶挺独立团，在贺胜桥打垮北洋军阀吴佩

1926年，国民革命军誓师北伐

孚的主力，大振北伐革命军的士气。以后，在东进支援江西的战斗中，李明瑞率部又连战皆捷。在箬溪，他以大迂回的战术，全歼北洋军阀孙传芳主力谢鸿勋部2万多人；他挺进德安，先从西门突入城内，孙传芳仓皇逃命。李明瑞屡建战功，晋升为师长、副军长，驻守武汉；他成了北伐革命军赫赫有名的"虎将"。

就在北伐革命军节节胜利之时，蒋介石暴露出其背叛国民革命的真面目，发动"四一二"反革命政变，举起屠刀，疯狂屠杀共产党人。桂系军阀也配合在广西实行所谓"清党"。当时，李明瑞同情共产党，公开对"清党"表示不满。他对桂系军阀黄绍竑直言不讳地说："自从'清党'，把政治部解散之后，部队的士气和军风涣散了许多，是个很大的损失。"对于俞作柏因接近共产党、支持群众革命运动被黄绍竑当作"共产党嫌疑"加以打击，被迫出走香港，李明瑞感到很气愤。俞作柏的表弟俞作豫受到白崇禧的打击排斥，他就支持俞作豫去香港。他任用共产党员姜祖武做他的私人秘书，把鄂西暴动失败后到他部队工作的共产党员童陆生任命为作战科科长。1928年在北平举行的广西同乡欢迎会上，李明瑞在演说中慷慨陈词，谴责军阀、土豪、劣绅、土匪等"以为民众可侮，而肆无忌惮"，同时谴责了新军阀对日本侵略军制造的"济南惨案"置之不理的卖国投降政策。他认为，要贯彻孙中山"革命必须革心"的主张，就必须革除国民中存在的"缺乏公德心""意志不坚定""缺乏组织力"等等。在当时的历史条件下，李明瑞的这些思想观点和政治态度是进步的。这为他后来进一步靠拢共产党，直至接受共产党的领导打下了思想基础。

1929年春，蒋介石和桂系军阀内讧。俞作豫受党的指示，重返武汉，在李明瑞部做兵运工作。不久，李明瑞在前线以代总指挥的名

俞作柏 俞作豫

义宣布"倒戈"。蒋桂战争遂以桂系的失败而告终。6月，俞作柏回广西任省政府主席，李明瑞任广西绥靖司令兼广西军事特派员。俞、李一向同情革命，靠拢共产党，回广西后即主动要求我党派干部与其合作。党中央即派邓小平（化名邓斌）作为中央代表到广西与李商谈合作，随后留在广西工作。他以广西省政府秘书作为公开身份，实际负责领导广西党的工作。中央还先后派张云逸、陈豪人、叶季壮、龚鹤村（后叛变）、袁任远、李干辉、李谦、冯达飞、袁振武等一批党员干部到广西省各级政权机关和军队中工作。在当时全国白色恐怖的情况下，唯有广西出现了俞、李政权与我党合作的政治局面。这段时间虽然只有几个月，但为我党在广西掌握武装，恢复党组织，发动群众，举行武装起义，创造了极为有利的条件。

当时，广西的主要任务是贯彻党的六大决议，准备武装起义，推翻国民党军阀统治，夺取政权。趁俞、李着手创建新军的机会，党通过各种关系派张云逸、俞作豫分别担任广西警备第四、第五大队的大队长。张云逸还兼任了教导总队副主任和南宁警备司令。在我党的推动下，俞、李实行了进步的政策，如释放和任用在"清党"中被关禁的党、团员和进步分子；开放工农群众运动，并以武器弹药武装韦拔群领导的右江农军等。俞、李还任用我党推荐的一批党、团员和进步人士到左右江担任县长。我党抓紧时机，以我党掌握的国民党广西省党部农民部的名义公开在南宁召开广西省第一次农代会，并秘密召开中共广西省代表大会，使各级党组织得以迅速恢复和发展，群众运动和武装斗争也蓬勃开展起来。桂系首领李宗仁说："自从俞作柏、李明瑞南归，为虎附翼，共祸始炽，桂省几成共产党之西南根据地。"

但是，正当革命形势大为好转的时候，俞、李错误估计了形势，仓促宣布反蒋，结果失败。在这关键时刻，我党即按原定计划，由邓小平、张云逸率领军械船和警备第四大队、教导总队一部上右江百色，俞作豫率领第五大队上左江龙州，以便和当地农民运动相结合，筹备武装起义。李明瑞跟随第五大队上龙州。后来，在邓小平、张云逸的启发教育下，李明瑞从根本上认识到中国只有在共产党领导下才有出路，从而彻底转变了立场，毅然投身革命，参加和领导了百色起义、龙州起义。党中央任命他为红七军、红八军总指挥。1930 年初，中共红七军前委在平马召开干部战士大会，对李明瑞就任总指挥，表示热烈的欢迎和祝贺。

智勇双全的红军高级将领

李明瑞参加了革命，在党的领导下，他卓越的军事指挥才能在革命战争中得到充分的施展。从此，他和邓小平、张云逸等一起，率领红七军、红八军南征北战，屡建奇功，在中国革命史上建立了不朽的功绩。

这是 1930 年 4 月 30 日红七军攻打贵州省榕江县县城战斗遗址

左右江根据地的革命政权刚刚诞生，就遭到敌人疯狂的"围剿"，红七军、红八军向敌人展开了英勇的斗争。李明瑞先后指挥了隆安、平马、亭泗等战斗。1930 年 3 月初，红七军前委在盘阳召开会议，决定主力转到外线作战。李明瑞和张云逸带领红七军第一、第二纵队 3000 多人，于 4 月底到达贵州省榕江县城附近，决定攻取榕江。

榕江是贵州军阀王家烈的后勤仓库，县城依山傍水，地形十分险要，敌人凭借坚固的城防工事负隅顽抗。我军从上午一直进攻到下午 4 时，连续发动几次冲锋都未奏效。这时，李明瑞和张云逸来到前沿阵地，察看了地形，分析了双方的军事实力，认为敌人兵力不足，战斗力不强，主要是凭借坚固工事顽抗；而我军士气高昂，战斗力强，只要指挥得当，解决攻城工具问题，是完全能取胜的。于是，李明瑞重新进行攻城动员，决定在南门主攻，在东北门佯攻，选择几个攻击点，准备足够的攻城工具。下午 5 时，我军向城中连发 3 炮，顿时，枪声大作，攻城部队如同猛虎出山，带着云梯、大竹钉向城墙缺口处飞奔。当攻城部队受阻时，李明瑞镇定自若，又立即从特务连抽出12名老战士组成突击队，以锐不可当之势向城头猛攻。经过一小时激战，红军军旗终于插上榕江城头。这一仗，消灭守敌两个团，缴获大炮数门，步枪600多支，子弹10万多发，马500多匹，以及一大批军用物资。这是红七军组建以来打的第一个大胜仗，它极大地鼓舞了根据地军民的斗志，也充分显示了李明瑞勇敢顽强、沉着镇定的战斗作风。

作为一位指挥员，李明瑞不仅以卓越的军事指挥才能在部队中享有威望，他身先士卒的模范行动，更赢得广大指战员的热爱和尊敬。收复百色城就是突出一例。

百色，是右江革命根据地的中心。当红七军主力转到外线作战后，敌人就乘虚而入，侵占百色。1930年5月，红七军回师右江，两路纵队齐头并进，于6月初包围了百色山城，攻占敌人一些碉堡。但敌人在长蛇岭的大碉堡据险防守，我军久攻不下。李明瑞和张云逸在前线阵地研究，决定用山炮摧毁敌人这个据点。当时我军只剩下3发炮弹，怎么办？只见李明瑞冷静沉着，架起山炮亲自瞄准，结果3发3中，摧毁了敌人苦心经营的坚固堡垒。我军乘胜突入城内，敌团长岑建英只身潜逃，山城百色又回到人民手中。接着，李明瑞、张云逸又率师东下，收复右江沿岸各县，为巩固右江革命根据地作出了杰出贡献。

1930年冬，红七军奉调北上。在漫长的征途中，李明瑞和邓小平、张云逸等一起，带领部队转战桂、粤、湘、赣，面对优势敌军，进行了艰苦卓绝的斗争。1931年2月初，当红七军强渡广东乐昌河时，遭到数倍之敌的袭击，部队被截为两段，张云逸率领的第五十八团和军直属队未能渡河。在千钧一发之际，李明瑞沉着指挥，他冲锋在前，退却在后，带着已过河部队中的少数战士掩护部队迅速而有秩序地转移。他鼓励大家说："当前我们正处在危急关头，要勇敢战斗。要坚信革命是有出路的！我们一定要突破敌人的包围圈，到达江西苏区与朱毛红军会合！"在邓小平、李明瑞的组织指挥下，部队终于冲破敌人的重重封锁，向江西崇义前进。这场战斗，显示了李明瑞临危不惧，力挽狂澜，转危为胜的大将风度。

红七军到达崇义后，敌蒋光鼐、何键等部认为我军是疲惫之师，分数路对我突击，形成合击阵势，妄图置我军于死地。李明瑞同前委委员们冷静分析敌情，决定避实就虚，斗智不斗勇，利用当天细雨蒙蒙、大雾弥漫的有利天气，巧妙地指挥部队从敌包围圈中仅剩的一条城北小路撤出，以小部队阻击敌人和迷惑敌人。当敌人从不同方向对县城发起攻击时，由于大雾弥空，各路敌军都以为对方是红军，就互相猛烈对打。直到云开雾散，我军安全撤出数十里后，敌人才知中计。据从崇义县城出来的群众反映，当时敌人的伤兵死尸躺满街头。

1931年夏，中央工农红军党的总前委决定成立河西指挥部，统一指挥赣江以西的红七军、红二十军和红独立一师，任命李明瑞为总指挥。为了粉碎国民党反动派的"围剿"，我军发动了安福之战。这是李明瑞以机动灵活的战略战术战胜敌人的一个典型战例。当时，我军开到安福城下，佯攻了一会，便后撤30里，引诱敌人出城。敌人果然中计，出城追击。李明瑞及时掌握敌人的部署和企图后，亲率主力从左侧沿山边打去，猛攻敌人的薄弱部分，直插到安福城边。敌无法进城，不得不向东撤退。我军又向东打，一直打到敌人进攻部队的后头，使之腹背受敌，全线崩溃。仅用一天时间，就歼敌一个团，俘敌数百人，缴枪千余支，迫击炮数门。这次大捷，给湘赣根据地军民留下了深刻印象。随后，李明瑞等又率部连克茶陵、安仁、攸县、酃县、遂川等县城，有力配合中央红军取得第二次反"围剿"的胜利。

党对李明瑞的军事才能十分器重。1931年6月，中央决定将红二十军编入红七军，任李明瑞为红七军军长、军前委常委。7月，红七军奉命东渡赣江，在于都与中央红军会师，从而成为中央红军的一个组成部分。不久，李明瑞、张云逸在瑞金壬田寨受到中央红军总前委书记毛泽东和总司令朱德的亲切接见，参加了毛泽东主持的高级领导干部会议，参与了中央苏区重大的战略决策。为了表彰红七军，中央革命军事委员会特授予一面锦旗，旗上写着"转战千里"4个大字，这是红七军的光荣，也是李明瑞的光荣。之后，李明瑞又率领红七军投入第三次反"围剿"的战斗。其中，东固方石岭之战，红七军仅用一个多小时，就全歼敌韩德勤一个师，击毙、生俘敌旅长2人，敌师长韩德勤被俘后，化装成伙夫仓皇逃走。这一仗，宣告了中央苏区第三次反"围剿"的最后胜利。

坚忍不拔的无产阶级战士

1930年初，根据李明瑞的要求，以邓小平为书记的党的前敌委员会，正式接受李明瑞为中国共产党党员。此后李明瑞更加严格要求自己，在极端艰苦的环境下坚决执行党的指示，发扬党的优良传统和作风，锻炼成为坚定的共产主义战士。

在戎马倥偬的日子里，李明瑞抓紧时间读书学习，用革命理论武装头脑。1930年夏，他来到凤山，由当时任县委书记的黄松坚安排住宿。夜深了，黄松坚起来巡逻，见房里还亮着灯，一看，原来是李明瑞在油灯下看书，便问："总指挥，你不疲劳吗？这么晚还看书呀？"李明瑞轻声回答："不疲劳。我每晚都要抽一段时间读书。我刚参加革命，在党内还是个小学生，要向书本学习，也要向你们多多学习呢！"

确实，李明瑞是言行一致的。他不仅认真学习《共产党宣言》等马克思主义著作，提高思想觉悟，而且在革命斗争中刻意磨炼自己，自觉改造主观世界。无论在转战黔桂边的大小战斗中，还是在挥师北上的艰险而漫长的征途上，他都同战士同甘共苦，有什么吃什么，经常饥一餐饱一餐。当部队从道州急行军90里往江华时，正逢大雪纷飞，北风呼啸。李明瑞身穿单衣，脚踏草鞋，同战士们互相鼓励，用革命热情和坚定意志战胜了透骨严寒。生活虽然艰苦，他却异常乐观。一次，战士们开玩笑说："李总指挥，蒋介石准备给你当军长、当省主席，你怎么却跑到红军来吃苦？"他微笑着回答："蒋介石给我当官，是黄鼠狼给鸡拜年——不安好心。我吃够他的苦头才走上革命道路。我宁愿和大家吃苦，也不要国民党的高官厚禄。"这是李明瑞发自肺腑之言！他自从参加革命后，经受了严峻考验，无论遇到任何艰难险阻，对革命事业的坚定信念都从来没有动摇过。

李明瑞平时和蔼可亲，平易近人。战士们同他在一起，把他看成是自己的兄长，无话不说。他对战士则充满着深厚的感情，在长途跋涉中，经常把自己的战马让给伤病员骑，危急关头，还亲自把伤员背离危险地区。作战时，李明瑞坚定沉着，往往到最前线指挥，哪里艰险就出现在哪里。因此，他在红军指战员心目中享有很高的威信。在每次战斗到最艰难的时刻，他一出现，士气就受到极大鼓舞。大家团结奋战，终于转危为安。红七军之所以能够在极其困难的条件下，顶住敌人围追堵截，转战 4 省区，会合中央红军，李明瑞是起了重要作用的。

李明瑞严守党的纪律，坚决完成党分配的任务。1930 年 11 月，红七军集中在河池整编，召开第一次党代会。在中央代表邓岗的主持下，会议决定执行当时中央的"左"倾冒险主义路线，准备去攻打柳州、桂林，最后夺取广州。李明瑞列席了会议，对于攻打大城市的错误决定，他有自己的看法，但按照组织原则，他还是执行了。但当部队连遭挫折、损失严重时，他就同邓小平、张云逸等一起及时总结教训，在全州会议上毅然抛弃"左"倾路线，取消冒险计划，采取与中央红军会合的正确部署。部队到达贺县的桂岭，前委决定缩编部队，让担任总指挥职务的李明瑞一度兼任五十八团团长。李明瑞能上能下，从不计较个人的名利地位。同以往一样，他又一次愉快地接受了党分配的任务。以后，即使在"左"倾路线的迫害下，他受到排挤、打击和恫吓，仍然对党忠贞不渝，严格遵守党的纪律，忍辱负重，勤勤恳恳为党努力工作。李明瑞不愧是一个肝胆照人的好党员。

然而，这样一位高风亮节的红军高级将领，却惨遭"左"倾错误路线的迫害，在肃反扩大化中，被加上莫须有的罪名，于 1931 年 10 月中旬含冤致死。

一个叱咤风云的红军猛将，没有战死沙场，却死于"左"倾路线，令人极为痛心！然而，"左"倾路线的统治在我党历史上毕竟是暂时的。后来，我们党批判了"左"倾路线，纠正了肃反扩大化的错误。1945 年，在党的七大期间，中央经过充分调查，作出为李明瑞公开

于都县黄龙乡朱田村何家祠原红七军五十八团八连驻地——李明瑞烈士牺牲的地点

平反、追认其为革命烈士的决定。今天，经过党的十一届三中全会以后拨乱反正，烈士的英名更加熠熠生辉，烈士的业绩将永世长存。在前进的道路上，我们要学习烈士忠于党、忠于人民，任劳任怨，严守纪律，光明磊落的高贵思想品质，发扬烈士无私无畏、英勇战斗、坚忍不拔、一往无前的革命精神，为开创我区"四化"建设新局面而奋斗！

后　记

2020年11月21日，"百色起义老战士口述历史整理与研究"项目在百色市启动。百色起义纪念园管理中心与四川师范大学革命文献研究院通力协作，认真细致地整理了百色起义纪念馆馆藏的上世纪五六十年代及八九十年代对参与百色起义的高级将领、普通士兵及其他知情者的口述访谈资料，共计500余万字。课题组遴选出最具出版价值的史料，并结合了广西壮族自治区党委党史研究室刘绍卫处长增补的部分史料在人民出版社出版。课题组希望本书能够为百色起义、左右江革命根据地的历史研究产生一定的推动作用。

时任百色起义纪念馆馆长的何小燕同志（现任百色起义纪念园管理中心副主任），在农逢新、黄建清、麻高等领导同志的协助下，组织了陈文静、韩永锐、班卓敏、田夏源、黄伟媛、农丽娜、甘莉莉、车龙娜、周欣怀、曾颖慧、卢姗姗、陆小纯、赵虹、刘斯娇等同志，加班加点地完成了初稿的录入工作。百色起义纪念馆前任馆长、百色市社科联黄台华副主席也给予了热情的指导和帮助。

四川师范大学革命文献研究院执行院长范国平教授组织了江西师范大学苏区振兴研究院黎志辉副院长、复旦大学历史系于翠艳、李春博副研究员、南京理工大学马院叶铭副教授、贵州大学历史与民族文化学院白玉军老师、天津科技大学马院罗丁紫老师、铁军杂志社党亚慧编辑等青年学者进行了多轮整理。

课题组还得到了军事科学院军事历史杂志社主编刘向东研究员、国防大学军事历史研究杂志社主编尹正达教授、广西大学马院彭程教授、南宁师范大学马院黎瑛教授等学者的悉心指导。百色起义纪念园管理中心李正对主任，百色起义纪念园管理中心王昌文、农琳副主任等领导同志对于本书的出版也给予了大力支持！

由于受访者年事已高或因当时访谈者记录不甚周祥等原因，本书收入的访谈资料个别细节难免存在讹误之处，恳请专家学者予以批评指正！

何小燕、范国平

2025 年 7 月 9 日

责任编辑：王世勇

特约编辑：陈　华

图书在版编目（CIP）数据

百色起义：口述与回忆 / 百色起义纪念馆、四川师范大学革命文献研究院编 . -- 北京 ：人民出版社，2025. 7. -- ISBN 978 - 7 - 01 - 027340 - 2

I . K263. 06

中国国家版本馆 CIP 数据核字第 2025RX0407 号

百色起义：口述与回忆

BAISE QIYI: KOUSHU YU HUIYI

百色起义纪念馆　四川师范大学革命文献研究院　编

人民出版社 出版发行

（100706　北京市东城区隆福寺街 99 号）

北京旺都印务有限公司印刷　新华书店经销

2025 年 7 月第 1 版　2025 年 7 月北京第 1 次印刷

开本：710 毫米 ×1000 毫米 1/16　印张：24.5

字数：280 千字

ISBN 978 - 7 - 01 - 027340 - 2　定价：98.00 元

邮购地址 100706　北京市东城区隆福寺街 99 号

人民东方图书销售中心　电话（010）65250042　65289539